경매전문 변호사의
행복한
경매투자
첫걸음

경매 왕초보를 위한 **권리분석** 입문서
경매전문 변호사의 행복한 **경매투자** 첫걸음

초판 1쇄 발행 2015년 4월 30일
초판 2쇄 발행 2016년 12월 20일

지은이 정충진
펴낸곳 행꿈사
펴낸이 강종제
디자인 김진디자인
출판등록 2015년 01월 30일 제 2015-000031호
주소 서울 서초구 서초중앙로 18길 43(서초동) 율전빌딩 2F
전화 02-3471-8883
팩스 070-7500-5466
이메일 worldno3@nate.com
블로그 http://blog.naver.com/goodfellow91

ISBN 979-11-954765-0-3

이 도서의 국립중앙도서관 출판시도서목록(CIP)은 서지정보유통지원시스템 홈페이지(http://seoji.nl.go.kr)와
국가자료공동목록시스템(http://www.nl.go.kr/kolisnet)에서 이용하실 수 있습니다.
(CIP제어번호 : CIP2015006579)

*잘못된 책은 구입한 곳에서 바꾸어 드립니다.
*책값은 뒤표지에 있습니다.

경매 왕초보를 위한 **권리분석** 입문서

경매전문 변호사의
행복한
경매투자
첫걸음

정충진 지음

프·롤·로·그
봉대리와 함께 떠나는 매혹적인 경매 여행

평범한 직장인, **재테크**로 희망을 꿈꿔라

　아시다시피, 부를 증식하고 구축하는 재테크 수단에는 여러 종류가 있습니다. 비록 고양이 눈물만큼 작은 이자에 만족해야 하지만 안정성 면에서는 타의 추종을 불허하는 은행 예금은 재테크의 기본이고 많은 사람들에게 잘 알려진 방법입니다. 그러나 은행에 예금하는 걸 재테크라고 생각하는 사람은 아무도 없을 것입니다. 누구나 마음만 먹으면 언제든지 실행 가능한 방법이고, 쥐꼬리만큼 붙는 이자에 그나마 세금까지 떼고 나면 자산의 증식은 예금통장을 확대경으로 들여다 보아야만 겨우 보일 만큼 미미하기 때문입니다.

　이제 은행은 보편적인 재테크 수단이 아닌, 그저 현금을 안전하게 보관하는 금고 역할에 불과해진 듯한 느낌입니다. 그렇지만 은행에 돈을 예금해 놓고 만족해하는 사람들이 주변에 상상외로 많습니다. 모험보다는 안정을 추구하는 본능에 충실한 사람들입니다. 여기서 한 발짝 더 나간 사람들이 금융 서핑을 통해 다소 높은 이율을 찾아 저축은행에 돈을 맡깁니다. 예금한 돈의 전액을 보장받지 못하고 1인당 5천만 원의 원금보장에 만족해야 하지만 그래도 시중은행의 금리보다는 눈에 띄게 높기 때문일 것입니다. 또 한 발짝을 떼면 국공채 같은 안정적인 채권을 매입하고 한걸음 더 나가면 주식에 눈을 돌리기도 합니다. 주식에서 재미를 좀 보게 되면 선물·옵션 같은 파생상품에 눈을 돌리게 되고, 이때 행운이 좀 더 연장되면 한동안 쏠쏠한 재미 속에 묻혀 살다가 결국은 금쪽같은 원금마저 상실한 채 망연자실한 표정으로 한숨을 토해냅니다. 그냥 안전하게 은행에 예금해 둘 걸, 하는 때늦은 후회를 해 보지만 견물생심 또한 인간의 또 다른 본성이라, 다시 그 상황이 닥치면 똑같은 과정이 반복되지 않으리라는 보장은 어디에도 없습니다.

자, 여기서 한숨만 나옵니다. 안정 속에 몸을 묻고 스트레스 없이 살고 싶은 인간 본연의 본능과 조금이라도 부를 증식하여 현재 보다 나은 생활을 즐기고 싶은 후천적 본성이 마음속에서 끝없이 갈등합니다. 예금이냐, 주식이냐. 달리 표현하면 발전 없는 안정이냐, 희망을 품은 모험이냐가 갈등의 주제입니다. 안정을 택하자니 수익이 적고, 수익을 높이자니 원금손실의 가능성도 함께 높아집니다. 여기서 평균적인 사람들이라면 누구나 한번쯤 이런 생각을 해 보지 않을까 싶습니다.

수익도 높으면서 안정적인 재테크 수단은 없는 것일까요?
언뜻 생각해도 그런 수단이 있을 리 없습니다. 그런 수단이 존재한다면 세상의 모든 이들이 평균적인 풍요 속에서 함박웃음을 지으며 살아야 할 텐데, 현실은 전혀 그렇지 못하기 때문입니다.
자, 언뜻 떠오르는 생각에 만족하지 말고 가만히 눈을 감고 곰곰이 생각해 봅시다. 투자의 위험성은 제로에 가까우면서 파생되는 수익은 주식이 상한가를 쳤을 때의 고수익과 견줄 만한 재테크 수단은 과연 있는 것일까.

 경매투자는 **안전**하다.

답은 있습니다. 바로 경매투자입니다.

독자 여러분들 중 정답을 맞췄다고 함박웃음을 짓고 있는 몇 분의 얼굴이 눈에 선합니다.^^ 그러나 답을 맞췄다고 좋아할 일은 아닙니다. 왜 경매투자가 안전과 고수익이 동시에 담보되는 투자수단인가에 대한 명확한 이해와 설명을 할 수 없다면 공허한 정답의 암기에 불과하기 때문입니다.

경매는 정말 안전할까요?

경매의 안정성은 경매의 개념과 속성에 대한 작은 이해만으로도 수긍할 수 있습니다. 경매는 과대한 채무 때문에 어쩔 수 없이 처분해야 하는 부동산을 법원이라는 공인된 중개기관을 통하여 사고파는 일입니다. 고로, 일반 매매시장과 달리 경매를 통하여 부동산을 매입하기 위해서는 경매에 관련된 법률규정이나 경매절차에 대한 어느 정도의 지식이 필요합니다. 일반 매매시장에서는 적정 수수료를 지급하면 공인중개사가 알아서 다 처리해 주지만, 경매의 중개인인 법원은 필요한 최소한도의 정보만을 제공해 주고 물건의 가치나 권리관계상의 문제점에 대한 판단책임은 매수자에게 떠넘겨 버리기 때문입니다. 사정이 이렇다 보니 경매를 통하여 물건을 매입하고자 하는 수요자는 일반 매매시장에 비할 바 아닐 만큼 적은 게 현실입니다. 수요가 적으니 경쟁도 적고, 경쟁이 적으니 가격이 쌀 수밖에 없습니다. 경매시장에서는 일반 매매를 통하여 사는 것보다 저렴하게 살 수 있다는 것은 경매의 안정성의 반증입니다. 또한 일반 거래가 보다 싸게 샀다면 그만큼의 차익을 창출했으니 고수익의 증거이기도합니다. 경매는 이처럼 안정적으로 수익을 낼 수 있으면서도 그 수익이 예금이나 채권매입, 심지어 주식이나 선물·옵션과 같은 고위험 상품 못지않게 높을 수 있습니다.

진정한 경매의 매혹, 정직성

그러나 뭐니 뭐니 해도 경매의 가장 큰 매력은 고수익의 창출이 자신이 통제할 수 없는 행운이나 우연의 영역에 속해 있지 않고 자신의 노력 여하에 달려 있다는 것입니다. 경매매물이 일반매물보다 값이 싼 이유는 경매지식이 뒷받침되는 수요자가 한정되어 있기 때문인데, 그렇기 때문에 해당매물의 권리관계가 복잡하면 할수록 경쟁은 더욱 더 줄어들 수밖에 없는 것은 당연한 이치일 것입니다. 결국 권리관계가 복잡한 매물에 대한 해법을 집중적으로 공부함으로써 별다른 경쟁 없이 우량물건을 헐값에 매입할 수 있는 게 경매의 속성이고 보면, 경매에서의 수익의 창출은 우연적인 요소에 좌우되지 않고 오직 경매에 관한 지식을 얼마나 많이 쌓았느냐에 달려 있는 것입니다. 결국 뿌린 만큼 거둘 수 있는 시장이 경매인 것입니다.

이처럼 노력에 따른 수익의 정직한 배분이 여타의 재테크 수단과 다른 경매만의 특질이며 경매에 빠져들 수밖에 없게 하는 달콤한 매혹입니다.

기본적인 지식이 뒷받침된다면 절대 패하지 않는 싸움. 패할 것 같은 느낌이 드는 싸움은 피해 가거나 아니면 좀 더 준비하여 응전할 수 있는 선택의 자유가 보장된 싸움. 자신의 노력 여하에 따라서 다른 재테크 수단과는 비교가 되지 않는 황홀한 전리품을 쟁취할 수 있는 무궁무진한 기회가 보장된 싸움.

이렇듯 매력적인 재테크의 세계로 빠져들기 위해 필요한 건 10년을 빠듯하게 모아야만 마련할 수 있는 종잣돈도 아니요, 남다른 머리와 뛰어난 재능도 아닙니다. 그저 뭔가를 얻어낼 때까지, 고수가 될 때까지 포기하지 않고 열심히 공부하겠다는 뜨거운 열정뿐입니다.

어려운 법률용어들이 도처에서 어지럽게 춤을 추고, 이해하기 힘든 판례들이 여러분들의 힘찬 행군을 저지하기 위해 곳곳에 복병처럼 도사리고 있지만, 뜨거운 열정으로 그 하나하나를 이겨내면서 계속 걸어 나갈 수만 있다면, 어느 지점에선가 평범한 일상에서는 느낄 수 없는 짜릿한 환희 속에서 부쩍 성장한 자신을 느낄 수 있을 것입니다.

자, 이제 우리가 해야 할 일은 머릿속을 막연히 떠돌고 있는 첫 시작에 대한 두려움을 떨쳐 버리고 열정으로 꽁꽁 무장한 뒤 공부하는 것뿐입니다. 그 고되지만 보람 있는 여정에, 부족하지만 제가 길잡이가 되고자 합니다.

자, 이제부터 우리 열정으로 똘똘 뭉친 봉대리와 함께 흥미로 가득 차 있는 매혹적인 경매의 세상 속으로 힘차게 뛰어들어 보자구요. 🌱

CONTENTS

프롤로그 봉대리와 함께 떠나는 매혹적인 경매여행 • 004

STEP 01 봉대리, 경매로 눈을 돌리다

Eepisode 01 봉대리, 주식투자에 실패하다 • 016

Eepisode 02 봉대리, 경매를 생각해보다 • 023

Eepisode 03 고부장의 첫 번째 강의-경매의 룰은 무엇인가? • 027

••• **경매단상** 경매를 하려면 얼마의 종잣돈이 필요할까? • 039

Eepisode 04 봉대리, 경매서적 세권을 나흘만에 독파하다 • 044

STEP 02 봉대리, 권리분석을 공부하다

Eepisode 05 부장의 두 번째 강의 - 경매에서 성공하는 비결 • 054

Eepisode 06 고부장의 세 번째 강의 - 낙찰자가 인수할 권리 • 066

Eepisode 07 봉대리, 선순위전세권에 대해 정리하다 • 074

Eepisode 08 봉대리, 경매의 고수익의 원리를 터득하다 • 079

••• 경매단상 경매의 꽃은 과연 명도일까? • 085

Eepisode 09 봉대리, 등기부상의 권리분석을 마무리하다 • 089

Eepisode 10 봉대리, 경매인의 금기에 대해 배우다 • 094

••• 경매단상 경매에 처음 입문하신 분들에게 • 103

Eepisode 11 봉대리, 임차인의 대항력에 대해 공부하다 • 112

Eepisode 12 봉대리, 임차인의 우선변제권을 공부하다 • 120

Eepisode 13 봉대리, 최우선 변제권을 확실히 정리하다 • 126

••• 경매단상 경매공부는 단기간에 집약적으로 하라 • 134

Eepisode 14 봉대리, 혹독한 테스트를 당하다 • 138

Eepisode 15 봉대리, 위장임차인에 대한 비급을 전수받다 • 152

••• 고부장의 강의노트 위장임차인의 색출방법과 명도의 해법 • 157

Eepisode 16 고부장의 네 번째 강의 - 아파트 임차인의 유치권 • 172

••• 고부장의 강의노트 아파트 임차인이 유치권을 신고한 경우의 법률관계 • 180

Eepisode 17 고부장의 다섯 번째 강의 - 예고등기와 대위변제 • 188

••• 경매단상 부동산, 나아가 재테크에 대한 마인드를 확립하라 • 200

$TEP 03 봉대리, 실전공부에 돌입하다

Eepisode 18 봉대리, 처음으로 실전의 문을 두드리다 • 206

••• 경매단상 권리분석은 큰 틀 위주로 원리를 이해하라 • 217

Eepisode 19 고부장의 실전특강 - 유료경매사이트 보는법 • 222

Eepisode 20 고부장의 여섯 번째 강의 - 대지권미등기와 토지별도등기 • 235

STEP 04 봉대리, 첫 도전에 성공하다

Eepisode 21 봉대리의 첫 번째 숙제 - 위장임차인 물건 공략하기 • 250

••• 경매단상 성공을 원한다면 자신만의 분야를 특화하라 • 263

Eepisode 22 고부장의 추리 - 위장임차인의 정체 • 270

Eepisode 23 봉대리의 첫 임장 - 고실장과의 첫 만남 • 277

Eepisode 24 고부장의 일곱 번째 강의 - 아파트 경매, 성공을 위한 왕도 • 288

Eepisode 25 봉대리, 태양을 향해 뛰어오르다 • 299

에필로그 경매인, 소망은 품되 야망은 버려라 • 311

Eepisode **01** 봉대리, 주식투자에 실패하다
Eepisode **02** 봉대리, 경매를 생각해보다
Eepisode **03** 고부장의 첫 번째 강의 – 경매의 룰은 무엇인가?
Eepisode **04** 봉대리, 경매서적 세권을 나흘만에 독파하다

STEP 01

봉대리, 경매로 눈을 돌리다

Episode 01
봉대리, 주식투자에 실패하다.

점심시간이라 텅 빈 사무실 안.

모니터를 응시하는 봉대리의 얼굴에 당혹스런 빛이 스쳐갔다. 봉대리가 휴대폰을 꺼내들고 거칠게 버튼을 누르기 시작했다. 상대가 전화를 받자마자 봉대리가 다짜고짜 언성을 높였다.

"어떻게 된 거야? 이번엔 정말 틀림없다며?"

상대가 뭐라고 변명을 했는지 봉대리가 휴대폰을 바꿔 잡으며 소리를 질렀다.

"미안하다면 다야? 분명히 작전세력이 움직이는 낌새가 있다고 했잖아?"

한동안 시뻘개진 얼굴로 거친 숨을 씨근대던 봉대리가 상대방의 말이 끝나자마자,

"알았어, 끊어. 임마!" 하며 폴더를 덮고는 책상 위로 휴대폰을 아

무렇게나 내던졌다.

책상에 고개를 묻고 양손으로 머리를 감싸 쥔 봉대리의 얼굴에 절망의 기운이 잔뜩 어려 있었다.

때마침 고부장이 식사를 마쳤는지 경쾌한 걸음으로 사무실로 들어섰다.

고부장의 오른 손에서 검정 비닐봉지가 달랑거렸다.

고부장은 사람들이 흔히 말하는 기러기 아빠다.

아내와 고등학교 2학년인 딸, 그리고 중학교 3학년인 아들이 캐나다로 조기 유학을 떠난 지 벌써 4년. 4년이나 남자 혼자 살면 외로움에 지칠 법도 한데 고부장의 표정에는 항상 온화한 여유가 흐른다.

방학 때마다 한 번씩 고국을 찾긴 하지만, 가족 간의 정을 돈독히 할 겨를도 없이 순식간에 먼 이국땅으로 다시 떠나버리는 아들과 딸, 그리고 아내.

그러나 드라마나 영화 속에 등장하는 여느 기러기 아빠와는 다르게 고부장은 항상 옷매무새가 말끔하다.

듬성 듬성 빠져 가운데가 휑한 머리칼도 항상 빈틈없이 단정하게 빗어 넘기고 다니는 고부장에게서 기러기 아빠 특유의 꾀죄죄한 차림새와 홀아비 냄새는 찾아볼 수 없다.

산들거리는 바람결에 살짝 풍겨오는 고부장의 스킨 냄새가 상큼하다.

고부장이 책상에 머리를 파묻고 있는 봉대리에게서 수상한 낌새를 눈치챘는지, 가만히 다가가 어깨를 짚는다.

봉대리가 흠칫 놀라며 몸을 일으켰다.

그 눈가에 눈물이 희미하게 번져 있다.

잠깐 모니터에 시선을 던진 고부장이 상황을 짐작했는지 측은한 미소를 지어내며 물었다.

"얼마나 빠진 거야?"

봉대리가 가볍게 한숨을 토해 내며 말했다.

"이틀 연속 하한갑니다. 오늘도 조짐이 좋지 않아 곧바로 손절매 하고 나왔습니다."

"소개해 준 친구한테는 전화해 봤어?"

"자기도 3천이나 넣었다가 손해가 막심하다고 앓는 소릴 하더군요."

"얼마나 남은 거야?"

고부장의 일침에 봉대리의 얼굴이 일그러졌다.

4년 동안 직장 생활하며 푼푼히 모았던 종잣돈이 불과 한 달 새에 반 토막이 나있었다. 모니터에 비친 자신의 주식계좌 잔고를 얼핏 확인한 봉대리가 절망스럽게 중얼거렸다.

"이제 3천 정도 밖에 안 남았네요."

그 정도야? 하는 표정으로 입을 벌리고 있던 고부장이 봉대리의 어깨를 툭치며 말했다.

"봉대리, 점심 아직 안 먹었지? 나도 오늘은 왠지 식욕이 없어서, 요 앞 노점에서 붕어빵을 사왔는데 같이 먹지? 자, 휴게실로 가자구."

고부장의 호의를 거절하기가 뭐했는지 봉대리가 내키지 않는 표정으로 따라 나섰다.

점심시간이라 직원용 휴게실에는 아무도 없었다.

고부장이 자판기에서 커피를 뽑아 봉대리에게 건네며 말했다.

"가끔은 말야. 붕어빵이나 떡볶이, 오뎅, 순대, 이런 게 먹고 싶을 때가 있어. 우리 애들 어릴 때에는 내가 퇴근하면서 가끔 사들고 갔었는데, 그때 환호성을 지르며 달려들던 애들 모습이 아직도 눈에 선하단 말이야."

쓸쓸한 의미를 품은 말이었지만, 봉대리가 커피잔을 건네받으며 바라본 고부장의 얼굴에는 여전히 따뜻한 미소가 흐르고 있었다.

고부장이 붕어빵 하나를 집어 덥석 깨물며 말했다.

"주식은 이번이 처음이지?"

붕어빵의 지느러미를 손으로 떼어 내 만지작거리던 봉대리가 나지막이 대답했다.

"네, 그동안 정기적금만 들었었지, 주식 같은 건 생각도 못했는데, 증권회사 다니는 친구 놈이 진짜 괜찮은 주식이라고 하도 성화를 부려서 그만······."

"친구도 돈을 잃었다고?"

"네. 친구 놈이 돈만 안 박았어도 뭐라고 큰소리를 쳤을 텐데, 그놈도 적지 않은 돈을 날린 상태라 그냥 아무 소리 없이 끊었습니다."

고부장이 붕어빵의 배를 갈라 푸짐하게 삐져나오는 팥 덩어리를 신기한 듯 바라보다가 고개를 끄덕였다.

"그게 주식투자의 딜레마지. 수년간을 전문적으로 주식거래를 해온 증권회사 직원조차도 오랜 시간의 경험과 연륜만으로는 어쩔 수 없는 변수가 존재하기 때문에 원금을 보전하기

"가 쉽지만은 않다는 거. 그나마 자격과 능력이 검증된 유능한 펀드매니저가 주축이되는 간접투자는 외부적인 변수까지도 철저히 고려하여 신중하게 투자하기 때문에 원금손실의 가능성이 일반인들의 직접투자보다 현저히 낮은게 사실이지만, 그래도 통제가 불가능한 돌발변수의 존재가 주식 투자의 기본적인 속성이라 마냥 안전하다고 볼 수는 없지."

봉대리가 고개를 끄덕였다.

"저도 주식에는 문외한이라 친구한테 주식 소개받고 관련 서적 몇 권 읽어 봤는데요. 자기가 통제할 수 없는 영역에서 수익이 나다 보니 영 미덥지가 않더라구요. 내가 아무리 열심히 공부하고 자료 조사해서 괜찮다 싶은 주식을 사도, 9·11테러 같은 거 한 번 나면 이삼일 새에 반 토막나니까요. 근데, 이번에는 친구 놈이 정말 믿어 보라고 어찌나 성화를 부리던지. 어릴 때부터 알고 지냈는데, 꽤 믿을 만한 놈이거든요."

고부장이 고개를 끄덕이며 말했다.

"사람이 사람을 배신하는 게 아니라, 돈이 사람을 배신하고 상황이 사람을 배신하는 거야. 투자의 세계는 냉혹하지. 비록 친구의 권유로 주식을 산거지만 자네에게는 분명 선택의 여지와 권한이 있었으니까 친구를 원망해서는 안될 일일세. 그럼 정말 돈도 잃고, 친구도 잃게 되는 최악의 사태가 되는 거지."

"저도 그렇게 생각하고 싶은데 잘 안되네요. 마음이 ……."

고부장이 봉대리의 어깨를 가볍게 두드려 주며 말했다.

"땅에서 넘어진 사람은 땅을 딛고 일어서라고 했어. 투자를 하다 실의를 맛봤으면 투자를 통해서 희열도 만끽해야겠지. 자네, 종잣돈이 얼마 남았다고 했지?"

고개를 들어 고부장을 바라보는 봉대리의 얼굴에 또 주식투자를 하라는 말인가요, 하는 미심쩍은 표정이 잔뜩 묻어났다.

"한 달 전에 5000만 원 적금 탔었는데, 지금은 2700만 원 정도 밖에 안 남았습니다."

마지못해 중얼거리는 봉대리의 얼굴을 미소를 지으며 바라보던 고부장이 말했다.

"2700만 원이라……, 그 정도면 충분하군. 이봐, 봉대리! 그 돈 한 달 동안만 나한테 좀 빌려 주게. 내가 이자는 월 1부로 넉넉히 쳐 줄 테니까."

평소 돈거래 같은 건 담을 쌓고 지내던 양반이 갑자기 돈을 빌려 달라고 하자, 거절할 말을 찾지 못하고 봉대리가 가만히 고개를 끄덕였다.

"알겠습니다. 어차피 다시 은행에 넣을 돈이었는데. 한 달 정도라면 빌려드릴 수 있겠습니다."

고부장이 만면에 하나 가득 웃음을 지어 내며 호탕하게 말했다.

"대신에, 내가 자네한테 정말 기가 막힌 재테크 방법을 하나 소개해 주지. 아니, 소개뿐만 아니라 그동안 갈고 닦은 나만의 노하우를 전부 전수해 주겠네."

뜬금없는 소리에 봉대리의 눈이 동그래졌다.

"재테크 방법이라뇨? 고부장님도 주식 좀 하셨습니까?"

고부장이 입가에 흐뭇한 미소를 흘리며 말했다.

"재테크에 주식만 있는 건 아니지. 자네, 경매로 돈 벌 생각 없나?"

"겨, 경매요?"

놀란 듯 벌어진 입을 한동안 다물지 못하는 봉대리에게 고부장이 찡긋하고 한쪽 눈을 깜빡였다.

"쇠뿔도 단김에 빼랬다고 오늘부터 당장 시작하지? 이따, 저녁에 소주 한 잔 어때?"

얼떨결에 그러마하고 고개를 끄덕이긴 했지만, 봉대리의 눈에 어린 미심쩍은 기색은 한동안 지워지지 않았다.

> **고부장의 TIP**
>
> 투자의 세계는 냉혹하다. 고위험, 고수익이라고 하지 않았던가. 세상에 노력 없이 고수익을 얻을 수 있는 방법 따위는 없다. 그러나 남다른 노력을 기울이면 위험 없이 고수익을 올릴 수 있는 재테크 방법은 있다. 바로 경매투자이다.

Episode 02

봉대리, 경매를 생각해 보다.

바쁘게 일처리를 하며 오후 시간을 다 보낸 봉대리가 가벼운 한숨을 내쉬며 자리에 앉았다. 몸이 분주해야 잡념이 없어진다고, 정신없이 시간을 보내다 보니 한결 마음이 가라앉는 느낌이었다.

경매라…….

마음의 여유가 좀 생기자 점심나절에 들었던 고부장의 말이 떠올랐다.

'경매로 돈 벌 생각 없어?'

'경매로 돈을 번다…….'

가만히 중얼거리던 봉대리가 앞에 놓인 컴퓨터 검색창에 경매라는 단어를 입력하고 경쾌한 동작으로 키보드를 두드렸다.

'경매를 청구한 권리자의 신청에 의하여 법원 또는 집달관이 동

산이나 부동산을 구두의 방법으로 경쟁하여 파는 일.'

검색사이트에서 제공하는 사전 검색 결과, 화면에 떠오른 경매의 정의는 흔히 들어 알고 있는 그런 내용이었다. 화면을 멍하니 응시하고 있는 봉대리의 머릿속에 이런저런 의문들이 떠돌았다.

경매로 과연 돈을 벌 수 있을까?

경매는 건달이나 조폭들이 개입된 위험한 일 아니던가?

남의 눈에 피눈물을 빼며 돈을 번들 과연 떳떳할 수 있을까?

화면에 떠오른 경매와 관련된 다양한 문건을 아래로 훑어내리던 봉대리의 눈이 반짝하고 빛났다. 경매 동호인들을 위한 까페가 하나 눈에 띄었던 것이다.

'행복한 부자를 꿈꾸는 사람들?'

봉대리가 피식, 웃음을 터뜨렸다. 참, 까페 이름하고는 …….

고수라는 말은 무예의 달인한테나 쓰는 표현 같은데, 경매고수라니 …….

경매에도 무림의 세계처럼 고수니, 달인이니 하는 그런 경지가 있다는 말인가. 밀려오는 호기심에 일단 까페 가입을 한 뒤 여기저기를 찬찬히 둘러보았다. 경매와 관련된 이런저런 글들, 질문들, 답변들로 빼곡하게 들어찬 까페는 활기가 넘쳐흘렀다. 까페에 올려진 글을 하나 둘 읽어 보니, 다른 건 몰라도 회원들 모두가 치열하게, 열심히 사는 선량한 사람들 같아 입가에 절로 미소가 드리워졌다.

'부동산 투기로 먹고 사는 사람들, 남의 눈에 피눈물 흘리게 하며 돈을 버는 사람들, 땀 흘려 돈을 벌지 않고 얄팍

한 기교로 부를 일구는 사람들 …….'
 경매하는 사람들에 대한 그동안의 부정적인 시각이 조금은 누그러지는 느낌이었다.

 경매라 …….
 봉대리가 다시금 혀끝으로 경매라는 말을 입안에서 굴려 보았다.
 그러자 새로운 희망이 한 움큼 싹트는 듯한 묘한 설레임이 봉대리의 가슴속을 파고 들었다.
 고부장의 자리를 힐끔 돌아보니, 단아한 표정으로 일에 몰두하고 있는 고부장의 진지한 모습이 눈에 들어 왔다.
 폭력과 눈물이 난무하는 경매의 이미지와는 어울리지 않는 평온한 미소가 단정한 입매 언저리에 걸려 있었다. 일에 몰두하던 고부장이 시선을 느꼈는지 문득 고개를 들고는, 봉대리와 시선이 마주치자 사람 좋은 웃음을 한 아름 던져온다.
 아무리 봐도 험악한 경매판을 누비고 다닐 사람 같이는 안 보이는데 …….
 봉대리가 계면쩍은 표정으로 고개를 까딱하고는 시선을 돌렸다.
 '나 같은 사람도 경매를 할 수 있을까?'
 사람을 너무 좋아하고, 그래서 순진하게도 사람을 쉽게 믿어버리는 자신의 유약한 성격이 항상 못마땅한 봉대리였다. 그러나 천성은 어쩔 수 없는 법. 아무리 마음을 다잡아도 봉대리는 사람들을 모질게, 냉정하게 대할 수 없었다. 그래서 그냥 손해를 좀 봐도 속편하게 천성대로 살자고 마음먹었던 봉대리였다.
 봉대리가 의자 깊숙이 등을 파묻고 가만히 눈을 감았다.

아직 경매에 문외한이긴 하지만, 여기저기 주워들은 풍월로 경매를 통해 수익을 내는 과정을 머릿속으로 그려 볼 수 있었다.

'경쟁을 통해 부동산을 싸게 사서 거기 살고 있는 세입자들을 내보낸 뒤, 새롭게 임대를 놓거나 아니면 되팔아서 수익을 낸다...'

세입자들을 제때 내보내려면 때로는 모진 심성이 필요할 텐데, 물러터진 자신의 성격이 그런 거친 일을 감당해 낼 수 있을까?

이때 고부장의 후덕한 웃음이 훈훈하게 가슴속을 파고든다.

'그래, 고부장님도 하시는데, 나라고 못할까. 일단, 이따 저녁에 고부장님 말씀을 한 번 들어 보고 결정하자.'

봉대리가 힐끔 벽시계를 쳐다본 뒤, 잔무를 처리하기 위해 책상 위에 놓인 서류철을 뒤적이기 시작했다.

> **고부장의 TIP**
>
> 일반인들이 흔히 알고 있듯이, 경매인은 부동산 투기로 먹고 사는 사람들, 남의 눈에 피눈물 흘리게 하며 돈을 버는 사람들, 땀 흘려 돈을 벌지 않고 얄팍한 기교로 부를 일구는 사람들이 아니다. 그저 월급만으로는 행복할 수 없는 현실을 직시하고 더 나은 미래를 향해 열정을 가지고 뛰는 사람들일 뿐이다.

Episode 03

고부장의 첫 번째 강의
−경매의 룰은 무엇인가?

직원들이 퇴근한 뒤 봉대리와 고부장만이 사무실에 남았다. 고부장은 아까부터 뭔가를 열심히 끄적이고 있었다.

잔무를 마치고 고부장이 불러 주기만을 기다리며 자리에 앉아 있던 봉대리가 흘끗 벽시계를 쳐다보았다.

6시 40분.

이제 슬슬 가야 하지 않을까, 생각하며 고개를 돌리자 마침 고부장도 일을 마쳤는지 홀가분한 표정으로 자리에서 일어서고 있었다.

고부장이 좋은 데가 있다며 봉대리를 이끌고 찾아간 곳은 회사 인근의 감자탕 집이었다.

"이 집 맛이 기가 막혀. 국물이 얼큰한 게 소주 안주로는 아주 제격이야."

구석진 곳에 자리를 잡아 앉으며 고부장이 말했다.

아니나 다를까, 맛있는 집으로 소문이 났는지 초저녁인데도 식당 안은 줄줄이 들어서는 손님들로 붐비고 있었다.

조선족으로 보이는, 말투가 어눌한 종업원이 친절한 미소로 주문을 받았다.

"감자탕 2인분하고 소주 한 병 줘요."

주문을 마친 고부장이 익살스런 표정으로 봉대리를 쳐다본다.

"감자탕 알레르기 같은 거 없지?"

"아, 예. 전 아무거나 잘 먹습니다."

"저번에 박과장하고도 여기 왔었는데, 맛있다고 정신없이 먹어대더니, 한 사나흘 동안 두드러기로 된통 고생하더라고."

고부장이 허허, 하고 웃음을 흘리며 봉대리의 잔에 소주를 채워주고는 자기 잔에도 술을 따랐다.

고부장이 잔을 들며 말했다.

"주식에서의 자네의 불운을 위로하고, 경매에서의 자네 행운을 미리 축하하며, 건배!"

호기 있게 원 샷을 하고 잔을 내려놓은 고부장이 넉넉한 미소를 입가에 걸고 한동안 가만히 봉대리를 바라보았다. 가슴을 파고드는 따뜻한 시선에 봉대리의 얼굴이 붉어졌다.

이윽고 고부장이 입을 뗐다.

"봉대리, 자네는 꿈이 뭔가?"

"꿈이요? 장래 희망 말입니까?"

고부장이 입가에 미소를 지으며 말했다.

"그래, 장래 희망."

"글쎄요. 어릴 때는 희망이 있었는데, 어느 순간부터 꿈을 잊고 살게 되더라구요."

"어릴 때 꿈은 뭐였는데?"

"고등학교 때까지만 해도 시인이 되는 게 꿈이었습니다. 죽기 전에, 오래도록 사람들의 가슴에 남을 명시 하나 써 보는 게 꿈이었는데, 부모님의 성화로 법학과를 진학하다 보니 그때부터 시하고는 담을 쌓고 살아왔지요."

"시인이라……, 좋지. 그런데, 요즘에는 시 안 쓰나?"

"가끔 우울할 때는 끄적이기도 했는데, 요즘엔 정신이 없어 통 손을 못 대고 있습니다."

고부장이 씁쓸한 미소를 머금은 채 고개를 끄덕였다.

"그래. 대부분의 사람들이 현실에 치여 자신의 소중한 꿈들을 포기하고 살지. 참 안타까운 일이야."

휴대용 가스레인지 위에서 보글보글 끓고 있는 감자탕을 물끄러미 바라보던 고부장이 불을 줄이며 말했다.

"자네가 법학과 출신이라는 건 진즉에 알고 있었지. 그래서 말인데, 자네한테는 경매가 정말 제격이야. 경매를 통해 물건을 낙찰 받는 과정은 법으로 시작해 법으로 끝나는 과정이다 보니, 법률용어에 익숙한 사람한테는 여러모로 유리하지."

봉대리가 머리를 긁적이며 계면쩍은 표정을 지었다.

"말이 법대생이었지, 학창시절에 펑펑 놀기만 해서 학점관리도 제대로 못했습니다. 그렇다고 제대로 사법시험을 준비해 본 것도 아니고, 그냥 일반인들보다 법적인 마인드가 조금 있다는 것 빼고는 별로 유리할 게 없을 것 같은데요?"

"하하, 경매에 참가하는 데 사법시험을 볼 정도의 법적인 지식이 요구된다면 아무도 응찰을 안하겠지. 경매에서 요구하는 법적인 지식은 일반인이라면 누구나 쉽게 깨우칠 수 있는 기본적인 것들이라네. 그런데 그동안 법률용어와는 담을 쌓고 지내온 일반인들 보다는 그래도 한두 번 들어 봐서 용어들이 귀에 익은 법학전공자들이 지식 습득의 속도가 빠른 건 사실이겠지."

"법학전공자든 아니든 열심히 하려는 마음이 중요한 것 아닐까요? 단기간에 누가 더 집중해서 공부하느냐가 관건일 것 같은데요?"

봉대리의 말을 가만히 듣고 있던 고부장이 미소를 지으며 잔을 들었다.

"자네는 정말 이해가 빠른 편이군. 내가 하고 싶은 말이 그거였는데. 법학전공자인 자네가 다른 사람보다 지식체득의 속도가 빠른 건 사실이겠지만 정열을 가지고 덤비는 사람한테는 못 당하니 열심히 하라고 말할 참이었는데, 하하."

가볍게 잔을 부딪친 봉대리가 술을 마시기 전에 고부장에게 물었다.

"그런데, 경매가 뭔지, 경매로 어떻게 수익을 내는지, 경매가 위험하진 않은지 등 기본적인 걸 알아야 경매공부할 결심이 설 것 같아서요. 일단 고부장님의 명강의를 한 번 들어 보고 싶습니다."

"강의라 ……, 좋아. 그럼 이제부터 돈 주고도 못 듣는 나만의 명강의를 들려 주지. 자 그럼 경매가 뭔지부터 시작할까?"

고부장이 가부좌를 바꿔 틀며 자세를 정돈했다.

봉대리의 가슴속으로 설레임과 긴장감이 동시에 밀려들었다.

"경매란 말이야. 알다시피 빚더미에 앉은 채무자의 부동산을 국가기관인 법원이 관여해서 일반인들에게 매각하고, 그 매각대금을 채권자들에게 순위에 따라서 나눠주는 절차야. 빚더미에 앉은 마당이니 빚잔치를 해야 하는데, 채권자들이 여러 명이다 보니 공정한 심판이 필요하겠지. 그래서 가장 공정한 기관인 법원이 관여해서 법이 정해 놓은 우선순위에 따라 채권자들에게 매각대금을 나눠주고 그들의 권리를 말소해서 낙찰자에게 넘겨주는 절차가 경매인 거야."

"채무자가 경매에 들어가기 전에 일반매매를 통해 팔 수는 없을까요? 경매에 들어가면 시세보다 헐값에 낙찰될 게 뻔한데 왜 채무자가 나서서 물건을 팔아 볼 생각을 안하는 거지요?"

"어떤 부동산이 경매에 들어갈 정도가 되면 등기부가 엄청 지저분해지는 게 보통이야. 수많은 가압류에, 근저당에, 세금에 기한압류까지 .... 보통은 그 금액들이 해당 부동산의 시세를 넘어서는 경우가 많아. 그래서 그 금액들을 떠안으면서 해당 부동산을 매입할 매수자를 찾기가 불가능하기 때문에 일반매매는 엄두도 못 내는 경우가 허다하지."

"그렇군요."

봉대리가 고개를 끄덕였다.

"근데, 자네 부동산(不動産)이 뭔지는 알지? 한자 그대로 풀이하면 움직이지 않는 재산이라는 뜻인데, 건물과 땅을 말하는 거야. 동산(動産)은 움직이는 재산, 그러니까 가전제품이나 가재도구 같은 거. 오케이?"

"하하, 그 정도는 저도 압니다. 아무리 얼치기 법대생이라 해도 그 정도도 모를까요."

"자넬 무시해서가 아니야. 이 기회에 기초부터 차근차근 확실히 배워 두자고."

봉대리가 미소를 지으며 고개를 끄덕이자 고부장이 말을 계속했다.

"자네, 등기부등본은 볼 줄 아나?"

"글쎄요. 지금 제가 사는 원룸에 입주하기 전, 선순위저당권이 있나 보려고 대법원사이트에 들어가 인터넷등기소를 통해 등기부등본을 발급 받아 본 적은 있는데요. 그때 워낙 등기부 내용이 간단해서 해독하는 데 별달리 어려움은 없었던 것 같은데, 정식으로 등기부등본 보는 법을 배운 적은 없습니다."

"등기부라는 건 해당 부동산의 호적등본이나 같은 거야. 어떤 사람이 언제 출생했고, 언제 결혼했고, 슬하에 자녀는 몇인지 등 개인의 인생사를 호적등본을 통해 알 수 있듯이, 건물이 언제 지어졌는지, 누가 현재 주인인지, 누구누구에게 소유권이 이전되었는지, 해당 건물을 담보로 근저당이나 저당을 설정 받고 돈을 빌려준 사람은 누군지, 해당 건물의 소유자에게 돈을 빌려주고 못 받아서 가압류한 사람은 누구인지 등등 해당 건물에 대한 권리관계를 등기부를 통해 외부인들에게 알려 주는 거지. 이렇게 외부인에게 알리는 걸 전문용어로 공시(公示)라고 해.

그러니까 등기부등본은 해당 건물의 권리관계를 외부에 공시하는 수단인 것이지. 지금은 건물만 예로 들었지만 부동산에는 땅도 있다고 했으니까, 토지의 권리관계를 외부에 공시하는 자료로는 토지등기부등본도 있겠지."

"그러니까, 등기부에 복잡하게 얽혀있는 권리관계를 법원이 낙찰을 통하여 깔끔하게 정리해 주는 것이 경매라고 정의해도 되는 건가요?"

"그렇지. 역시 법대 출신이라 이해가 빠르군. 채권자들이 많고 권리관계가 얽혀있어 일반매매로는 도저히 팔 가능성이 없을 때 경매신청채권자의 신청으로 법원이 개입하여 해당 물건을 일반인들에게 매각하고 그 매각대금으로 등기부상 얽혀 있던 권리관계를 깔끔하게 정리해 낙찰자에게 넘겨 주는 전 과정을 경매라고 생각하면 되는 거지."

"법원이 다 알아서 등기부를 정리해 주는데, 도대체 경매가 뭐가 어렵다는 거지요? 입찰자는 그냥 물건의 최저가가 시세보다 싼지, 비싼지만 조사해 보고 응찰하면 되는 거잖습니까? 나머지는 법원이 다 알아서 해 주는 거니까요."

"그래, 그게 경매의 기본이야. 응찰자는 해당 부동산에 대하여 꼼꼼하게 현장조사해 보고, 시세가 적정한지, 미래가치는 있는지, 들어가 살기에 불편함은 없는지 등을 조사하고 적정가에 응찰하면 법적인 문제는 법원이 다 알아서 정리해 주는 거, 그게 경매의 기본적인 룰이지. 그러니까 사실 경매를 너무 어렵게 생각할 건 없어."

"그런데, 경매가 그렇게 쉬운데 왜 경매로 패가망신했다는 사람도 나오고, 보증금을 날렸다는 사람도 나오고, 경매매물을 잘못 잡아 고생했다는 사람들이 나오는 거지요?"

"경매에는 이 기본적인 룰 외에 응찰자들이 반드시 유의해야 할 또 다른 룰이 존재하기 때문이지. 경매에서 실패하는 사람들의 대부분은 이 기본적인 룰만 익힌 상태에서 설불리 경매에 접근한 사람들이지. 경매인들이 손해를 입지 않기 위해서 반드시 유의해야 할 사항들에 대한 충분한 공부를 하지 않은 상태에서, 물건은 좋고 값은 싸니까 다급하게 덤비는 사람들이야. 사실, 경매를 일종의 게임 혹은 스포츠라고 생각하면 참가자들이 반드시 지켜야 할 룰과 주의사항이 있다네.

그런데, 참가자들이 그 룰을 제대로 숙지하지 않고 무대포로 덤비거나, 룰을 알면서도 위반하면 패널티를 부과할 수밖에 없는데, 결국 경매에 실패한 사람들은 그 룰과 주의사항을 위반했기 때문에 보증금도 날리고, 고생도 하고 그러는 거지. 일종의 패널티를 받은 것으로 생각하면 이해가 쉬울 거야"

"그렇군요. 모든 게임에는 당연히 지켜야할 룰이 있고 누군가가 그 게임에 참가하고자 한다면 당연히 그 룰부터 익혀야겠지요. 그러니까 오늘 고부장님이 제게 가르쳐 주실 게 경매의 룰인 거군요?"

"그래. 기본적인 룰은 앞서 배웠으니까 일단 그걸로 경매에 대한 부담을 없애고, 또 다른 룰 즉, 경매인들이 응찰 시 반드시 유의해야 할 룰을 배울 필요가 있는 거지. 이렇게 기본적인 룰과 유의사항을 숙지하고 나면 누구나 경매에 쉽게 참여할 수 있지. 입찰표 작성하는 거야. 경매법정에 가서 직접 한 번 써 보면 누구나 쉽게 알 수 있으니까 굳이 강의까지는 필요 없고 말이야."

고부장이 목이 마른지, 반 정도 남아 있던 소주잔을 들어 입안으로 단숨에 털어 넣었다.

쓰디쓴 알코올 기운에 살짝 인상을 찡그리며 크아-하는 소리를 뱉어 낸 고부장이 술병을 들어 빈 잔을 채우려 하자,

"제가 한 잔 따라 드리겠습니다." 하며 봉대리가 술병을 정중하게 낚아챘다.

흐뭇한 미소로 꼴꼴 채워지는 술잔을 바라보던 고부장이 말했다.

"오늘 술값은 자네가 내게. 내 강의가 그만한 가치는 있을 거야."

"여부가 있겠습니까? 소중한 시간을 내주셔서 그저 감사할 따름입니다."

봉대리의 너스레에 미소로 답하며 고부장이 말을 계속했다.

"자, 좀 전에 배운 경매의 기본적인 룰은 경매목적물이 낙찰되면 법원이 그 매각대금을 채권자들에게 나눠주고 채권자들의 권리를 말소하는 방법으로 등기부를 알아서 말끔하게 정리해 준다는 거였네. 공정한 국가기관인 법원이 다 알아서 등기부를 정리해 주니까 일단 낙찰자는 마음 놓고 응찰을 하면 되는데, 등기부상의 권리 중에는 법원이 함부로 말소할 수 없는 권리가 있어서 문제란 말이야. 법원이 함부로 말소할 수 없는 권리가 등기부등본에 기재되어 있는데, 낙찰자가 경솔하게 법원이 다 알아서 해 줄 것이라 믿고 응찰한 경우를 한 번 생각해 보자구. 법원이 말소해 줄 수 없으니 결국 낙찰자가 그 등기부상의 권리를 인수해야 하는데, 만약에 그 등기부 상의 권리를 해결하는 데 추가적인 비용이 들어간다면 어쩌겠는가?

아니면 그 등기부상의 권리자가 낙찰자를 상대로 혹은 전소유자를 상대로 소송을 걸어 승소하면, 해당 부동산의 소유권이 그 등기

부상의 권리자한테로 넘어가 버리는게 법리라고 한다면? 그럼 낙찰자는 기껏 제값 주고 낙찰 받았는데, 물건의 소유권을 아예 취득하지 못하게 되거나 추가적인 비용을 들여야 하니 여간 낭패스런 경우가 되지 않겠나.

이런 경우 즉, 낙찰자가 추가로 인수해야 할 예외적인 권리를 밝혀 내는 것이 사람들이 흔히 말하는 권리분석이라는 건데, 이 권리분석이 중요한 이유가 여기에 있는 걸세. 경매에서 실패하지 않으려면 반드시 숙지해야하는 룰인 것이지.

그런데 경매에서 돈을 날렸네, 패가망신했네, 하는 사람들은 이런 중요한 룰의 중요성을 간과하거나 아니면 제대로 숙지하지 못한 상태에서 마음만 앞서 경매에 도전한 사람들인 것이지.

복싱을 예로 들면, 벨트 아래를 치면 실격패를 당한다는 룰을 제대로 알지 못하고, 타격이 큰 급소를 가격하면 무조건 이기겠거니 싶어 벨트 아래만 집중적으로 공격하는 자에게 최종적으로 돌아오는 건 부끄러운 실격패일 수밖에 없는 것과 같은 이치지. 경매에서 패배는 곧 돈을 잃는 건데, 웬만큼 부주의해서는 돈을 잃기 어려운 곳이 경매시장인데, 그 시장에서 보증금을 떼였다는 건 경매인으로서는 굉장히 수치스러운 경험이라고 봐야 할 거야."

"그렇군요. 경매인들에게 가장 중요한 건 우선 적정한 수익을 내는 것이겠지만, 여기에는 원금보전을 위한 기본적인 룰을 익혀 일단 원금손실을 막아야 하는 게 기본적으로 전제가 되어야겠군요."

"그렇지. 주식 같은 경우는 열심히 공부한다고 해도 원금손실을 막을 수 없지만, 경매는 낙찰자가 손해를 볼 수 있는 다양한 경우의 수에 대한 기본적인 룰만 익히면 결코 손해를 볼 수 없는 게임인 것이지. 경매는 공부한 만큼 위험을 피해갈 수 있고, 공부한 만큼 수익 또한 창출해 낼 수 있는 아주 매력적인 게임이라네."

고부장의 말을 수긍하겠다는 듯 봉대리의 눈이 반짝하고 빛났다.

봉대리가 자신의 잔을 들어 고부장에게 건배를 권하며 말했다.

"그러니까 경매에서 손해를 안 보는 그 룰에 대해서 오늘 저한테 알려주시겠다는 거죠?"

"손해를 안 보는 룰뿐만 아니라, 수익을 낼 수 있는 룰까지도 알려준다고 하지 않았나? 언제 내가 허튼 소리하던가?"

"아이고, 그동안 고부장님께 특별히 잘해 드린 것도 없는데 이렇게 황감한 은혜를 입게 되니 그저 몸둘 바를 모르겠어서요."

고부장이 장난스러운 미소를 흘리며 말했다.

"앞으로 잘하면 되지 않겠나? 요즘 내가 집에 일찍 들어가기 쓸쓸하던데, 일주일에 한두 번 이렇게 나랑 술친구하는 거 어떤가? 그럼, 내가 터득한 모든 걸 자네에게 전수해 주겠네."

"알겠습니다. 고부장님. 경매가 뭔지 아직 감은 잘 오지 않지만, 그래도 뭔가 희망의 빛은 발견한 느낌입니다.

아무것도 안 하는 것 보다는 뭔가를 새로 배우고 있다는 설렘도 있구요. 앞으로 잘 좀 부탁드리겠습니다."

"좋아, 좋아, 그 패기 마음에 드네.

자, 오늘 공부는 이쯤하고 원 샷!"

얼굴이 발그레한 두 사람이 흥겹게 잔을 부딪치는 사이, 포실한 고깃덩이가 군데군데 실하게 붙어 있는 돼지 뼈가 진한 육수 국물 속에 파묻힌 채 보글보글 소리를 내며 끓고 있었다.

고부장의 TIP

낙찰자가 추가로 인수해야 할 권리 혹은 부담이 있는지를 사전에 밝혀내는 작업이 흔히 말하는 권리분석이다. 권리분석 공부가 제대로 되어 있지 않으면 입찰보증금을 떼이거나, 낙찰받은 물건의 소유권을 잃거나, 낙찰대금 외에 추가비용이 들어가는 이른 바, 경매사고가 발생할 수 있다. 투자의 기반인 원금을 보전하기 위해서는 경매의 기본적인 룰, 즉 권리분석 공부를 철저히 할 필요가 있다.

경매를 하려면 얼마의 종잣돈이 필요할까?

　많은 분들이 궁금해 하는 부분입니다. 실제 경매에 관심은 있으면서도 섣불리 경매계에 발걸음을 내딛지 못하는 많은 분들이 핑계 아닌, 핑계를 대는 대목이 바로 이 종잣돈입니다. 종잣돈이 없어서, 혹은 종잣돈이 적어서 경매를 할 수 없다고들 합니다. 나중에 안 입고 안 써서 부지런히 돈을 모으면 그때서야 경매공부를 시작해 보겠다고들 합니다. 그런 분들을 대할 때마다 안타까울 따름입니다. 얼마의 종잣돈이 모였을 때 경매를 시작하겠다는 것인지, 그 종잣돈은 도대체 언제까지 모으겠다는 것인지 그저 막연해 보이기 때문입니다. 종잣돈 모으다가 소중한 젊음의 시간들을 흘려보내고 나면, 막상 종잣돈이 마련되었을 때는 그 빠릿빠릿하던 머리도 기름칠 안된 기계마냥 둔감해지고, 흔한 감기 한 번 안 걸리며 건강을 자랑하던 몸도 여기저기 삐그덕대기 시작합니다. 집약적인 경매공부를 위해서는 며칠 밤이고 세울 각오가 뒷받침되어야 하고 이를 위해서는 정열과 체력이 받쳐줘야 하는데, 젊은 날의 열정을 종잣돈을 마련하기 위해 소진하다 보니 나이 들어 뒤늦게 시작한 공부는 두 배, 세 배의 인내와 노력을 강요합니다.

　여러분들보다 오랜 기간 경매계에 몸을 담았고 여러분들이 쉽게 떠올리기 힘든 다양한 경험들을 해 본 제가 경매계의 선배로서, 혹은 경매라는 미지의 세계에 먼저 발을 들여 놓은 선험자로서 자신 있게 말씀드리는데, 경매를 시작할 때 필요한 것은, 경매에서 성공하기 위한 필요 최소한의 조건은, 결코 종잣돈이 아니라는 것입니다. 다시 한 번 강조하지만 경매로 수익을 일궈 꿈에도 그리던 경제적 자유를 달성하고 싶어 하는 분들이라면, 열정과 성실만큼은 누구에게도 뒤지지 않는데 돈이 없어 문제라는 분들은, 더 이상 종잣돈 마련을 위해 헛된 에너지를 탕진하지 마시고 부동산 관련서적이나 경매입문서를 펼쳐들기 바랍니다. 속는 셈 치고 눈 한 번 질끈 감은 채, 자신의 수준에 맞는 몇 권의 책들을 통독해 보기 바랍니다. 그럼 분명 길이 보일 것입니다.

지금 현재 수중에 돈 한 푼 없어도 꾸준한 경매공부로 무장한 사람들은 두려울 게 없습니다. 자신의 능력을 인정하고 그 가치를 사주는 사람들의 돈으로 경매투자를 할 수도 있고, 수익에 대한 확신만 있다면 단기로 돈을 융통하여 매물을 잡을 수도 있습니다. 그리고 좀 더 많은 노력을 기울여 최소한의 금액으로 투자할 수 있는 물건을 찾아내는 것도 한 방법입니다.

너무 막연한 이야기인 것 같아 현실감을 높이기 위해 실전에서 등장했던 사례를 예로 들어 보면, 지방소도시의 중심부에 위치한 감정가 3500만 원 짜리 번듯한 빌라가 수차례의 유찰을 거쳐 최저가가 150만 원까지 떨어진 적이 있었습니다. 실제 몇 번 낙찰되기도 했었는데 낙찰자가 잔금을 납부하지 않아 재경매에 나오기를 수차례 반복하던 물건이었습니다. 재경매물건이다 보니 입찰보증금은 최저매각가의 20%

인 30만 원이었습니다. 이 물건에는 언뜻 대항력 있어 보이는 임차인이 있었는데 꼼꼼하게 법리검토를 해 보면 낙찰자가 인수해야 될 금액은 아니었습니다. 그렇다면 이 물건은 단돈 30만원에 낙찰 받을 수 있고 낙찰 후 잔금을 경락잔금대출을 받아 납부한다면, 결국 3500만 원짜리 번듯한 빌라를 매입하는 데 실제 들어간 돈은 30만 원에 불과한 것입니다. 아무리 종잣돈이 없다, 없다 해도 누구에게든 30만 원의 융통이 어렵진 않을 것이고 보면, 종잣돈이 없어서 경매를 못한다는 논리는 그저 핑계에 불과할 뿐임을 여실히 보여주는 사례입니다. 여러분이 위 물건을 자신의 것으로 만들고자 한다면, 임차인이 대항력이 없어서 낙찰자가 따로 인수할 보증금은 한 푼도 없다는 핵심을 짚어내기만 하면 되는데, 이를 위해서는 두 말할 나위 없이 위 사안과 관련된 판례와 법률지식의 습득만이 필요할 뿐입니다. 바로 경매공부 말입니다.

또 하나의 예를 들어 보겠습니다. 경매인들은 수익률을 높이기 위하여 은행의 경락잔금대출상품을 많이들 이용하는데, 이 경락잔금대출을 효율적으로 활용한다면 자기 돈 한 푼 안 들이고 번듯한 아파트 한 채를 매입할 수 있습니다. 시중의 금융기관 간에 경락잔금대출에 대한 경쟁이 치열하다 보니 정상적인 대출관행의 관점에서 보면 언뜻 상상하기 쉽지 않은 유리한 조건을 내세우는 금융기관이 나오기도 합니다. 낙찰가의 90% 대출은 이제 보편화된 마당에 여기에 한술 더 떠 실제 낙찰가가 얼마든 간에 시가의 85%를 대출해 주는 상품이 나온 것입니다. 모 캐피탈에서 출시한 상품인데, 감정가가 1억 원이고 시세도 동일한 아파트를 감정가의 80%선인 8000천만 원에 낙찰 받았을 때, 대출 가능한 총액은 시세의 85%인 8500만원이라는 것입니다(캐피탈하면 저축은행보다 이율이 높을 것 같지만 대규모 캐피탈은 거의 시중은행만큼이나 금리가 저렴합니다). 낙찰자는 낙찰 후 대출 받기까지 약 보름정도의 기간 동안 소용될 보증금을 어디선가 융통할 수만 있다면, 낙찰 받음과 동시에 대출을 받아 보증금을 상환할 수 있고, 여기에 더해 일정 정도의 차액까지도 미리 손에 쥘 수 있다는 것입니다. 사정이 이렇다면 여러분들이 할 일은 그런 조건에 맞는 물건을 찾아내기만 하면 되는 것입니다.

경매공부가 많이 된 사람일수록, 경매계에서의 경험과 연륜이 높은 사람일수록 이런 물건은 쉽게 눈에 띌 것인 만큼 이제 우리가 내릴 결론은 자명해졌습니다. 나는 왜 종잣돈이 없을까, 왜 우리 부모는 가난한 것일까, 하는 무의미한 한탄과 한숨은 이제 그만 접고 그 부정적인 에너지를 집약하여 경매공부에 매진해야 한다는 것입니다. 지금 이 순간 여러분이 경매로 승부를 걸어 보겠다는 마음을 독하게 먹고, 지금부터라도 부지런히 공부하고 이런저런 경험을 해 본다면, 분명 경매계에 내딛는 첫걸음에서 조차 여러분은 든든한 수익을 일궈낼 수 있을 것입니다.

경매를 하려면 많은 종잣돈이 필요하다는 생각 때문에 그동안 경매공부를 주저해 왔다면, 일단 종잣돈을 마련한 후에 경매공부를 시작하겠다고 그동안 마음먹어 왔다면, 지금 이 순간부터 훌훌 떨쳐 버리고 당장 서점으로 달려가 경매서적을 집어드십시오. 다시 한 번 강조하지만 경매에서 성공하기 위한 필요하고도 충분한 조건은 꾸준하고 집약적인 공부, 오직 그것뿐입니다.

Episode 04

봉대리, 경매서적 세 권을
나흘 만에 독파하다.

고부장과 2차로 노래방에 들러 흥겹게 노래까지 마치고 나니 시각은 어느새 11시가 넘어서고 있었다.

딱 한잔 만 더하자는 고부장의 요청을, 활기찬 내일을 위해 오늘은 참자는 말로 무마한 봉대리가 고부장을 택시에 태워 보낸 뒤 회사 인근의 자신의 원룸으로 발걸음을 옮겼다.

가로등이 뿌옇게 졸고 있는 집 앞의 벤치에 앉아 봉대리가 담배 한 개비를 뽑아 물었다. 후하고 내뿜은 담배 연기가 푸른빛의 실타래처럼 엉겨 붙으며 허공 속으로 흩어졌다. 뿌옇게 번져가는 연기 너머로 열정을 주체할 수 없다는 듯 흥분이 담긴 목소리로 경매 강의를 해 주던 고부장의 얼굴이 선명한 영상이 되어 다시 떠올랐다.

"경매가 위험하지는 않은가요?" 라는 봉대리의 조심스러운 물음에 고부장은 여유 있는 미소를 흘리며 대답했었다.

"이 사람, 참. 아직도 경매판에 건달들이나 양아치 같은 브로커들이 설치고 있다고 생각하는 건가?

경매판에 건달들이 설자리가 없어져 버린 지는 일반인들이 생각하는 것 보다 훨씬 더 오래됐어.

경매절차를 담고 있는 민사집행에 관한 제 법령들이 현실에 맞게끔 정비가 되어, 경매절차가 과거 있었던 호가경매제가 아니라, 기일입찰형태로 바뀐 뒤로는 이른바 깍두기 아저씨들이 힘을 쓸래야 쓸 수가 없게 되어 버린 거지.

우리가 영화에서 흔히 봤던 경매의 형태 즉, 서로 얼굴을 보면서 경쟁적으로 가격을 높여 가다가 결국 최종적으로 높은 가격을 제시하는 사람에게 낙찰되는 형태의 호가경매에서는 건달들의 암묵적인 위협이 낙찰에 중대한 영향을 미치기도 했는데, 응찰가를 비밀리에 입찰표에 기재한 뒤 개찰함에 넣어 한꺼번에 개찰하는 방식의 기일입찰에서는 그런 무법이 판을 칠 여지가 없어져 버린 거야. 경매판에서 자신들의 설자리가 없어지자, 오랜 기간 경매법정으로 출근했던 동네 양아치 아저씨들은 다른 살길을 찾아 뿔뿔이 흩어진지 이미 오래되었다네. 그래서 지금 경매법정에 가보면 죄다 평범한 아줌마, 아저씨들뿐이야. 전혀 위험하지 않다는 거지."

고개를 끄덕이면서도 봉대리는 집요하게 다시 물었다.

"경매는 일종의 투기 아닌가요?"

"그것도 일반인들의 무지에 기인한 오해 중 하나지. 경매라는 제도는 말이야. 국가의 존립을 위해서 반드시 필요한, 경제질서의 근간이 되는 중요한 제도야. 채무자가 아쉬운 소리 해대가며 돈을 빌려간 뒤 그 돈을 제때에 갚지 않았을 때, 만약 채무자에게 돈을 갚으라고 강제할 방법이 채권자에게 없다면 이 나라 경제질서가 어떻게 되겠나?

누가 감히 돈을 빌려줄 것이며, 돈 빌려주는 일을 업으로 하는 은행은 어떻게 살아남겠느냐 말일세. 그리고 경매가 부동산 투기라는 생각에 젖어 아무도 경매물건에 응찰하지 않으면, 채권자는 돈을 어떻게 돌려받을 것이며, 경제적 약자인 임차인은 어떻게 보증금을 반환 받아 새 삶을 살 거냐 말이지.

경매는 채무자가 빚더미에 눌려 만세를 불러 버린 상황에서, 국가가 개입하여 채무자를 대신해 해당 부동산을 일반인에게 팔아 주고, 그 매각대금으로 채권자들의 채권을 변제해 주는 합법적이고도 필요불가결한 제도일세.

이 합법적인 게임에 참가하여 부동산을 낙찰 받는 게 어떻게 투기가 될 수 있겠나. 이게 만약 투기라면, 경매를 주관하는 법원이나, 정부, 그리고 경매에 관한 법률을 제정한 국회까지 전부가 투기를 조장한 공범이 된단 말이지.

또 하나, 경매가 투기가 아님을 보여주는 단적인 제도가 토지거래허가제일세. 갑작스러운 개발호재의 발표로 인하여 해당 지역의 지가가 급등이 예견되는 지역은 예외 없이 토지거래허가지역으로 묶어 거래를 제한하는데, 일단 토지거래허가지역으로 묶이면 해당 지역의 토지를 매수한다는 건 여간해서는 어려운 일이 되어 버린다네.

토지거래허가를 받기 위한 요건이 생각보다 만만치 않기 때문이지. 그런데 법률에서는 토지거래허가지역에 있는 토지가 경매매물로 나온 경우에는 따로 토지거래허가를 받지 않아도 경매로 취득할 수 있도록 규정하고 있다네. 법률상 경매로 취득하는 것은 투기 목적의 취득으로 보지 않는다는 말이지."

이처럼 앞뒤가 정연한 논리로 차분하게 봉대리의 질문에 대답하던 고부장의 열띤 얼굴이 떠올랐다.

고부장님이 이렇게 열정적인 사람이었나, 싶을 정도로 그때 경매의 매력에 대해 설명하는 고부장의 얼굴은 빛이 나고 있었다. 고부장의 발그레한 얼굴은 단순히 술기운 때문만은 아닐 터였다.

그것은 뜨거운 열정을 가진 사람에게서 발산되는 긍정과 희망의 파장이었다!

고부장과의 술자리에서 봉대리는 경매에 대한 여러 가지 선입견을 버릴 수 있었다.

경매는 투기의 장도 아니고 불로소득의 장도 아니요, 채무자 혹은 임차인의 희생을 대가로 눈물어린 수익을 얻는 장도 아니라는 것. 경매로 돈을 버는 사람들은 하나같이 열정적이고 선량하고, 성실하고, 그저 묵묵하게 자신의 길을 가는 그야말로 평범한 사람들이라는 것.

그 사람들을 선의의 경쟁자로 삼아, 주어진 시간 내에 보다 열심히 공부하고 좀 더 부지런히 발품을 팔아, 당당하게 경쟁에서 승리하여 정당한 수익을 내는 시장. 그저 열심히만 공부하면 어떤 위험도 피해갈 수 있는 안전한 시장이자, 그저 꾸준히만 공부하면 공부한 만큼 고스란히 결실이 되어 돌아오는 정직한 시장이 경매시장이라는 생각이 어렴풋이나마 봉대리의 마음속으로 스며들고 있었다.

봉대리가 이미 꽁초가 되버린 담배를 쓰레기통에 비벼 끄며 자리에서 일어섰다. 그때 봉대리의 얼굴은 마치 고부장의 얼굴처럼 활기와 정열로 이글거리고 있었다. 뿌옇게 졸고 있던 가로등도 정신이 드는지, 좀 더 환한 빛을 내뿜으며 거리를 비추기 시작했다.

다음 날 아침 봉대리는 출근길에 서점에 들러 몇 권의 경매서적을 샀다.

어제 점심나절에 얼떨결에 가입했던, '행복한 부자를 꿈꾸는 사람들'이라는 까페의 주인장이 추천해 준 낙찰자 수기 위주의 책들이었다. 처음 경매에 입문하는 사람들이 딱딱한 권리분석 책부터 펼쳐 들게 되면 그 난해함과 생소함에 일찌감치 질려버리게 되니, 경매에 먼저 입문하여 알찬 수익을 일궈 낸 선배들의 생생한 수기를 먼저 접해, 마음속에 잠자고 있는 열정을 일깨워 보라며 '경매천사'라는 닉네임의 까페지기가 권한 책들이었다.

사무실에 들어서자, 단정한 매무새의 고부장이 일간 신문을 펼쳐 들고 진지하게 경제란의 기사들을 읽고 있는 모습이 눈에 들어왔다.

"안녕하세요. 고부장님? 속은 좀 괜찮으세요?"

봉대리가 활기찬 목소리로 아침 인사를 했다.

고부장이 봉대리를 향해 사람 좋은 미소를 흘리며 고개를 끄덕였다.

고부장의 시선이 잠시 봉대리의 손에 들려 있는 경매서적을 향했다가 이내 함박 웃음을 지어내며 엄지손가락을 치켜올렸다.

'역시, 자네는 이해도가 남달라. 하나를 가르쳐 주면 열을 아는군' 하는 표정이었다. 봉대리가 멋쩍은 표정으로 머리를 긁적이며 자리에 앉았다.

자리에 앉아 일을 시작하긴 했지만 머릿속에는 온통 경매 생각뿐이었다.

'경매의 기초적인 이론공부는 최단기간 내에 집중해서 하는 게 효율적이라고 했지. 좋아. 그럼 질질 끌지 말고 지금부터 딱 일주일 동안 오늘 산 경매서적 세 권을 독파해 버리자.'

눈을 빛내며 결의를 다지는 봉대리의 마음속으로 벅찬 희망의 물결이 넘실대고 있었다.

그 날부터 봉대리는 퇴근 후 곧바로 귀가해서 밤이 늦도록 공부를 하기 시작했다. 먼저 낙찰수기 형태의 책을 읽어내려 갔는데, 마치 봉대리 자신이 책 속의 주인공인 양 함께 울고 웃으며 책 속으로 몰입할 수 있었다. 초보경매인들이 가장 두려워한다는 명도(세입자를 내보내는 일)를 경매고수들이 때로는 단호하게, 때로는 부드럽게, 물 흐르듯 유연하게 처리해 나가는 전 과정을 간접적으로 체험하면서, 봉대리는 왠지 경매는 인상 험악하고, 모진 성격을 가진 사람들이 하는 것이 아니라, 자신의 마음을 잘 다스릴 줄 아는 인격을 갖춘 사람들이 하는 것이라는 생각이 들었다.

넉넉하게 시간을 두고 조급하지 않게 명도의 과정을 이끌어 가되, 철저한 사전준비와 빈틈없는 계획으로 일각의 시간도 낭비하지 않고 효율적으로 명도과정을 끝마치는 선배들의 무용담은 그 자체로 산지식이요, 잠자고 있던 정열을 일깨워 주는 훌륭한 자극제였다.

어떤 날은 너무 책 속으로 몰입하다 보니 새벽녘이 다 되서야 잠이 들었고, 결국 늦잠을 자는 바람에 회사에 지각을 하기도 했다.

대충 상황을 짐작했는지 고부장은 엄하게 꾸짖지는 않았지만, 경매공부도 좋지만 공과 사는 명확히 구별해야 한다는 질책을 봉대리는 고부장의 단호한 눈빛에서 느낄 수 있었다.

그래도 어쩌란 말인가. 경매공부가 이렇게 재미있는 것을 …….^^

봉대리는 회사일이 어느 정도 정리되면 틈틈이 '행복한 부자를 꿈꾸는 사람들'이라는 까페에 들려, 게시판에 올려진 글들을 차분히 읽어 보았다.

하루가 다르게 등락을 거듭하는 주가그래프에 가슴 졸이며 보냈던 지난 한 달과 다르게 경매공부는 편안한 마음으로 접근할 수 있었고, 하나 둘 새로운 지식을 알아 갈 때마다 마음 깊은 속에서 희망의 싹들이 한 움큼씩 꽃을 피웠다.

경매공부에 빠져 나흘을 지내다 보니, 벌써 세 권의 책을 다 읽어 버렸다.

한 번 몰입하면 결과가 나올 때까지 끝장을 보고야 마는 봉대리의 집중력의 승리였다. 경매의 구체적이고 세부적인 내용은 아직 확실한 감이 오지 않았지만 전반적인 틀은 잡힌 듯한 느낌이 들었다.

이래서 처음에는 나무가 아닌 숲을 보겠다는 각오로 공부하라고 했던 것이구나. 선배들의, 경험에 기반을 둔 조언의 소중함을 절실히 느끼는 순간이었다.

일단 경매에 대한 부정적인 시각을 없애고, 지속적인 공부의 기반이 되는 동기를 견고히 하는 것을 경매서적 읽는 첫 번째 목적으로 삼으라고 선배들은 말했는데, 봉대리로서는 기대 이상의 성취를 얻은 느낌이었다.

이제 봉대리는 경매는 그 어떤 재테크 보다 정직하고, 보람 있으며, 뿌듯한 희열을 만끽할 수 있는 수단임을 나름대로 확신할 수 있었다. 공부하고 발품을 판 만큼 풍성한 수확을 거두어들일 수 있는 정직한 기회의 장!

비록 현재 가진 것은 없어도 삶에 대한 열정만은 누구보다 뛰어나다고 스스로 자부하는 봉대리에게 그야말로 궁합이 딱 맞는 재테크였다.

"경매야, 기다려라!

대한민국 남아 중의 남아, 봉선달 대리가 나가신다!!!"

주먹을 불끈 쥐며 결의를 다지는 봉선달 대리의 뒷모습을, 경락건설 자재부 고명한 부장이 흐뭇한 웃음을 지으며 바라보고 있었다.

> **고부장의 TIP**
>
> 경매는 전혀 위험하지 않다. 경매는 투기의 장도, 불로소득의 장도 아니요, 채무자 혹은 임차인의 희생을 대가로 한 눈물어린 수익을 얻는 장도 아니다. 경매는 열심히 공부하면 어떤 위험도 피해갈 수 있는 안전한 시장이자, 꾸준히 공부하면 공부한 만큼 고스란히 결실이 되어 돌아오는 정직한 시장이다.

Eepisode 05 고부장의 두 번째 강의 – 경매에서 성공하는 비결
Eepisode 06 고부장의 세 번째 강의 – 낙찰자가 인수할 권리
Eepisode 07 봉대리, 선순위전세권에 대해 정리하다
Eepisode 08 봉대리, 경매의 고수익의 원리를 터득하다
Eepisode 09 봉대리, 등기부상의 권리분석을 마무리하다
Eepisode 10 봉대리, 경매인의 금기에 대해 배우다
Eepisode 11 봉대리, 임차인의 대항력에 대해 공부하다
Eepisode 12 봉대리, 임차인의 우선변제권을 공부하다
Eepisode 13 봉대리, 최우선 변제권을 확실히 정리하다
Eepisode 14 봉대리, 혹독한 테스트를 당하다
Eepisode 15 봉대리, 위장임차인에 대한 비급을 전수받다
Eepisode 16 고부장의 네 번째 강의 – 아파트 임차인의 유치권
Eepisode 17 고부장의 다섯 번째 강의 – 예고등기와 대위변제

STEP 02

봉대리,
권리분석을
공부하다

Episode

고부장의 두 번째 강의
- 경매에서 성공하는 비결

"고부장님, 오늘 저녁에 시간 괜찮으세요?"

퇴근 시간이 다가오자 봉대리가 고부장에게 넌지시 물었다.

"왜, 오늘 저녁 자네가 내 술친구라도 돼 줄텐가?"

빙글거리며 활기차게 되묻는 고부장에게 봉대리가 미소를 던지며 말했다.

"제가 괜찮은 데서 저녁식사를 대접하고 싶습니다. 고부장님의 명강의를 다시 한 번 듣고 싶기도 하구요."

"저녁만?"

"원하신다면 술도 사드리겠습니다."

고부장이 호쾌하게 웃으며 고개를 끄덕였다.

"좋아, 술이 빠진 저녁식사 자리라면 거절하려고 했는데, 술도 사준다니 기꺼이 수락하겠네."

봉대리가 고부장을 모시고 찾아 간 곳은 아나고 회무침을 전문으로 하는 재래시장 인근의 허름한 횟집이었다.

그러나 허름한 외관과 달리 이른 저녁부터 식당 안은 손님들로 북적이고 있었다.

아무렇게나 썰어 낸 아나고를 한 젓가락 푸짐하게 집어, 초장을 듬뿍 발라 입에 넣고 우물거리던 고부장이 탄성을 내질렀다.

"이야, 이거 입안에서 살살 녹네, 녹아. 감칠맛이 정말 기가 막힌 걸?"

그럴 줄 알았다는 듯 흐뭇하게 웃던 봉대리가 잔을 들어 고부장의 잔에 살짝 부딪쳤다.

"입가심으로 소주 한 잔 하시고 오늘도 명강의 부탁드립니다."

"이 사람, 서두르기는. 이 맛있는 회무침을 앞에 두고, 어찌 바로 딱딱한 공부할 생각만 하는가. 경매인이 가장 금기시해야 하는 게 조급증이라는 걸, 그래, 경매책을 세 권이나 읽었으면서도 아직 깨우치지 못했단 말인가?"

고부장의 익살스러운 너스레에 봉대리가 얼굴을 붉히며 말했다.

"처음에 발을 들여 놓기가 어렵지, 일단 경매공부에 마음을 빼앗기면 정말 시간가는 줄 모르겠더군요. 마음이 조급한 게 아니라, 선배들의 노하우를 하나라도 더 배우고 싶은 욕구를 주체할 수가 없을 지경입니다."

봉대리가 소주잔을 들어 단숨에 들이킨 다음, 입 덴 자리를 휴지로 정성스럽게 닦은 뒤 고부장에게 건넸다.

"이런 좋은 공부를 시작하게 이끌어 주신 고부장님께 어떻게든 감사의 마음을 표하고 싶었습니다. 앞으로 진정한 스승으로 모실 테니 부디 미천한 저를 제자로 거두어 주십시오."

무릎까지 꿇고 진지한 자세로 술을 따르며 말하는 봉대리를 대견한 듯 쳐다보던 고부장이 말했다.

"내가 사람 하나는 제대로 본단 말이야. 역시 자네는 열정이 넘치는 친구였군."

술병을 받아들고 봉대리의 잔에 술을 따르며 고부장이 말을 이었다.

"경매는 말이야. 참 매력적인 재테크 수단이긴 하지만, 아무나 고수가 되는 걸 허락하지는 않는다네. 여기저기서 경매로 돈 벌었다는 얘기를 주워듣고 요즘에는 너도 나도 경매판에 뛰어들지만, 그들 중 95% 이상은 경매로 돈을 벌기는커녕 하릴없이 경매법정 주위만 맴돌다가 중도에 포기하고 미련없이 경매계를 떠나는 사람들이야. 그래서 경매가 대중화되었네, 보편화되었네, 말들이 많아도 경매고수들은 크게 신경 쓰지 않지. 경매인구가 10만 명이라면 그 중에 9만 명은 허수라는 걸 잘 알고 있기 때문이야."

고부장이 잠시 말을 끊고 회무침 한 젓가락을 입에 넣었다. 먹음직스럽게 우물대던 고부장이 다시 한 번 경탄어린 탄성을 내질렀다.

"이야, 정말 매콤하고, 부드럽고, 쫄깃하고……, 말 그대로 기가 막히는군. 이런 맛있는 회를 먹게 해 줬으니 오늘 내가 강의 한 번 제대로 해야겠는 걸?"

봉대리가 들을 준비가 되었다는 듯 초롱한 눈망울을 반짝이자 고부장이 미소를 띠며 입을 열었다.

"경매에서 성공하는 사람의 면모를 잘 살펴보면 하나의 공통점을 발견할 수 있다네. 바로 열정이지!

경매 입문자 100명 중 95명은 1, 2년이 지나면 별다른 성과 없이 경매계를 떠나지만 그 중 대여섯 명은 살아남아 꾸준히 고수익을 내며 경매의 매혹을 맘껏 만끽하는데, 그 사람들은 대부분은 열정으로 똘똘 뭉쳐 있더란 말일세. 열정이란 다른 말로 긍정적인 에너지를 말하는 거겠지. 남들이 다 안된다고 불평할 때, 남들이 다 상황을 탓하며 투덜댈 때, 행동 없이 말로 모든 걸 해결하려고 할 때, 경매고수들은 긍정적이고 적극적인 사고로 마음을 다잡고 곧바로 행동하는 사람들이란 말이지. 열정이 있다 보니, 정말 순식간에 경매공부를 끝내고, 순식간에 첫 낙찰의 기쁨을 누리고, 순식간에 자신만의 특화된 분야를 발견해 내고, 순식간에 경매고수의 반열에 올라서더란 말일세.

결국 경매고수냐, 아니냐는 그 사람이 경매계에 얼마나 오랫동안 머물렀느냐로 판가름 나는 것이 아니더라구. 누가 얼마만큼 열정을 가지고 효율적으로 공부했느냐, 누가 얼마나 긍정적인 에너지로 무장한 채 다양한 경험들을 해 봤느냐에 달려있다는 것이지.

그러니까 지금 경매판에 수많은 선배들이 진을 치고 있고 범접할 수 없는 경매고수들이 여기저기 많은 것처럼 보여도 전혀 겁먹을 것 없다네. 경매에서는 연륜도 중요하지만, 가장 중요한 건 종국에는 열정과 행동뿐이니까 말일세."

봉대리의 표정이 돌연 환해졌다.

그동안 몇 권의 책으로 작지 않은 자신감을 쌓은 건 사실이지만, 마음 한 켠에서는 '다른 사람들도 나만큼은 공부할 텐데, 뒤늦게 시작한 내가 과연 쟁쟁한 선배들과의 경쟁에서 승리할 수 있을까?' 하는 불안감이 없지 않았던 것이다. 그런데 고부장이 그 막연한 불안감을 확실하게 치유할 처방전을 말해 준 것이다.

'누가 더 열정을 가지고 공부하고, 누가 더 많이 실제 행동으로 옮기느냐에 따라 성패가 갈린다.'

그거라면 나도 자신 있지, 하는 생각이 봉대리의 마음 깊은 곳에서 부터 용솟음치고 있었다. 봉대리의 표정의 변화를 유심히 관찰하던 고부장이 씨익 웃으며 말을 마무리했다.

"그런 면에서 자네는 일단 합격이야. 경매서적 세 권을 나흘 만에 독파할 정열과 집중력이라면 경매에서 성공하기 위한 기본은 갖춘 셈이지. 비록 공과 사를 구별하지 못하고 회사일을 등한시하는 면이 있긴 하지만, 당분간은 내가 눈 감아 줌세. 대신에 빠른 시간 내에 자리를 잡아 회사 일과 경매공부 모두를 효율적으로 병행할 수 있도록 노력하게."

고부장의 격려와 질책이 뒤섞인 말에 봉대리가 얼굴을 붉히며 머리를 긁적였다.

고부장이 말을 이었다.

"그래, 경매공부는 어디까지 했나? 이제 권리분석의 기본은 좀 익혔나?"

"네, 경매수기 위주로 된 책을 읽긴 했지만, 책 중간 중간에 기본적인 권리분석 내용이 포함되어 있어서 어느 정도 권리분석에 대한 감을 잡을 수 있었습니다."

"그래? 그렇다면 단도직입적으로 묻겠네. 경매에서 권리분석이 왜 필요하다고 생각하나?"

잠시 망설이는 기색을 보이던 봉대리가 이내 마음을 다잡고는 차분한 음성으로 말하기 시작했다.

"저번에 고부장님께서 말씀하신 것처럼, 경매는 법원이 해당 부동산을 일반인들에게 매각하여 그 매각대금을 다수의 채권자들에게 법에서 정해진 권리순위에 따라 나눠주는 절차입니다. 이때 순위에 따라 배당을 받은 채권자들의 등기부상 권리는 전부 말소되어 결국은 깔끔한 상태의 소유권이 낙찰자에게 넘겨지는 것입니다. 그런데 때로는 낙찰을 통하여 소멸되지 않는 등기부상의 권리가 있을 수 있는데, 이렇듯 낙찰자가 인수할 권리가 무엇인지, 인수의 범위는 어디까지인지, 인수하는 권리가 해결은 가능한지, 가능하다면 얼마의 추가비용이 들 것인지 등을 밝혀 내는 작업이 권리분석입니다."

고부장이 호쾌하게 웃으며 크게 고개를 끄덕였다.

"하하, 역시 내가 제자하나는 제대로 뒀군. 군자삼락 중 하나가 영리한 제자를 두어 가르치는 기쁨을 만끽하는 건데, 이제야 그 말뜻을 알 것 같네 그려."

뭐가 그리 즐거운지 연신 웃음을 흘리던 고부장이 눈을 빛내며 물었다.

"그래, 낙찰자가 인수해야 할 권리와 인수범위를 밝히는 작업이 권리분석이라고 했는데, 그 권리분석의 원리는 터득했는가?"

"제가 나름대로 의문을 가지고 원리를 궁리해 보았는데, 그게 맞는 답일지는 장담하지 못하겠지만 일단 말씀드려 보겠습니다.

우선 기존의 경매 책들에서 말하는 등기부상 권리분석의 핵심은, 등기부상 권리들 중 말소기준권리라는 것을 찾아내는 것이었습니다. 모든 책들이 천편일률적으로 일단 등기부에서 말소기준권리를 찾아내고 그 말소기준권리 보다 후순위로 설정된 권리들은 전부 소멸하는 게 권리분석의 원리라는 식으로 설명을 하더군요.

그리고 대부분의 책들이 '(가)압류, (근)저당, 담보가등기, 경매개시결정 기입등기, 이 네 가지를 말소기준등기로 들면서, 결국 해당 부동산의 등기부상 권리들을 날짜 순으로 주욱 늘어놓은 뒤, 그 중에서 가장 먼저 설정된 말소기준권리를 찾아내어 그보다 후순위 권리들은 전부 소멸되는 것으로 보면 된다는 식이었습니다. 이렇듯 말소기준권리는 중요하니까 그 종류는 무조건 암기하라는 식으로 설명을 하더군요."

이때쯤 고부장의 눈이 잠깐 반짝이는 듯 했지만, 봉대리는 알아채지 못하고 말을 계속했다.

"그런데 민사집행법의 관련 법조문과 경매절차의 개념 등을 고려해 보건데, 기존의 서적에서 말하는 말소기준권리는 굳이 암기할 필요가 없을 것 같더군요. 경매의 정의가 '해당 부동산을 법원의 중개로 매각하여 그 매각대금을 다수의 채권자들에게 나눠 주고 그 채권자들의 권리를 소멸시켜 온전한 상태로 낙찰자에게 넘겨 주는 것' 이라고 한다면 등기부상 권리 중 이렇듯 금전을 배당받을 수 있는 권리, 금전지급과 관계된 권리는 전부 소멸하는 것으로 보면 되겠다 싶었는데, 아니나 다를까, 모든 경매서적에서 말소기준권리로 들고 있는 (가)압류, (근)저당, 담보가등기, 경매개시결정기입등기는 금전지급과 관계된 권리, 즉 당해 경매절차에서 배당받고 소멸될 권리라는 걸 알 수 있었습니다."

고부장이 고개를 끄덕이다가 짐짓 미심쩍은 표정을 지어내며 물었다.

"그래, 좋은 지적이야. 그런데 나머지 권리는 그렇다 치고 말소기준권리 중 마지막에 말한 경매개시결정기입등기는 언뜻 금전지급을 구하는 권리와 무관한 듯 한데, 어떻게 말소기준권리가 될 수 있는 거지?"

긴장할 줄 알았던 봉대리는 그러나 이미 해답을 준비했는지 여유 있는 태도로 말을 받았다.

"경매개시결정기입등기는 권리가 아니라 단순한 등기부상의 기재입니다. 채권자 ○○○에 의해서 해당 건물은 경매가 신청되었다는 단순한 내용을 담고 있지요. 따라서 원칙적으로 금전지급과는 무관한 기재로서 말소기준권리가 될 수 없지만, 민사집행법상으로 위 경매개시결정 등기에 당해 부동산의 처분을 금지하는 효력, 즉 압류의 효력을 부여해 놓았더군요. 결국 경매개시결정기입등기는 압류등기나 마찬가지인 것이지요. 그래서 앞서 나열한 가압류나 압류와 같이 취급해도 되는 것입니다."

고부장이 대견한 듯 만면에 함박웃음을 지으며 고개를 끄덕였다.

"그래, 말소기준권리의 원리를 제대로 발견했군. 그래, 자네 말이 맞아. 경매절차에서 배당받고 소멸될 운명에 놓여있는 금전지급과 관계된 권리들이 말소기준권리라고 보면 되네. 경매개시결정기입등기에는 자네 말처럼 경매목적물을 다른 데 처분하지 못하도록 하는 효력, 즉 압류의 효력이 있으니 압류등기나 마찬가지인 것이고.

결국 금전지급을 구하는 등기부상 권리는 당해 경매절차에서 전부 말소한다고 보면 되는데, 여기서 한 가지 더 짚고 넘어가야 하는 게, 금전지급을 구하는 권리는 전부 소멸하는데, 그보다 뒤늦게 설정된 금전지급권리 이외의 권리들, 즉 가처분이나, 지상권, 지역권, 전세권 같은 권리들이 소멸하지 않으면 어떻게 되겠나? 자신보다 먼저 설정된 선순위 권리가 소멸되었는데 후순위 권리들이 말소되지 않으면 상식적으로 말이 안될 뿐만 아니라, 등기부상 이런 권리들이 잔존한 채로 낙찰자에게 넘어 온다면 아무도 그 물건에 응찰하지 않겠지. 여기서 권리분석의 또 다른 원리 하나를 도출할 수 있는데, 금전지급을 구하는 권리보다 늦게, 즉 후순위로 설정된 금전지급 이외의 권리들도 전부 소멸된다는 거야."

"오, 그렇군요. 그렇다면 결국 등기부상 권리분석의 핵심은 등기부상 권리들을 설정일자 순으로 주욱 늘어놓고, 그 중에서 가장 먼저 설정된 금전지급을 구하는 권리, 즉 흔히 말하는 말소기준권리를 찾아낸 뒤 그보다 후순위로 설정된 권리들은 그게 금전지급을 구하는 권리든, 그 외의 권리든 불문하고 전부 소멸된다, 라고 해석하면 되겠군요. 게다가 금전지급을 구하는 권리는 당연히 배당받고 소멸할 것이구요."

"그렇지, 자네가 아주 제대로 정리를 해 주는구만. 어떤가? 원리를 이해하니 권리분석이 한결 쉽지 않은가?"

"그렇습니다. 왜 (가)압류, (근)저당, 담보가등기, 경매개시결정 기입등기가 말소기준권리가 되는지, 왜 말소기준권리는 당해 절차에서 전부 말소되는지, 그리고 말소기준권리보다 후순위권리들은 왜 일률적으로 소멸되는지 그 원리를 이해하니까 굳이 암기할 필요도 없고 정말 이해가 쉽군요."

"그래, 뭐든 무조건 암기하려 하지 말고 이해하려고 노력해 보는 게 최선의 공부 방법일세. 원리를 이해하면 언제든 유사한 상황에서 응용할 수 있거든."

"네, 항상 명심하겠습니다"

고부장이 잔을 높이 들며 활기차게 말했다.

"열정으로 무장한 자네가 원리를 이해하려고 노력하는 모습까지 보이니, 경매고수의 경지가 멀지 않아 보이네. 내 장담하네만, 자네는 한 달 내로 경매이론공부 끝내고 곧바로 실전에 들어갈 수 있을 걸세. 그때 운이 좋으면 근사한 놈으로 하나 낙찰 받을 수 있을지도 모르지."

"에이, 설마요. 경매공부가 그렇게 쉬우면 누구나 다 돈 벌게요. 저는 아직 많이 부족합니다. 아시다시피 종잣돈도 충분히 없구요."

손사레를 치며 겸손함을 내비치는 봉대리를 따뜻한 시선으로 바라보던 고부장이, "조금 뜬금없는 얘기처럼 들리겠지만, 내가 원체 이순신 장군을 흠모해서 말야." 하고 운을 떼며 조금은 단호해진 어조로 말했다.

"임진왜란 당시, 모진 고문 끝에 살아남아 백의종군 길에 오른 노장이, 여기저기 깨지고 부서진 자신의 12척의 배를 보듬으며 품었을 절망과 희망을 이 시점에서 자네도 한 번 진지하게 되새겨 보게. 수백 척의 최신형 왜군함대에 비할 바 못되는 초라한 12척의 판옥선을 바라보며 본능적으로 솟구친 절망과 공포를 추스르고, 패전이 불을 보듯 뻔한 상황에서도 출전을 강요하는 임금에게 '신에게는 아직 12척의 배가 남아 있으니 적이 업수이 여기진 못할 것입니다.'라고 당당히 말하며 전장 속으로 뛰어들었던, 당시 노장의 그 뿌리 깊은 절망과 그 속에서 피워낸 절절한 희망을 깊이 한 번 생각해 보게나.

비록 금쪽같은 종잣돈이 반 토막 났다고는 하지만, 자네에게는 아직 남들에게는 없는 2700만원의 종잣돈이 남아 있고, 자네에게는 절망을 추스를 충분한 시간이 있으며, 자네에게는 아직 미래의 희망을 품어 볼 당당한 젊음이 있지 않은가. 그러니 앞으로의 전투를 철저히 준비해서, 절대 패배하지 않고 계속 앞으로만 전진하면 되는 걸세. 난 자네가 충분히 해낼 수 있을 거라 굳게 믿고 있다네."

고부장의 따뜻한 격려에 봉대리의 눈시울이 뜨거워졌다.

'감사합니다. 고부장님! 절대 고부장님의 믿음을 깨뜨리는 일 따윈 하지 않겠습니다. 저, 정말 열심히 해 보겠습니다. 돈을 벌기 위해서가 아니라, 저도 뭔가를 해낼 수 있다는 그 벅찬 성취감을 위해서라도 정말 열심히 한 번 뛰어 보겠습니다.'

술잔을 든 채 마음속으로 수십 번을 되뇌이는 봉대리의 속마음을 짐작한다는 듯, 따뜻한 시선으로 봉대리를 바라보던 고부장이 잔을 높이 들며 호기 있게 외쳤다.

"오늘 공부는 그만 끝. 자, 원 샷!!!"

"원 샷!!!

고부장의 잔에 자신의 잔을 부딪치며 봉대리도 질세라 호탕하게 소리쳤다. 전신에 새콤한 초장을 바른 채 싱싱한 야채 더미 속에 파묻혀 있던 연회색의 아나고 한덩이가 열정으로 하나가 된 두 사람을 향해 환한 웃음을 흘리고 있었다.

> **고부장의 TIP**
> 등기부상 권리분석의 핵심은, 등기부상 권리들을 설정일자 순으로 늘어놓고, 그 중에서 가장 먼저 설정된 금전지급을 구하는 권리, 즉 흔히 말하는 말소기준권리를 찾아낸 뒤 그보다 후순위로 설정된 권리들은 그게 금전지급을 구하는 권리든, 그 외의 권리든 불문하고 전부 소멸된다. 라고 이해하면 된다.

Episode 06

고부장의 세 번째 강의
– 낙찰자가 인수해야 할 권리

알딸딸한 취기를 느끼며 집으로 돌아온 봉대리가 쓰러지듯 침대 위로 몸을 던졌다. 노곤한 피로와 알싸한 취기가 온몸을 휘감고 있었지만 쉬 잠은 올 것 같지 않았다. 목표가 있고, 그 목표를 향해 절치부심 노력하고, 다가올 결실을 설레는 마음으로 기다리고 했던 때가 언제였던가…….

정말 언제가 마지막이었는지 기억조차 가물가물한 느낌이었다. 봉대리가 천장을 바라보며 누워 가만히 생각에 잠긴다.

'한 달 만에 이론공부를 끝내고 곧바로 실전에 돌입하여 근사한 아파트 하나를 낙찰 받는다. 그리고는 고부장님의 도움을 받아 신속하게 명도한 뒤 급매로 처분한다.'

얼마가 되었든 경매로 첫 수익을 내는 그 순간을 상상하자 짜릿한 쾌감이 뇌세포를 자극한다.

'그래, 고부장님 말씀처럼 지금의 내 절망은 절망도 아냐. 절망의 끝을 경험한 사람이 희망의 끈을 부여잡는다고 하지 않았던가? 그런데 나는 운 좋게도 절망의 끝에 이르기도 전에 희망의 불빛을 발견했으니 여하튼 감사해야 할 일이지.'

감사와 열정이 뒤섞인 긍정적인 에너지가 온몸에서 들끓고 있었다. 아무래도 이대로 잠을 자기는 어려울 듯 했다.

봉대리가 머릿속으로 권리분석의 기본이론을 정리해 보았다.

"등기부상 권리들 중 금전지급을 구하는 권리가 말소기준권리가 되고, 이 말소기준권리와 그보다 후순위로 설정된 모든 권리들은 낙찰과 동시에 소멸될 운명이다. 그러니 금전지급을 구하는 권리가 수십 개 설정 되어 있고, 그 액수가 수십 억이어도 걱정할 필요가 전혀 없는 것이다. 모두 가을바람에 떨어지는 낙엽처럼 빨간 줄이 그어질 운명이니까.

결론적으로 등기부상의 권리를 시간순서대로 늘어놓았는데, (근)저당권, (가)압류, 담보가등기, 경매개시기입등기 중 하나가 그 중 최선순위로 설정되어 있다면, 그 물건의 등기부상 권리는 낙찰을 통하여 전부 말소될 테니 아무런 걱정 없이 응찰하면 되고 이것이 바로 권리분석의 기본이다."

알코올 기운이 전신을 퍼져가는 느낌 속에서도 봉대리의 머릿속은 잘 닦은 거울처럼 명징했다.

"그런데 만약 말소기준권리보다 앞서서 설정된 금전지급을 구하는 권리 이외의 권리가 있다면 이는 소멸하지 않으니 낙찰자가 인수해야 한다. 이렇듯 낙찰자가 인수해야 할 권리를 찾아내고 이를 피해가는 것이 권리분석의 기본적인 목적이다. 경매에 처음 입문한 사람에게는 수익도 좋지만 우선은 원금손실이 없어야 하는 게 최우선적인 목표이기 때문이다."

봉대리가 낙찰자에게 인수될 수 있는 등기부상의 권리들을 차근차근 떠올려본다.

'우선, 선순위 지상권이 있었지.'

저녁나절 술자리에서 지상권에 대해 설명하던 고부장의 열띤 얼굴이 떠올라 봉대리가 미소를 지었다.

평소 조용하고 온화한 느낌의 고부장이지만, 경매이야기만 나오면 침까지 튀어가며 흥분을 하곤 한다.

경매에 대한 자신의 시각, 자신의 노하우를 널리 전하지 못해서 안달이 난 사람마냥 고부장의 강의는 매번 열정이 넘쳐흘렀다.

문득 '고부장님이 왜 나에게 이런 친절과 호의를 베푸는 것일까?' 하는 의문이 스쳐갔지만 이내 고개를 저었다.

'원체 사람을 좋아하는 분인데, 부하직원이 실의에 빠져 있으니까 못 본 척 하기가 어려웠겠지. 무슨 다른 이유가 있을라고.'

봉대리의 머릿속에는 다시 벌개진 얼굴로 열띠게 강의를 이어나가던 고부장의 영상이 선명하게 들어차 있었다.

"지상권이라는 건 말이야, 수목이나 건물을 소유할 목적으로 타인의 땅을 사용할 수 있는 권리를 말하는 거야. 내가 땅에 나무를 심거나 건물을 짓고 싶은데, 땅은 없고 땅값을 마련할 여력도 없단 말이야. 그때 땅을 놀리고 있는 땅 주인에게 일정한 대가를 주고 땅을 빌려 나무를 심고 집을 짓는 거지. 이때 땅 주인과 협의하여 설정하는 게 지상권이고 그때 주고받는 대가를 지료라고 하네. 지상권이 설정되면 그때부터 지상권자는 최장 30년 동안 누구의 간섭도 받지 않고 마음대로 땅을 사용할 권리를 취득하는데, 해당 토지상에 이렇듯 막강한 권리가 설정되어 있다는 걸 외부에 알려 제3자의 뜻밖의 손해를 막을 필요가 있기 때문에 지상권등기를 설정하는 거야.

만약 토지가 경매로 나왔는데 말소기준권리보다 선순위로 앞서 본 지상권이 설정되어 있다면, 이런 물건은 절대 거들떠도 보지 말아야 하네. 최장 30년간 지상권의 부담이 있는 토지는 정말 현실에서 아무짝에도 쓸모가 없기 때문이지. 지료를 청구할 가능성이 있다고는 하지만, 당사자가 협의에 의하여 약정한 지료는 실제 미미한 수준에 불과한 경우가 많고 등기부상 지료약정이 기재되어 있지 않다면 지료조차 청구할 수 없다네. 그러니 토지경매에서 반드시 조심해야 할 것이 선순위지상권이라는 건 한시도 잊지 말도록 하게."

고부장이 전에 없이 단호한 어조로 말하자 봉대리는 얼떨결에 고개를 끄덕였다.

그런 봉대리의 모습에 가만히 미소를 지어 보인 고부장이 말을 이었다.

"토지경매에서 또 하나 조심해야 할 것이 있는데, 바로 지역권이 선순위로 설정되어 있는 물건이지. 지역권이란 자신의 토지의 효용을 높이기 위하여 인접한 토지를 사용할 수 있는 권리인데, 역시 지역권이라는 이름으로 등기부에 등재되어 외부에 공시된 것을 말한다네.

　예를 들어, A의 토지가 네모반듯하고 위치도 좋은데 하나 단점이라면 공로, 즉 대로로 나가려면 다른 사람의 토지를 지나쳐야 한다는 취약점이 있었다고 가정해 보세. 이럴 때 민법에서는 A에게 주위토지통행권이라는 권리를 부여하긴 하지만 무상으로 남의 토지를 이용하는 게 A로서는 여러모로 눈치가 보일 걸세. 그래서 정식으로 인접지 토지소유자 B와 장기간 토지사용계약을 체결하는 게 오히려 속편할 텐데, 이때 설정되는 게 지역권일세. 지역권이 설정되면 그 인접토지의 등기부에 지역권이 설정되었다는 취지를 등재해 두는데 이런 지역권이 설정된 토지도 지상권의 경우처럼 현실에서는 아무짝에도 쓸모가 없다네. 결국 선순위로 지역권이 설정된 토지는 아무리 땅 모양이 예쁘고 가치가 높아 보여도 절대 눈길도 주지 말아야 하네."

　봉대리가 고개를 끄덕이다가 문득 생각났다는 듯이 물었다.

　"고부장님, 남의 땅을 사용할 권리에는 지상권, 지역권만 있는 건가요?

　건물임대차의 경우처럼 토지도 임대차계약을 체결하고 월세를 주면서 사용할 수는 없는 건가요?"

　"왜 없겠나? 계약은 자유롭게 체결할 수 있다는 근대 법의 기본 원칙상 당연히 토지를 임대차 목적으로 하는 임대차계약도 설정할 수 있지. 그런데 말이야, 자네도 아시다시피 임대차계약은 채권계약일세. 그러니까 토지임차인은 임대인인 땅 주인에게만 자신의 권리를 주장할 수 있다는 말이지. 만약에 땅 주인이 땅을 다른 사람에게 팔아버리거나, 땅이 경매에 들어가 낙찰자가 생겨 버리면 토지 임차인은 자신의 권리를 주장할 수 없게 되는 단점이 있네. 해당 토지의 매수인이나 낙찰자하고는 아무런 계약관계가 없어서 그 사람들한테 임대차관계를 주장할 수 없기 때문이지. 그래서 보통은 채권에 불과한 임대차계약을 체결하지 않고 강력한 효력이 부여되는 물권인, 지상권, 지역권 등을 설정하는 것이지."

"아, 물권과 채권이 차이가 여기서 드러나는군요. 지상권, 지역권은 물권인데, 물권은 등기를 통해 외부에 자신의 권리를 공시하니까, 세상 어느 누구에게도 자신의 권리를 주장할 수 있지만 채권은 공시방법이 없으니 채무자에게만 주장할 수 있다는 말씀이시군요?"

"그렇지. 역시 이해가 빠르구만. 물권의 존재는 외부에서 쉽게 알 수 있도록 공시를 하지만 채권은 공시방법이 없기 때문에 물권에 더욱 강력한 효력을 부여하는 것이지. 세상 누구에게도 자신의 권리를 주장할 수 있는 힘을 대항력이라고 하는데, 결국 물권에는 이 대항력이 있고, 채권에는 없는 거지. 경매를 예로 들면, 물권자는 낙찰자가 토지의 인도를 요구할 때 이에 대항하여 인도를 거절할 수 있는 힘, 즉 대항력이 있지만, 채권자에게는 이런 힘이 없어 무조건 토지를 인도해야 한다는 거지."

"만약 공시방법이 없어 채권에 대항력이 없는 거라면 채권이 공시방법을 갖추면 대항력을 취득할 수도 있겠군요. 그래서 토지임대차가등기를 하면 그때부터 대항력을 갖춘다는 말이 성립하는군요."

"그렇지, 바로 그거야. 채권이 물권에 비해 취약한 것은 그럴싸한 공시방법이 없기 때문인데 공시방법만 갖추고 있다면 채권이 물권화되어 물권과 유사한 효력을 부여 받게 되지. 결국 토지임대차도 등기를 갖추게 되면 외부에 자신의 권리의 존재를 알린 셈이니, 뜻밖의 손해를 입는 제3자를 막을 수 있어 물권적인 효력을 부여해도 상관없는 것이지."

난해하게만 여겨졌던 물권과 채권의 구별이 고부장의 논리적인 설명에 확연해지는 느낌이 들었다. 봉대리가 감사의 마음을 담아 미소를 지으며 고개를 끄덕였다.

고부장의 설명이 이어졌다.

"이밖에도, 말소기준권리보다 선순위로 전세권, 선순위환매권, 선순위임차권, 선순위가등기, 선순위가처분 등이 있으면 보통 낙찰자가 이를 인수해야 되니, 입문 단계에서는 이런 물건은 마치 뱀을 피하듯 피해야 한다네. 한번 물리면 경매계에 두 번 다시 발을 들여놓고 싶지 않을 만큼 치명적인 상처를 입게 되기 때문이지. 자, 오늘은 너무 진도가 많이 나간 것 같으니까, 선순위전세권 이하 권리들은 자네가 직접 한 번 탐구해 보게. 공부하다가 막히는 부분이 있으면 언제든지 질문하고."

"네, 알겠습니다. 고부장님."

그 후 몇 순배 술잔이 더 돌았고, 흥에 겨운 고부장의 요청으로 2차는 노래방으로 직행했다. 그 날의 술자리를 마무리하며 고부장이 마지막으로 부른 노래는 '아빠의 청춘'이었다.

　브라보, 브라보를 연거푸 외쳐대던 고부장의 눈가에 얼핏 눈물이 스쳐가는 걸 봉대리는 본 듯 했지만 일부러 모른 척 했다.

　'고부장님의 쓸쓸함을 전부 이해하진 못하겠지만, 대한민국에서 아빠의 자리라는 거, 마냥 존경받는, 자랑스럽기만 한 자리가 아니란 걸 조금은 알 것 같네요. 그래도 고부장님! 힘내십시오. 이 봉대리가 고부장님의 사랑스런 아들이자 딸이고, 술친구이자 제자 아닙니까?'

　아빠의 청춘을 목청껏 외치며 노래를 마친, 고부장의 축 늘어진 어깨를 부축해 노래방을 나오며, 봉대리가 속으로 애틋하게 되뇌이고 있었다. 거리를 비추는 가로등 불빛이 오늘 따라 유난히 환해진 느낌이었다.

고부장의 TIP

말소기준권리보다 선순위로 전세권, 선순위 임차권, 선순위가등기, 선순위 가처분 등이 있으면 보통은 낙찰자가 이를 인수해야 되니, 입문 혹은 초보 단계에서는 이런 물건은 마치 뱀을 보듯 피해야 한다. 한번 물리면 원금손실이라는 치명적인 상처를 남기니까.

Episode 07

봉대리,
선순위전세권에 대해 정리하다.

봉대리가 몸을 뒤척이며 양 팔을 자신의 목 뒤로 둘렀다. 여전히 잠은 올 것 같지 않았다. 말똥한 눈으로 천장을 바라보는 봉대리의 머릿속에서 어제 책에서 읽었던 전세권에 대한 내용이 차분히 정리되고 있었다.

전세권. 우리가 흔히 말하는 전세, 월세 할 때의 그 전세가 아니다. 보증금 얼마에 전, 월세를 들어가 살고 있다, 할 때의 전세는 임대차계약을 일컫는 것이고 여기서 말하는 전세권은 물권인 전세를 말한다. 임대차계약인 전세는 채권에 불과하여 원칙적으로 임차인은 임대인인 집주인에게만 자신의 임차권을 주장할 수 있다.

즉 주인이 집을 다른 사람에게 팔거나, 아니면 경매라도 들어가 낙찰자가 생기게 되면, 비록 임차인이 등기부상의 다른 권리들 보다 먼저 임대차계약을 체결했다하더라도 매수인이나 낙찰자에게는 자신의 임차권을 주장할 수 없다는 말이다. 그러나 물권인 전세권을 설정하면, 전세권이 최선순위인 한, 전세권자는 매수인이나 낙찰자에게 남은 전세기간 동안 거주할 수 있는 권리와 전세기간이 도과하면 전세보증금을 반환받을 수 있는 권리, 즉 대항력을 주장할 수 있는 것이다.

저녁나절에 토지임대차와 지상권을 비교·설명하면서 채권인 임대차에는 대항력이 없고 물권인 지상권, 지역권에는 대항력이 있어, 결국 물권이 채권보다 훨씬 더 강력한 효력이 있다던 고부장의 설명이 새록새록 떠오른다.

고부장의 열띤 얼굴을 떠올리던 봉대리가 흐뭇한 웃음을 지으며 다시 한 번 머릿속으로 정리한다.

'쉽게 말해 채권과 물권은 권리관계를 외부에 알려 주는 방법, 즉 적당한 공시방법이 있느냐, 없느냐에 따라 구별이 가능한데, 물권은 등기라는 공시방법이 있지만 채권은 공시방법이 없어 물권에 더 막강한 효력이 부여되는 것이다. 만약 공시방법도 없는 채권에 막강한 효력을 부여하면 채권자가 채무자와 짜고 채권액을 증액시키거나 채권성립일자를 앞당겨 순위를 조작하는 일이 발생할 수 있다. 그러니 국가에서 관리하는 등기부에 권리관계가 공시된 물권의 효력이 더 막강한 것이다.'

여기서 봉대리의 머릿속으로 의문 하나가 파고들었다.

'그렇다면 임대차계약을 체결할 당시 등기부에 임대차등기를 설정하면 어떨까. 그렇다면 임차권도 공시방법을 갖추었으니 물권인 전세권과 동일한 효력이 있지 않을까? 그렇다면 법률에 따로 전세권이라는 물권을 규정해 둘 필요가 없지 않을까?

의문이 꼬리를 물자 궁금증을 못 참겠다는 듯 봉대리가 자리를 박차고 일어났다. 그리고는 어제 읽다만 권리분석 책을 펼쳐 들었다.

등기된 임차권과 전세권은 과연 어떤 차이가 있을까.

관련 페이지를 꼼꼼히 살펴보다가 봉대리가 아! 하는 탄성을 내질렀다.

임차권이 등기를 갖추게 되면 물권화되어 좀 더 강력한 효력이 주어지는 건 맞지만, 본질은 채권이기 때문에 원래부터 물권인 전세권보다는 효력이 약한데, 임차권과 전세권의 가장 큰 차이는 경매신청권의 유무였다.

즉 등기된 임차권에는 경매신청권이 없으므로 만약 임차권자가 보증금을 돌려받으려면 법원에 보증금반환소송을 제기하여 승소확정판결을 받아 강제경매를 신청할 수밖에 없는데, 전세권자는 그런 번잡한 절차를 거칠 필요 없이 곧바로 전세권에 기해 임의경매를 신청할 수 있는 것이다.

'오호, 임의경매하면 저당권에 기한 경매만 있는 줄 알았더니 전세권에 기한 경매도 임의경매라고 하는구나. 법원에 정식으로 소를 제기해서 판결을 받아야만 경매를 신청할 수 있으면 강제경매, 전세권자나 근저당권자처럼 권리자 임의로 경매를 신청할 수 있으면 임의경매라고 생각하면 되겠군.'

새로운 사실 하나를 알았다는 생각에 봉대리의 표정이 환하게 밝아졌다.

'알면 알수록 가슴속을 파고드는 성취감이 만만치 않은데, 그렇게 차곡차곡 쌓은 지식으로 돈까지 벌 수 있다니 이런 게 경매의 매력이고 매혹이구나.'

봉대리의 마음이 설레임으로 고동치는 걸 봉대리 자신도 확연히 느낄 수 있었다.

자. 최종적으로 선순위전세권에 대해 정리해 보면, 선순위전세권은 전세권자가 배당요구를 했거나, 혹은 전세권자가 경매신청권자라면 배당을 받고 당연히 말소되지만, 본질적으로 선순위전세권은 금전지급을 구하는 권리 즉 말소기준권리가 아니기 때문에 이 경우 외에는 말소되지 않고 낙찰자가 떠안아야 하는데, 전세권을 떠안는다는 건 전세기간 동안 낙찰자가 당해 건물에 입주하지 못한다는 의미와 전세기간이 경과하면 낙찰자가 전세권자의 보증금을 반환해 주어야 한다는 의미가 포함된 것인 만큼, 전세권이 말소기준권리보다 선순위로 설정되어 있는 경우에는 함부로 응찰해서는 안된다, 고 정리하면 되겠구나.

이때 봉대리의 머릿속을 섬광처럼 스쳐가는 생각 하나가 있었다.

'지상권, 지역권, 전세권의 공통점은 어떤 부동산을 그 용도에 맞게 사용, 수익할 수 있는 권리 즉 용익물권(用益物權)인데, 이런 용익물권이 선순위로 설정되어 있으면 경매절차에서 말소되지 않고 낙찰자에게 인수되는구나. 그 이유는 용익물권은 금전과 관계된 권리가 아니라 배당을 통하여 소멸시킬 수 없기 때문이겠지.

그런데 전세권은 해당 건물을 사용, 수익할 수 있는 용익물권이기도 하지만, 전세보증금을 돌려 받을 수 있는 권리이기도 하니까 배당요구 혹은 경매신청을 통해 보증금을 반환받을 수 있는 권리로 바뀌면 결국 소멸한다는 말이구나.'

여기까지 생각을 정리한 봉 대리의 눈꺼풀이 스르르 내려앉기 시작했다. 코까지 골며 깊은 잠 속으로 빠져드는 봉대리의 입가에 흐뭇한 미소가 연신 흐르고 있었다.

> **고부장의 TIP**
>
> 선순위전세권은 전세권자가 배당요구를 했거나, 혹은 전세권자가 경매신청권자라면 배당을 받고 당연히 말소되지만, 본질적으로 선순위전세권은 금전지급을 구하는 권리 즉 말소기준권리가 아니기 때문에 이 경우 외에는 말소되지 않고 낙찰자가 인수해야 한다.

Episode 08

봉대리,
경매 고수익의 원리를 터득하다.

숙면을 취한 탓인지, 다음 날 일찍 잠을 깬 봉대리는 전혀 피곤함을 느낄 수 없었다. 평소에는 술을 마시지 않고 잠들어도 아침에 일어나는 것이 고역이었는데, 어제는 기분 좋게 취할 정도로 마시고 잠들었음에도 몸은 날아갈 듯 가뿐했다.

이것이 꿈이 있는 사람과 그렇지 않은 사람의 차이인가.

마음이 몸을 지배한다는 말의 의미를 봉대리는 이제 어느 정도 이해할 수 있을 것 같았다.

푸푸-소리를 내며 기운차게 세수를 마친 봉대리가 탁상시계를 힐끔 쳐다보았다. 오전 6시. 출근까지는 아직 2시간 정도 시간이 남아 있었다. 봉대리가 가볍게 스트레칭을 하며 책상 앞에 앉았다.

어제 낙찰자가 인수해야 될 권리 중 선순위전세권까지 정리했었지. 오늘 아침은 그 무섭다는 선순위가등기와 선순위가처분을 공부해 보자.

가등기라는 용어는 낯설지 않았다. 말소기준권리를 공부할 때 그 중 하나인 담보가등기에 대해 꼼꼼히 공부한 덕이었다.

가등기라는 건 말 그대로 가짜 등기, 잠정적인 등기라는 뜻이고 본등기와 대비되는 개념이다. 가등기는 그 자체로는 효력이 없지만, 가등기에 기해서 추후 본등기를 경료할 수 있는 권한이 부여되어 있는 등기이다.

가등기에는 두 종류가 있다고 했지, 라고 중얼거리며 봉대리가 책장을 넘겼다. 봉대리의 머릿속으로 가등기의 종류와 그 내용이 일목요연하게 정리되고 있었다.

'저당권이나 근저당권처럼 돈을 빌리면서 그 담보로 설정해 주는 가등기를 담보가등기라고 하는데, 담보가등기는 금전지급을 구하는 권리이기 때문에 당해 경매절차에서 배당을 받고 소멸되는 권리이다. 그러니까 담보가등기가 최선순위로 설정되어 있다면 (근)저당권처럼 배당받고 소멸하니까 아무 문제없이 응찰하면 되는데, 여기서 위험한 건 소유권이전청구권을 보전하기 위한 가등기, 약칭 소유권보전가등기라고 했지.'

소유권보전가등기를 설명하면서 책에서 예로 들었던 사례가 봉대리의 머릿속에 선명히 떠올랐다.

'어떤 사람이 건물을 매입하기 위해 매도인에게 계약금과 중도금을 지급했는데도 매도인이 더 비싼 값을 부르는 임자만 나타나면 언제든 다시 팔아넘길 낌새를 보이자, 불안한 매수인이 장래 잔금을 지급하면 소유권을 이전받을 수 있는 권리, 즉 소유권이전등기

청구권을 보전할 목적으로 설정해 두는 가등기가 소유권보전가등기라고 했지. 등기부에 가등기가 기재되어 있으면 제3자는 가등기 말소 없이는 매수를 안할 테니까, 결국 매도인이 이중으로 처분하지 못하도록 족쇄를 채워놓는 결과가 되는 거라고 했지.'

그런데, 소유권보전가등기는 금전을 지급받을 권리가 아니고 소유권을 넘겨받을 수 있는 권리이기 때문에, 경매물건에 이런 소유권보전가등기가 말소기준권리보다 선순위로 기재되어 있다면 이는 말소되지 않고 낙찰자가 인수해야 한다고 했다.

낙찰자가 소유권보전가등기를 인수했는데, 추후 그 가등기권자가 본등기를 해 버리면 낙찰자는 가등기에 순위가 밀려 결국 소유권을 고스란히 빼앗기는 무서운 결과를 초래할 수 있다고 책에서는 설명하고 있었다.

'기껏 제값 다 주고 샀는데 물건의 소유권을 빼앗기게 된다? 이래서 경매사고가 무섭다고들 하는구나.'

생각만으로도 온몸에 소름이 돋는 느낌이었다

물론 이때에도 낙찰자는 경매절차에서 배당 받아간 채권자들을 상대로 돈을 돌려달라고 청구할 수 있지만, 만약 채권자들도 억울하다고 버티면서 돈을 안 준다면? 아니면 채권자들이 그 돈을 이미 다 써버렸다면?

다수의 채권자들을 상대로 배당금 반환청구 소송을 제기해야 하고, 만약 승소판결을 받아도 재산이 없다면 판결문은 휴지조각에 불과해 지지 않겠는가.

머릿속으로 상상해 보면서 선순위가등기의 위력을 절감한 봉대리가 가볍게 몸을 떨었다.

　말소기준권리보다 선순위로 가등기가 되어 있는 경우에는 절대 쳐다보지도 말아야겠다는 결심을 봉대리는 새삼 되새겼다.

　그때 봉대리가 의아한 표정으로 고개를 갸웃거렸다.

　'가만, 가등기에는 두 종류가 있는데, 경매에서 위험한 것은 소유권보전가등기뿐이라고 했다. 담보가등기는 금전지급을 구하는 권리, 즉 말소기준권리에 해당되니 아무리 선순위여도 말소될 운명이니까 말이다.

　그런데, 선순위가등기가 담보가등기인지, 위험하기 그지없는 소유권보전가등기인지 어떻게 알아낼 수 있지? 등기부에 양자가 구별되어서 기재되는건가?' 이런 의문을 가지고 책을 읽어나가던 봉대리의 표정이 환하게 밝아졌다.

　가등기는 그 종류를 불문하고 등기부상 모두 소유권보전가등기로 기재되기 때문에 등기부상의 기재만으로 담보가등기인지, 소유권보전가등기인지를 밝히는 게 쉽지 않지만, 담보가등기권자는 당해 경매절차에서 배당요구를 해야만 자신의 채권을 배당받을 수 있기 때문에, 법원에 접수된 문건내역을 확인해서 담보가등기권자가 채권계산서나 배당요구서등의 서류를 접수했다면 이를 담보가등기로 보고 응찰하고 그렇지 않으면 소유권보전가등기로 보고 피해가면 된다고 책에는 그 해답이 명쾌하게 나와 있었다. 2007년도부터는 이런 문제점을 고려해, 등기부에 담보가등기와 소유권보전가등기를 명확히 구별하여 기재하도록 하고 있다는 내용도 부연되어 있었다.

'관건은 법원문건 접수내역인데 …….'

법원문건 접수내역은 의외로 쉽게 확인해 볼 수 있었다.

대법원의 경매정보사이트에 들어가 경매사건번호와 당사자를 입력해 넣고 검색하면 해당 경매사건의 진행경과를 누구나 쉽게 볼 수 있었던 것이다.

'결국 말소기준권리보다 선순위의 가등기가 있을 때는 고부장님 말씀처럼 징그러운 뱀을 보듯 피하되, 그 가등기가 담보가등기라는 걸 알아낼 수 있다면 의외의 수익을 얻을 수 있겠구나.'

봉대리의 가슴이 세차게 고동치기 시작했다. 방금 자신도 모르게 경매고수와 하수를 가름하는 중요한 원리 하나를 터득했던 것이다.

경매에서 위험을 피해가기 위해 하는 공부가 역으로 생각하면 수익을 내기 위한 공부도 될 수 있었던 것이다!

남들이 다 위험하다고 생각해서 응찰을 자제하는 물건도 보다 깊이 있게 공부한 사람 눈에는 전혀 위험하지 않을 수도 있겠구나. 그렇다면 별다른 경쟁 없이 헐값에 우량물건을 낙찰 받을 수도 있겠구나.

"이야~~~~!!!!"

봉대리가 흥분에 겨워 자신도 모르게 기쁨의 함성을 내질렀.

이거구나!

이런 방법으로 경매고수들이 경매에서 수익을 내는 거구나!!

경매시장이 공부한 만큼 수익을 거둬들일 수 있는 정직한 시장이라는 말이 이런 뜻이었구나!!!

봉대리의 눈매가 살아서 꿈틀거리기 시작했다. 끝없이 밀려오는

벅찬 설레임으로 이미 봉대리의 심장은 터질듯 고동치고 있었다. 🌱

고부장의 TIP

위험을 피해가기 위해 하는 권리분석 공부가 역으로 생각하면 수익을 내기 위한 공부도 될 수 있다. 경매 입문단계에서는 권리분석 공부로 위험을 피해 가지만, 경매고수들은 남들이 다 피해가는 물건에서 경쟁 없이 수월하게 고수익을 일궈 낸다. 경매는 공부한 만큼 수익이 나는 정직한 기회의 장임을 다시 한 번 명심하자.

경매의 꽃은 과연 **명도**일까?

　한때 경매의 꽃은 권리분석이라는 것이 정설이었으나, 이제는 어느덧 그 영광스러운 왕좌를 명도에게 물려준 것 같습니다. 이제 모두들 경매에서 성공하기 위한 핵심은 명도라고들 말합니다. 시중에 나와 있는 경매서적들의 대부분이 명도의 중요성을 강조하고 있고 실전 경매에서 유용한 기술이라고 말하는 것을 보면 대부분 명도에 관한 기술입니다. 경매서적에 실린 실전 수기들도 물건의 선별과정이나 낙찰까지의 과정을 기술하기 보다는 대부분 임차인 혹은 유치권자들을 상대로 한 명도의 과정을 중점적으로 그려내고 있습니다.

　서재 안을 잔잔히 흐르는 음악을 들으며 가만히 눈을 감고 생각에 잠겨 봅니다. 물건을 검색하는 첫 단추부터 시작해서 매각을 통해 수익을 내는 마지막 단계까지, 경매의 전 과정을 숙고하는 마음으로 반추해 보지만, 아무래도 경매의 꽃이 명도라는 것, 경매에서 성공하기 위해서는 명도를 잘해야 한다는 논리에는 찬동할 수 없을 것 같습니다.

　과거 경매브로커들(머리를 깍두기 모양으로 반듯하게 자르고 검정색 양복을 산뜻하게 차려입은 분들을 통칭하여 일컫는 말^^)이 득세하던 때에는 명도의 과정이 지극히 험난했고, 때로는 신변의 위협(?)까지도 감수해야 했던 시절이 있었지만, 민사집행에 관한 제 법령들이 정비되고 경매법정이나 경매진행과정 중에 경매브로커들이 설 자리가 없어진 작금에는 명도는 낙찰과 매각이라는 경매의 양대 핵심 사이에 놓여있는, 당연히 건너야 할 징검다리 같은 과정일 뿐이라는 게 제 생각입니다.

얕은 시냇물을 가로질러 가지런히 놓여 있는 예쁜 징검다리.

발을 잘못 디뎌도 죽거나 다치지 않는, 최악의 경우 그저 신경 써서 차려입은 옷자락 끝에 물기가 배어들어 약간 언짢을 수 있는, 그런 과정이 바로 명도인 것입니다.

명도는 진행과정 자체가 정형화되어 있어 누구든 한두 번만 경험해보면 쉽사리 체득할 수 있습니다. 시중에 나와 있는 경매서적 중 다수가 명도의 어려움에 초점을 맞추어 이야기를 풀어나가지만 경매의 기초이자 경매의 핵심은 명도가 아닌, 권리분석임을 한시라도 잊어서는 안될 것입니다. 지금 이 순간 지나치게 부풀려진 명도에 대한 부담 때문에 경매의 기초인 권리분석 공부조차 주저하는 분이 계시다면 명도에 대한 부담은 훌훌 벗어던지고 지금 책상에 앉아 권리분석에 관한 입문서를 펼쳐들기 바랍니다.

자신의 소극적인 성격상 명도가 어렵다고 느끼는 분들은 명도를 잘하는 사람 혹은 전문 대행업체에게 그 대행을 의뢰하면 되는 것이고 때로는 다소 비용이 들어도 그런 방법이 더욱 효율적일 때가 있습니다. 그러나 권리분석은 그럴 수가 없습니다. 명도는 대행이 가능하고 대체가 가능하지만 권리분석은 자신이 책임져야 하는 대체 불가능한 작업이기 때문입니다. 물론 권리분석에 대한 지식이 부족하여 전문가의 도움을 받을 수도 있겠지만, 그렇다고 전문가에게 전적으로 의존할 수 없는 것이 권리분석입니다. 자신이 최소한 전문가의 견해를 납득할 수 있을 만큼의 지식과 이해력이 있어야 하고, 결국 최종적인 판단은 자신이 내려야 하는 과정이 권리분석이기 때문입니다.

명도의 기술에는 끝이 있고 정형화된 해법이 있지만 권리분석은 그렇지 않습니다. 오히려 권리분석이 논리적이고 정형화된 사고를 요하다 보니 그 끝이 있을 것 같아 보이지만 실상은 그렇지 않은 것입니다. 나날이 보편화되어 가는 경매 지식, 그로 인하여 끊임없이 진화하는 경매의 해법들, 하루가 다르게 고차원적으로 변모해 가는 허위 권리들의 기승은 결코 권리분석 공부에 끝이 없음을 반증해 주고 있습니다.

결국 지금 같은 과열된 경쟁 분위기 속에서 경매에서 성공하기 위한 핵심 즉, 경매의 꽃은 여전히 권리분석이고 그러한 추세는 당분간 아니, 오래도록 변하지 않을 것이라는 것이 짧은 단상 끝에 나온 제 결론입니다. 이는 명도의 중요성을 폄훼하고자 드리는 말이 아닙니다. 명도는 여전히 중요하지만, 다만 지나치게 부풀려진 명도에 대한 부담을 떨쳐 버리고 그 에너지를 권리분석과 부동산의 가치를 증진시키는 공부에 투자하라는 취지의 말입니다.

경매에서 성공하기 위한 비결은 생동하는 부동산 지식을 끊임없이 섭렵하여 자신의 것으로 만들고, 고도로 진화하는 허위권리들에 대한 해법을 꾸준히 공부하여 체화시키는 방법 외에 왕도는 없다고 생각합니다.

권리분석 상 하자 있는 물건에 대한 해법을 꾸준히 배우고 익혀 그야말로 진흙구덩이에서 찬란한 보석을 캐내는 것이 경매에서 고수익을 얻을 수 있는 첩경임과 동시에 경매의 참 재미가 아닌가 하는 생각을 해 봅니다.

마치 해독하기 어려운 암호처럼 암기조차 힘든 법률용어들과 여기저기 산재한 난해한 판례들에 처음에는 기가 죽을 법도 하지만, 힘들어도 인내하며 꾸준히 공부하다 보면 어느덧 경매고수로 성장하여 경제적 자유의 문턱 앞에 성큼 다가서 있는 자신을 발견할 날이 분명 오리라 저는 확신합니다.

그때까지 부디 지치지 말고, 두려워 말고, 의연하게 전진하시길 바랍니다.

여러분들의 건투와 건승을 진심으로 기원합니다. 🌱

Episode **09**

봉대리, 등기부상의 권리분석을 마무리하다.

봉대리가 토스트 한 조각과 우유 한 잔을 손에 들고 와 다시 책상머리에 앉았다. 선순위가등기를 공부하며 자신도 모르게 깨우쳤던 고수익의 원리가 아직도 봉대리의 뇌리를 흥분으로 달구고 있었다.

'공부가 곧 돈인데, 한시도 낭비할 수 없지.' 하고 중얼거리며 봉대리가 토스트를 한입 베어 물었다. 봉대리의 시선이 마치 책을 뚫기라도 하려는 듯 타오르고 있었다.

이번에 공부할 내용은 선순위가처분이지.

봉대리가 집중해서 한 문장 한 문장을 읽어내려 갔다.

경매에서 알아야 될 가처분에는 대략 두 종류가 있는데, 점유이전금지 가처분과 처분금지가처분이다.

점유이전금지 가처분은 등기부에 기재되는 가처분이 아닌 만큼,

권리분석 단계에서는 굳이 알아 둘 필요가 없는 가처분이니 나중에 공부하기로 하고 …….

가처분, 그 중에서도 등기부상 기재되는 처분금지가처분이란, 소유권이전등기 청구소송 혹은 소유권말소등기 청구소송에서 피고, 즉 현재 부동산의 소유자가 해당 부동산을 팔아 버리거나 빼돌리는 것을 막기 위하여, 말 그대로 당해 부동산의 처분을 금지한다는 내용의 기재를 담아 등기부에 기재하는 것을 말한다.

예컨대 A 소유의 부동산을 B가 서류를 위조하여 자신의 명의로 돌려놓았을 때, A는 B명의의 소유권이 무효임을 전제로 B명의의 소유권이전등기를 말소하라는 소송을 제기할 수 있는데, 소송이 한창 진행되는 중에 패색이 짙어지자 B가 해당부동산을 C에게 팔아 버리거나 아니면 재산을 빼돌릴 목적으로 자신의 친구인 D명의로 바꿔 놓았다면 A는 B에 대한 소송을 취하하고 C나 D를 상대로 다시 소송을 제기해야 한다.

B에 대해 소송에서 승소해도 이미 소유명의는 다른 사람 명의로 바뀌었으니 승소판결은 무용지물이 돼 버릴 것이기 때문이다. 이런 불합리한 결과를 막기 위해 미리 당해 부동산의 처분을 금한다는 기재를 등기부에 기재해 놓을 필요가 있는데, 이를 처분금지가처분이라고 하는 것이다.

처분금지가처분이 걸려 있어도 매매가 이루어지거나 다른 권리들이 설정될 수는 있지만 이런 권리들은 가처분의 효력에 반하는 것으로서 가처분권자가 후에 소유권등기 말소소송 혹은 소유권이전등기 소송에서 승소하여 소유권을 되찾아오면 전부 말소되는 권리인 것이다.

결국 최선순위로 가처분이 설정되어 있는 물건을 멋모르고 덜컥 낙찰 받은 경우 낙찰자는 선순위가처분을 인수해야 하는데, 이때 추후 가처분권자가 앞에서 본 소유권이전청구소송이나 소유권이전등기 말소소송에서 승소하게 되면 낙찰자는 앞선 가등기의 경우처럼 해당부동산의 소유권을 이렇다 할 항변조차 못해 보고 빼앗기게 되고 만다. 그러니 선순위가처분은 선순위가등기만큼이나, 아니 선순위가등기보다 더 위험한 권리인 것이다.

선순위가등기는 그래도 수익을 낼 수 있는 여지가 있었는데, 선순위가처분은 에누리 없이 무조건 피해야 할 권리라는 생각에 봉대리가 지그시 아랫입술을 깨물었다.

봉대리가 시계를 보니 탁상시계의 바늘이 7시 40분을 가리키고 있었다. 이제 서서히 준비하고 집을 나서야 할 시간이었다.

정해진 출근시각은 9시였지만 봉대리는 첫 입사 후 지금까지 8시 이후에 회사를 출근해 본 적이 없었다.

부지런함은 봉대리의 타고난 천성이었다. 부지런함과 열정을 타고 났으니 자네는 꼭 경매계에서 성공할 수 있을 거야, 라고 격려해 주던 고부장의 따뜻한 눈빛이 봉대리의 가슴속을 파고들었다. 봉대리가 주먹을 불끈 쥐었다.

'네, 부장님. 이제 정말 경매가 왜 매력적인 재테크 수단인지 확실히 알 것 같습니다. 요행이나 행운을 바라지 말고 꾸준히 공부하고 부지런히 발로 뛰어야만 경매에서는 수익을 일궈 낼 수 있다는 말씀, 이제 정말 절감하겠습니다.'

봉대리가 책을 덮으며 마지막으로 정리를 해 보았다.

"말소기준권리보다 선순위로 설정된 권리는 경매입문자 내지 경매초보자는 무조건 피해야 하는 권리들인데, 대충 나열해 보면 선순위 지상권, 선순위 지역권, 선순위전세권, 선순위가등기, 선순위 가처분 등을 들 수 있겠지.

선순위 지상권과 선순위 지역권은 토지경매에서나 문제되는 것이니까, 아파트 경매를 목표로 하는 나한테는 딱히 유념할 권리는 아닐 테고 …….

그렇다면 머릿속에 각인시켜야 할 선순위 권리는 전세권, 가등기, 가처분뿐이로군. 등기부상 권리 중에는 이 세 가지만 피하면 아무 문제없다는 말인데 ……. 음, 이거 너무 쉬운 거 아냐?" 하고 중얼거리던 봉대리가 세차게 고개를 내저었다.

절대 자만은 금물이지, 하며 마음을 다잡는 봉대리의 얼굴에 슬며시 미소가 피어올랐다.

마지막 정리를 향해 치닫는 봉대리의 뇌세포가 다시금 바삐 움직이기 시작했다.

"선순위전세권은 전세권자가 배당요구를 했거나, 아니면 전세권자가 경매신청채권자라면 배당받고 소멸할 것이니 아무 문제없고, 선순위가등기도 소유권보전가등기가 아닌, 담보가등기로 드러나면 걱정 없이 응찰해도 되니까, 결국 아파트 경매에서 주로 문제되는 위험한 권리는 배당을 요구하지 않은 선순위전세권과 선순위로 설정된 소유권 보전가등기, 그리고 선순위가처분뿐이구나. 이런 권리들만 조심하면 마음 놓고 응찰해도 된다니, 하, 이거 당장에라도 실전에 뛰어 들고 싶은 심정인 걸?"

자신감이 충만해진 봉대리는, 지금 당장이라도 물건을 골라 응찰하면 대박을 터뜨릴 것 같은 달콤한 환상 속으로 빠져 들었다. 그때 봉대리는 자신이 얼마나 중요한 걸 놓치고 있는지 깨닫지 못한 채 그저 흐뭇한 미소만을 연신 흘려 대고 있었다.

고부장의 TIP

최선순위로 가처분이 설정되어 있는 물건은 낙찰자가 그 선순위가처분을 인수해야 하는데, 이때 추후 가처분권자가 앞에서 본 소유권이전청구소송이나 소유권이전등기말소소송에서 승소하게 되면 낙찰자는 소유권보전가등기의 경우처럼 해당부동산의 소유권을 이렇다 할 항변조차 못해 보고 빼앗기게 되니 경매초심자들은 반드시 조심해야 한다.

Episode 10

봉대리,
경매인의 금기에 대해 배우다.

정오의 따가운 햇살이 창을 통해 포근하게 스며들고 있었다. "봉대리, 점심 안 먹어?" 고부장이 환한 웃음을 흘리며 봉대리의 어깨를 툭 친다.

그러고 보니 벌써 점심시간이다. 요즘은 시간이 참 빠르게 흐른다는 생각이 봉대리의 머리속을 얼핏 스쳐갔다.

토스트 한 조각으로 아침을 때웠던 봉대리의 뱃속에서 밥 달라고 아우성치는 소리가 새어나온다.

봉대리가 살짝 얼굴을 붉히며 일어섰다.

"요즘 너무 열심히 일하는 거 아냐? 그러다 몸 상하겠어."

"제 시간에 일 끝내 놓고 곧바로 퇴근해서 공부할 욕심에 그만……."

대충 짐작했다는 듯 고부장이 입 꼬리를 슬며시 말아올린다.

지그시 봉대리를 바라보는 눈빛이 더없이 따뜻하다.

"그래, 공부도 좋지만 일단 밥 먹으러 가자구. 회사 일도 경매도 다 먹고 살자고 하는 건데 …….."

봉대리와 고부장이 찾아 간 곳은 묵은지 김치찌개를 전문으로 하는 체인점이었다.

얼마 전 퇴근길에 신장개업했다는 전단지를 받아 본 것 같은데, 남다른 미식가인 고부장이 벼르고 있다가 봉대리를 데려온 것이다.

휴대용 가스레인지 위에서 보골 보골 끓어오르는 시큼한 묵은지 냄새가 봉대리의 후각을 자극하자 뱃속에서 더 한층 요란한 소리가 흘러나왔다. 익살스러운 표정으로 봉대리를 바라보던 고부장이 한 마디 던졌다.

"식사까지 거르면서 공부한 자네의 실력을 어디 한 번 점검해 볼까? 낙찰자가 인수해야 할 선순위 권리들에 대해서 어디 한 번 쭉 읊어 보게나"

그쯤이야 자신 있다는 듯 봉대리가 여유 있는 미소를 지었다.

"등기부상 말소기준권리보다 선순위로 설정되어 낙찰자가 인수해야 할 권리는 먼저, 선순위 지상권, 선순위 지역권, 선순위전세권을 들 수 있습니다. 공교롭게도 이 세 가지 권리의 공통점은 해당 부동산을 사용, 수익할 수 있는 물권적 권리, 즉 용익물권이라는 것인데, 이처럼 용익물권은 금전지급과 관계된 권리가 아니기 때문에 당해 경매절차에서 배당을 받을 수 없고, 그렇기 때문에 낙찰로 인하여 말소 되지 않는 권리들입니다. 다만 전세권은 용익물권이기도 하지만 전세계약기간 만료일이 도래한 경우 보증금 반환을 받을 수 있는 권리로 전환되기 때문에 전세권자가 경매신청채권자이거나 경매절차에서 배당을 요구하면 말소되는 특징을 갖고 있습니다. 이런 이유로 전세권은 용익물권이자 담보물권이라고도 설명되고 있습니다."

말없이 고개를 끄덕이는 고부장을 바라보며 더욱 자신을 얻은 봉대리가 말을 이었다.

"다음으로, 선순위가등기가 있는데 이 중에서 담보가등기는 아시다시피 말소기준권리가 되기 때문에 항상 소멸하지만 장래 소유권이전등기청구권 보전을 위해 설정된 가등기, 즉 소유권보전가등기는 금전지급과 무관한 권리라 배당을 통해 소멸되지 않고 낙찰자가 인수해야 합니다. 선순위가등기를 인수하면 추후 가등기권자가 본등기를 경료하면 속절없이 소유권을 빼앗기게 되니 경매인으로서는 주의에 주의를 거듭해야 할 위험한 권리라고 하겠습니다."

"그래, 그런데 선순위가등기가 담보가등기인지, 소유권 보전가등기인지는 어떻게 구별하지?"

"법원문건 접수내역서 상 가등기권자의 채권계산서 혹은 배당요구서가 접수되었는지를 확인해 보면 됩니다."

고부장이 고개를 끄덕이면서도 미심쩍은 표정을 지어내며 물었다.

"그래, 그게 원칙이긴 한데……, 그런데 만약 법원에 채권계산서나 배당요구서가 아니라 권리신고서가 접수되었다면 어떻게 될까?"

"권리신고서요?"

잠시 망설이던 봉대리가 자신 없는 목소리로 말했다.

"가등기권자가 법원에 자신의 권리를 신고하고, 권리의 존재를 밝힌 것이니 이때에도 담보가등기로 보면 되지 않을까요?"

고부장이 그럴 줄 알았다는 듯 씨익 웃으며 말했다.

"통상은 가등기권자가 권리신고서와 함께 채권계산서나 배당요구서를 함께 제출하는데, 어쩔 때는 달랑 권리신고서 하나만 접수하는 경우가 있지. 그런데 법원은 이 권리신고를 배당요구로 취급하지 않기 때문에 문제란 말이야. 그러니 권리신고서가 접수되었다고 해서 이를 배당요구로 보고 담보가등기로 판단하면 안된다는 말이지. 만약 법원문건 접수내역에 권리신고서만 접수되어 있다면 권리신고의 내용이 뭔지 반드시 법원에 문의해서 알아봐야 하네. 권리신고의 내용이, 문제된 가등기가 소유권보전가등기임을 밝히는 내용일 수도 있기 때문이지. 물론 그럴 때는 대개 법원에서 '낙찰자에게 인수되는 소유권보전가등기이니 유의하라'는 공지를 해 주지만, 그렇지 않은 경우도 심심찮게 있어서 말이야. 경매에서 성공하기 위해서는 때로는 편집증환자가 될 필요가 있다네. 의심하고 또 의심해도 지나치지 않는 유일한 곳이 바로 경매의 세계야."

"그렇군요. 또 하나 중요한 걸 배웠군요. 감사합니다."

봉대리의 진지한 표정이 재미있는지 고부장이 빙글거리며 말을 이었다.

"하하. 이 정도는 약과라네. 내가 선순위가등기와 관련해서 진짜 중요한 걸 하나 알려 줄까?"

봉대리의 표정이 긴장으로 굳어지는 걸 미소를 지으며 바라보던 고부장이 입을 열었다.

"만약에 말이야. 가등기권자가 채권계산서나 배당요구서를 제출하지 않아 당해 권리가 낙찰자가 인수하는 소유권보전가등기로 강력히 추정되어도 무조건 관심의 끈을 놓을 필요는 없다네. 가등기권자가 채권계산서를 접수하지 못한 이유에는 다양한 경우의 수가 존재하기 때문이지. 그리고 실은 이게 진짜 중요한 건데, 가등기권자가 소유권보전가등기라고 신고해도, 그래서 법원에서 가등기가 인수되니 유의하라는 공지를 했다 해도 쉽게 포기하지 말게. 가등기권자의 신고만으로는 당해 가등기를 소유권보전가등기로 확정하는 효력은 없기 때문에, 내막을 캐 볼 필요는 분명 있기 때문이지. 담보가등기권자가 해당 물건이 탐이 나서, 일단 소유권보전가등기로 권리 신고해 하염없이 유찰시킨 뒤 자신이 저가에 낙찰 받을 의도가 숨어 있는 경우도 있을 수 있으니까 말이야. 특히 담보되는 채권액이 경매물건의 시세에 비해 현저히 작을 때에는 담보가등기권자가 한 번 욕심을 내 볼 수도 있지 않겠나? 담보가등기인지, 소유권보전가등기인지 일반인들이 알 수 있는 방법은 가등기권자 자신의 권리신고가 유일하니 말일세"

봉대리의 가슴 속에서 정체 모를 뜨거운 것이 치밀어 오르고 있었다.

'남들은 다 인수되는 가등기라고 생각할 때, 부지런히 발품 팔아 담보가등기임을 밝혀낸다면 근사한 아파트를 반값에, 아니 그 이하에도 낙찰 받을 수 있다는 말 아닌가.'

봉대리가 경탄어린 시선으로 고부장을 바라보았다.

봉대리에게는 폭탄이나 다름없는 충격을 안겨 준 고부장의 표정은 그러나 태연하기만 했다.

묵은지를 손으로 쭉 찢어 기름기가 좔좔 흐르는 흰쌀밥 위에 얹은 고부장이 "자, 들지." 하면서, 한 숟가락 푸짐하게 떠서 입으로 가져갔다.

그런 고부장이 봉대리에게는 새삼 우러러 보였다.

저 경지까지 올라가려면 얼마나 더 공부해야 하는 것일까.

그러나 두려움보다는 동경과 설레임의 감정이 솟구치는 봉대리였다.

시원한 묵은지 국물을 떠넘기며 각오를 새롭게 다지는 봉대리에게 고부장이 물었다.

"선순위가등기는 그쯤이면 됐고, 자 이제 마무리를 해야지?"

봉대리가 정신을 차리려는 듯 가볍게 고개를 흔들며 말했다.

"마지막으로 선순위가처분이 있는데, 선순위가처분권자가 낙찰 후 낙찰자 혹은 전소유자를 상대로 소유권이전등기 소송이나 소유권이전등기 말소소송을 제기하여 승소하면 낙찰자는 소유권을 빼앗길 수 있기 때문에 선순위가처분도 경매인들이 반드시 조심해야 될 권리입니다. 이외에도 임차권은 채권에 불과하지만 등기를 통해 공시하면 물권적 효력을 부여 받기도 하는데, 최선순위로 등기된 임차권이 등재되어 있으면 이때에도 낙찰자가 인수하니 유의하여야 할 것입니다."

고부장이 흐뭇한 미소를 지으며 고개를 끄덕였다.

"그래, 정말 제대로 정리했군. 열심히 공부한 흔적이 엿보여. 대단하이."

고부장의 격려에 우쭐한 마음이 든 봉대리가 내친김에 말했다.

"그래서 말씀인데요, 고부장님, 이제 권리분석 공부는 어느 정도 궤도에 올랐으니 유료정보사이트에 가입해서 물건을 한 번 골라 보고 싶은데요?"

봉대리의 말끝에 고부장이 수저를 내려놓고는 말없이 봉대리를 응시했다. 고부장의 눈빛은 여전히 온화했지만 왠지 모를 단호함 같은 것이 그 속에 어려 있었다.

잠시 흐르던 침묵을 깨고 고부장이 진지한 표정으로 입을 열었다.

"경매인이 가장 금기시해야 할 덕목이 있다면 그건 바로 조급증일세. 수많은 경매인들이 이 조급증을 이겨 내지 못해 보증금을 떼이고, 시세보다 비싸게 낙찰 받고, 매각이 어려운 애물단지 같은 물건을 낙찰 받아 고생을 하게 된다네. 경매공부에 맛을 들여 몰입하다 보면 경매가 그리 어렵지 않구나, 느끼는 때가 오게 되고 나아가 순식간에 떼돈을 벌 수 있을 것 같은 환상에 젖어드는 순간이 찾아 오기 마련이라네. 이때 경매인들 중 일부는 조급한 마음에 내몰려 온전하지 못한 지식으로 바로 실전에 뛰어들기도 하는데, 바로 그런 때 경매사고가 가장 빈발하게 발생한다네. 아예 아무것도 모르는 초보들은 두려움에 응찰을 자제하고, 연륜과 경험으로 무장한 고수들은 적절한 물건을 찾아 고수익을 내지만, 정열은 남다른데 쌓아놓은 지식은 어중간한 부류가 섣불리 실전에 뛰어 들어 보증금을 날리게 되는 것이지. 경매에서는 확실하게 알지 못하면 아예 모르는 것보다 못한 경우가 허다하다네."

고부장의 따끔한 일침에 의기소침해진 봉대리가 젓가락으로 밥알을 깨작였다.

"봉대리, 자네 생각에는 자네가 어느 정도 궤도에 오른 것 같겠지만 정작 자네는 경매에서 가장 중요한 권리분석의 한 축을 간과하고 있네. 그게 뭔지 알겠나?"

그때 봉대리의 머릿속으로 날카로운 궤적을 그리며 섬광처럼 파고드는 생각 하나가 있었다.

그렇구나! 권리분석에 등기부상 권리분석만 있는 것이 아니었지.

등기부상의 권리들이 말소되고 인수되는 원리를 알아냈지만 아직 온전히 깨우치지 못한 게 있었구나!

봉대리가 고개를 쳐들며 힘주어 말했다.

"그렇군요. 제가 너무 마음만 앞섰습니다. 권리분석의 양대 축인 임차인에 대한 공부를 하지 않고 실전에 뛰어들 생각을 했으니."

고부장이 스스로 깨우친 봉대리가 대견한 듯 허허, 하는 웃음을 흘리며 말했다.

"그래, 아무리 급해도 바늘 허리에 실을 묶어 바느질을 할 수는 없는 법이지. 아파트 경매에 도전하는 사람이라면 임차인에 대한 권리분석은 결코 빼놓을 수 없는 중요한 공부라네. 그런데 자네는 등기부상 권리분석 공부를 끝내고 마음만 앞서 바로 실전에 돌입할 생각을 하고 있으니 어찌 그 조급증을 탓하지 않을 수 있겠나."

봉대리가 계면쩍은 표정으로 머리를 긁적였다.

"그동안 하나 둘 익힌 실력을 써먹어 보고 싶은 욕심에 그만, 저도 모르게 서둘렀네요.

경매인이 가장 금기시해야 될 것이 조급증이라는 말씀, 가슴속 깊이 새기고 항상 명심하겠습니다."

"그래. 지금 자네의 모습은 마치 거칠게 질주하는 폭주 기관차 같아. 운이 좋으면 목적지까지 누구보다 빨리 도착할 수 있겠지만, 자칫 잘못하면 큰 사고로 이어질 수 있으니 좀 더 마음의 여유를 갖는 게 필요할 것 같네. 자네가 안전하게 질주할 수 있도록 내가 성능 좋은 브레이크가 되어 주겠네. 자네는 앞으로도 지금처럼 열정적으로 공부에 임하게. 다만 실전에 임하기 전에는 반드시 나랑 상의하고 내 허락 하에서만 실전에 들어가겠다고 약속해 주게."

봉대리가 환한 웃음을 지으며 활기차게 말했다.

"알겠습니다. 앞으로는 스승님께 누를 끼치지 않도록 열정은 갖되, 좀 더 여유를 갖고 공부에 임하겠습니다. 제가 너무 폭주한다 싶으면 적절하게 브레이크를 잡아 주십시오."

고부장이 이해가 빠른 봉대리를 흐뭇한 표정으로 바라보다가 말했다.

"자, 얼른 먹자구. 곧 점심시간 끝나겠네."

힐끔 벽시계를 쳐다본 봉대리가 어이쿠 이런, 하며 게걸스럽게 숟가락질을 시작했다.

> **고부장의 TIP**
>
> 경매인에게 조급증은 금기이다. 경매사고의 거의 전부가 이 조급증이 원인이 되어 발생한다. 그리고 또 하나, 경매에서는 확실하게 알지 못하면 아예 모르는 것보다 못한 경우가 대부분이다. 확실하게 준비될 때까지 절대 서두르지 말고, 정확히 공부하는 습성을 기르자.

경매에 처음 입문하신 분들에게

저에게도 한때는 경매 햇병아리 시절이 있었습니다. 비록 법 전반을 다루는 변호사였지만, 경매절차가 어떻게 진행되는지, 입찰표는 어떻게 작성하는지 등 기초적인 경매지식조차 없던 시절이었습니다.

그 당시 저는 경매하면, 머리를 깍두기 모양으로 반듯하게 자르고 검정색 양복을 산뜻하게 차려입은 분들(조폭 혹은 건달이라는 속칭으로 불리는 분들입니다.^^)의 전유물인 줄로만 알았습니다. 아버지가 사업에 실패해 살던 집이 경매에 들어가자 빨간딱지를 붙이러 온 집행관들을 가냘픈 몸으로 막아서며, 자기가 아끼는 피아노만은 제발 건드리지 말라고 눈물로 애원하던 드라마 속의 경매는 서러운 눈물과 몸부림으로 점철되어 있었고, 그때 느꼈던 청순한 여주인공에 대한 애틋한 연민이 경매에 대한 제 부정적인 시각을 한층 더 고양시켰을지도 모를 일입니다.

아무튼 본격적으로 경매에 입문하기 전까지는 저 역시 지금 현재 일반인들이 갖고 있는 경매에 대한 선입견과 부정적인 시각을 고스란히 품고 있던 사람 중의 하나였습니다.

그러다가 우연찮게, 자신이 임차해 살던 집이 경매에 들어가 소중한 보증금을 날리게 된 임차인을 대리해 보증금반환소송을 진행하게 되었는데, 그때 처음으로 저는 경매의 실무와 경매계의 실상을 생생하게 접할 수 있었습니다.

　당시 사건의 내막은 임차인이 전입신고상의 사소한 실수로 대항력을 잃고 나아가 대항요건의 흠결을 이유로 배당조차 받지 못한 상태에서 집주인의 다른 재산에 가압류를 걸고 소송을 제기했던 것인데, 그때 사건기록을 검토하면서, 임차인이 전입신고를 잘못해 종국에는 대항력을 인정받지 못하는데도 일반인들은 그 내막을 모를 수도 있겠다는 생각을 우연히 하게 되었습니다. 그렇다면, 이 물건은 임차인의 보증금을 차감한 금액까지 계속 유찰을 거듭할 것이고, 결국 이 물건은 매매 시장에서의 실제 가치와는 상관없이, 그 내막을 알면 아무 것도 아닌 법적인 문제 때문에 헐값에 매각될 수도 있겠구나, 하는 생각이 뇌리를 스쳐갔습니다.

　이런 법의 맹점을 잘만 이용하면 경매도 나름대로 괜찮은 수익모델이 될 수 있겠다는 생각이 들자마자 저는 그때까지도 안개처럼 뿌옇게 제 시야를 가리고 있던 경매에 대한 선입견의 벽을 깨뜨려 보기로 결심했습니다.

　뭔가에 대한 막연한 두려움을 없애는 가장 좋은 방법은 직접 몸으로 부딪혀 보는 것!

　그때부터 저는 몰입해서 경매공부를 시작했습니다. 법률용어나 판례들에 익숙했기 때문에 일반인들보다는 이해와 성취의 속도는 빨랐겠지만, 처음 접하는 용어들이 많았기 때문에 저 역시 처음에는 쉽게 진도를 나가지 못했고 고생 또한 만만치 않았습니다. 딱딱한 용어들과 재미없는 판례들에 지치면(판례가 재미없는 건 변호사들도 마찬가지입니다.^^) 시중에 나와 있는 경매고수들의 낙찰수기를 읽어 보며 자극을 받았습니다. 그리고는 또 다시 고양된 집중력으로 여러 날을 몰입해서 책을 읽었습니다.

경매공부를 하면서, 예전에 고시공부할 때랑 비슷한 패턴이라는 느낌을 받았습니다. 그 당시에도 힘들고 지치면 선배들의 합격기를 읽으면서 마음을 다잡곤 했었거든요.^^

그렇게 공부를 하다 보니 어느덧 이론적으로 중무장한 상태가 되더군요. 슬슬 실전경험을 해 보고 싶은 욕구가 용솟음치기 시작했습니다. 실전경험을 겸비하지 못한 경매이론은 살아 있는 지식이 아닙니다. 그러나 이론적으로 충실히 무장한 상태에서는 실전경험 하나하나가 몸에 체화되는 속도는 무대포로 실전에 뛰어든 사람과 비할 바 없이 빠른 것 또한 사실입니다.

실전에서의 위험부담을 최소화시키기 위해 유료정보사이트에 가입하여 여러 날에 걸쳐 모의응찰을 해 보았습니다. 모의응찰이란 게 별거 아닙니다. 이미 낙찰된 물건들을 쭉 늘어놓고 물건에 대한 정보들을 꼼꼼히 살핀 뒤, 이 정도 물건이면 얼마에 낙찰되었을까를 예상해 보고 답을 맞춰보는 과정입니다. 그런 과정을 수백 번 경험하다 보니 낙찰가 쓰는 데 어느 정도 감이 생기기 시작했습니다.

그리고는 곧바로 실전!

나름대로 짧지 않은 기간 동안 힘겨운 수련과정을 거쳤음에도 저 역시 수차례의 패찰을 거듭한 연후에야 비로소 첫 낙찰의 환희를 거머쥘 수 있었습니다.

그 후 머릿속에 저장해 놓은 이론과 책에서 간접 경험한 선배들의 노하우, 여기에 오랜 고심 끝에 체득한 나만의 특별한 노하우를 더하여 명도에서 매각까지의 전 과정을 한 번 경험해 보고 나니, 어느덧 자신감이 충만해져 있음을 느낄 수 있었습니다.

당시 경매의 전 과정을 체험하고 난 뒤 느꼈던 뿌듯한 성취감은 지금도 잊을 수 없는 소중한 추억입니다. 그때서야 비로소 말로 먹고사는 변호사가 아니라 실제 발로 뛰며 수익을 일구는 진정한 재테크인, 경매인이 된 듯한 느낌이 들었습니다.

그때 가슴 벅차게 느꼈던, 할 수 있다는 자신감과 충천한 사기, 그리고 반드시 경매계의 최고봉에 오르고야 말겠다는 의지와 정열이 그 뒤 자칫 찾아올 수 있는 슬럼프를 모르고 지나치게 한 원동력이 되었던 것 같습니다.

제가 변호사이다 보니 제가 그동안 겪어 왔던 과정들은 여러분들과는 무관한 특별한 케이스라고 생각하실까봐 조심스러운 마음이 앞서지만, 저 역시 햇병아리 시절에는 아무것도 모르고 마음만 앞섰던 얼치기 경매인이었음을 고백하면서, 여러분들이 앞으로 경매공부를 어떻게 해 나가야 효율적인지 제 경험 위주로 말씀드려 볼까 합니다.

내 안의 정열을 일깨우라.

경매공부, 이거 말처럼 쉽지만은 않습니다. 서점에 홍수처럼 범람하고 있는 경매서적들이 경매만큼 쉬운 재테크가 없네, 누구나 쉽게 접근하여 큰 돈을 벌 수 있네, 하는 논리를 내세우지만 그 책의 저자들도 경매를 처음 시작할 때는 어지간히 골머리들을 썩었을 것입니다.

그나마 대학에서 법학을 전공하신 분들이라면 용어자체가 낯설지 않으니 마음만 독하게 먹으면 단기간에 이론적인 성취를 얻어낼 수 있겠지만, 경매인들의 대부분은 법학과는 무관한 전공자이거나 그간 법 없이도 살 사람이라는 평을 들으며 법정 문턱에도 못가 본 분들이 대다수일 것입니다.

여기서 의아한 건 경매계에서 성공하기 위한 기본이자 핵심은 법적인 마인드를 갖추는 것임에도 시중에 나와 있는 이름 있는 경매서적 저자들 중에 법학 전공자는 한 명도 없다는 사실입니다. 그럼에도 다들 해박한 이론과 출중한 실전경험들로 무장하고 경매계 여기저기서 호령하고 있습니다.

경매공부가 비전공자들에게 쉽지 않은 공부인 건 분명하지만, 오히려 이렇듯 경매고수들 중 절대 다수가 비전공자들임을 감안할 때, 경매계에서의 성공을 위한 열쇠는 다른 곳에 있지 않을까 하는 생각이 들었습니다. 그래서 눈을 감고 곰곰이 생각해 봅니다.

경매고수들(경매인들에게 등급을 매기는 것 같아 이런 표현이 좀 우습긴 하지만, 널리 통용되는 의미로, 실패보다는 성공이 많은 경매투자자를 지칭하는 정도로 생각하시기 바랍니다.^^)의 공통된 특징은 무엇일까, 경매에서 성공하기 위한 공통되는 자질은 과연 무엇일까.

눈을 감고 고민하는 척 했지만, 사실 저는 미리부터 결론을 알고 있

었습니다.^^;;

해답은 바로 정열이었습니다!!

경매에 입문하는 100명 중에, 1년이 지나고 2년이 지나도록 남이 있는 사람은 불과 대여섯 명 안짝인데, 마지막까지 경매계에 남아 결국 일가를 이루고야 마는 사람들의 특징은 가슴속에 남다른 정열을 품고 있다는 것입니다.

가슴속을 뜨겁게 달구고 있는 정열에서 발산되는 에너지가 장기간의 이론공부에 지친 심신을 달래주고 거듭되는 패찰에 따른 상처들을 치유해 주었던 것입니다.

정열의 근원은 사람마다 제각각 일 것입니다. 자신이 살던 집이 경매에 들어가, 어떻게든 생존자금이라도 건져 보려고 경매공부를 시작한 분들의 정열은 분노와 오기에 기반을 둔 것일 테고, 대물림하는 가난을 내 세대에서만큼은 벗어나고 싶다는 각오로 임하는 분들에게는 가난에 대한 혐오와 부에 대한 동경이 바탕일 것이요, 내가 진정 하고 싶어 하는 일을 하기 위해서, 그 밑거름이 되는 경제적 자유를 일구기 위해 경매공부에 매진하는 분들은 미래에 대한 희망이 근원이 될 것입니다.

이렇듯 마음 깊은 곳에서 타오르는 정열의 근원은 다양하지만, 그 정열이 바깥으로 뿜어져 나올 때의 느낌은 대동소이합니다. 바로 절실하다는 것입니다.

절실하게 공부하는 사람에게는 아무리 똑똑한 사람도, 대학 4년 동안 법학을 전공한 사람이라도 당할 수가 없습니다.

월드컵 축구 스타 이영표 선수의 당시 인터뷰 내용이 떠오릅니다.

"집은 가난했고, 체구도 크지 않았지만, 난 축구가 재미있었다. 축구에 재능 있는 사람은 축구를 즐기는 사람을 따라오지 못한다."

종잣돈이 없어서, 머리가 나빠서 경매계에 선뜻 뛰어들지 못한다는 분들은 설사 누군가의 손에 이끌려 잠깐 경매계에 발걸음을 내딛어도 오래 버티지 못합니다. 머릿속에, 마음속에 부정적인 시각이 정리되지 못한 채 남아 있으면 경매를 즐기지 못하기 때문이지요.

이때 경매계에서 실패하는 분들은 한결같이 이렇게 변명들을 합니다.

"거봐, 종잣돈 없고 머리가 나쁘면 안된다고 했잖아!"

그러나 학창시절 공부를 못해서 경매공부도 남보다 뒤질 것 같은 느낌이 드는 분들이, 부정적인 마음들을 훌훌 던져 버리고 겸손한 마음으로 차근차근 단계를 밟아나가다 보면 어느 순간부터 경매를 즐기기 시작하게 되고, 결국 이런 분들이 오히려 성공할 가능성은 월등히 높아지게 되는 것입니다.

경매에서 실패한 분들은 종잣돈이 없고 머리가 나빠서가 아니라, 그런 부정적인 마음을 온전히 떨치지 못한 상태에서 경매계에 입문했기 때문입니다. 그러니 경매에 몰입할 수 없고 결국 경매를 즐길 수 없었던 것이지요.

잔잔하게 흐르고 있는 음악을 들으며 가만히 눈을 감아 봅니다.
내 꿈은 무엇인가.
나는 앞으로 어떤 일을 하며 살고 싶은가.

내가 진정으로 원하는 것은 과연 무엇인가.
그 꿈을 이루기 위해서는 무엇이 필요한가.

문득 머릿속에 떠오른 꿈과 희망이 자신의 가슴을 벅차게 두드리는 사람일수록 경매계에서 성공할 가능성이 높은 분들입니다. 가슴 벅차게 차오르는 정열과 거기서 파생된 절실함이, 결코 쉽지만은 않은 경매고수가 되기 위한 수련과정에서 든든한 버팀목이자 원동력이 되어 줄 테니까요.

다시 한 번 강조하지만, 경매고수가 되는 첫 걸음은 그동안 길들여진 일상의 나태와 무기력에서 벗어나 내 안에 잠자고 있는 정열을 일깨우는 일입니다!

그 정열을 일깨우는 방법들은 여러 가지가 있을 수 있겠습니다.

시중에 나와 있는 경매고수들의 멋진 낙찰수기를 읽으면서 그 책의 주인공이 마치 자신인 양 감정이입을 시켜보는 것도 좋을 것이고, 오랫동안 가슴 한 켠에 묻어두고 살았던 소중한 꿈을 되살려, 그것을 목표로 삼아 매진해 보는 것도 괜찮은 방법입니다.

현재의 일상이 평범하고 안온한 분들은 자신 속에 잠재된 정열을 일깨우기 위해 배전의 노력을 기울이셔야 합니다. 그 평온 속에 내포된 안일과 나태는 경매인들이 금기시해야 할 최악의 요소이자, 경매인들에게 반드시 필요한 절실함의 최대의 적이니까요.

결론적으로 경매이론과 실전은 누구나 일정기간 거치면 체득할 수 있지만, 스스로가 자부심으로 충만한 진정한 경매인이 되기 위해서는, 평온한 일상에 매몰된 채 어디선가 동면을 취하고 있는 정열을 일깨워서 그 안에 내포된 절실함을 바탕으로 경매공부에 임해야 한다는 것입니다. 그런 절실함으로 공부할 때, 경매가 수월해지고, 재미있어지고, 종국에는 경매를 즐기게 되는 것입니다.

　어렵게만 느껴지는 경매. 그러나 생각에 따라서는 재미있는 게임이요, 박진감 넘치는 스포츠가 될 수도 있습니다.

　경매공부의 첫 단추!
　내 안에 잠들어 있는 정열을 흔연히 일깨우는 일입니다!!

Episode 11

봉대리, 임차인의 대항력에 대해 공부하다.

퇴근을 알리는 차임벨이 울리자 사무실은 잠시 시끌벅적한 소란에 휩싸였다.

6시 30분. 다른 직원들이 모두 퇴근한 고즈넉한 사무실에는 봉대리와 고부장만이 남아 있었다.

잔무처리에 열중하던 고부장이 색 바랜 가죽가방을 집어 들며 자리에서 일어섰다.

"어이, 봉대리 퇴근 안해?"

"아, 예. 먼저 퇴근하십시오. 저는 남아서 공부 좀 하다 가려구요."

"왜, 집에 가서 씻고 맑은 정신으로 하는 게 낫지 않나?"

"요즘 긴장이 풀려서 그런지 자꾸 나태해지는 거 같아서요. 한두 시간 책을 잡고 있으면 자꾸 졸음이 밀려와서 ……."

봉대리가 머리를 긁적이며 말끝을 흐렸다.

"그래, 바람직한 자세야. 근데, 진도는 어디까지 나갔나?"

"아까 낮에 말씀하신 임차인 부분을 공부하고 있습니다. 저도 현재 임차인의 처지이다 보니 공부하는 내용 하나하나가 실감나게 와 닿는군요."

"그렇지. 경매공부는 어찌 보면 돈을 벌기 위한 목적도 있지만, 살아가면서 반드시 알아야 할 기본적인 법률지식을 익히는 방편이기도 하지. 그러니까 일반인들이 경매공부를 마치 큰 마음먹어야만 할 수 있는 부담스러운 공부라고 생각할 필요는 전혀 없는데 말이야."

봉대리가 공감한다는 듯 고개를 끄덕였다.

고부장이 호기심 어린 표정으로 물었다.

"그래, 어디까지 공부했나? 임차인의 대항력, 우선변제권, 최우선변제권의 개념은 이해했나?"

"네. 실제 저한테 닥친 일이다 생각하고, 제가 살고 있는 원룸의 등기부등본을 출력해 옆에 놓고 공부하니까 훨씬 이해도 빠르고, 공부도 재미있는데요?"

고부장이 미소 띤 얼굴로 물었다.

"그래, 연구해 보니 자네의 임차인으로서의 지위는 아무런 문제가 없던가?"

"제가 전입신고와 입주를 마친 시점에 등기부상 제 임차권보다 먼저 설정된 권리는 없었습니다. 고로 저는 대항력이 있고, 전입신고 당일 동사무소에서 임대차계약서에 확정일자도 받았기 때문에 우선변제권도 있습니다. 게다가, 제 임대차보증금은 4000만 원이기 때문에 소액보증금에 해당되어 일정 금액까지는 다른 어떤 권리자들보다 최우선 순위로 변제받을 수 있습니다."

"호오, 그야말로 완전무결한 임차인이군 그래. 경매로 돈을 벌겠다는 사람이 자기의 보증금조차 지키지 못한다면 그야말로 지나가던 개도 웃을 일인데, 다행히도 자네는 보증금을 떼일 일은 없겠구먼."

익살스러운 표정으로 봉대리를 바라보던 고부장이 다시 물었다.

"그래, 자네는 대항력도 있고, 우선변제권도 있고, 최우선변제권도 있는 임차인인데, 당연히 그 권리들의 개념 정도는 알고 있겠지? 어디 한 번 차례로 읊어 보겠나?"

봉대리가 자신감이 묻어나는 목소리로 말했다.

"대항력이라는 것은, 집주인이 바뀌어도 새로운 집주인에게 전주인과 사이에 체결된 임대차계약의 내용을 주장할 수 있는 법상 인정된 힘을 말합니다. 쉽게 말해, 새로운 주인에게 임대차기간 동안 계속 살 수 있는 권리와 계약기간이 경과하면 보증금을 돌려달라고 요구할 수 있는 권리를 주장할 수 있다는 말이지요.

원래 임대차계약은 계약 당사자에게만 그 권리를 주장할 수 있는 이른 바 채권계약이고, 임차인의 권리인 임차권도 채권에 불과한 권리입니다. 따라서 집주인이 해당 건물을 다른 사람에게 양도하거나, 경매라도 들어가 낙찰자가 생긴 경우에는 임차인은 원칙적으로는 건물의 매수인이나 낙찰자에게 자신의 임차권을 주장할 수 없습니다. 채권에 불과한 임차권에는 채권의 존재를 공시할 마땅한 방법이 없기 때문에 매수인이나 낙찰자는 임차인의 존재를 외부에서 알아내기가 어렵고 결국 그런 이유로 임차인에게 함부로 대항력을 부여할 수 없기 때문이지요.

여기서 물권과 채권을 구별하는 공시방법의 중요성을 좀 더 부연해 보면, 위 경우 임차인의 존재를 외부에 알릴 수 있는 공적으로 신뢰할 만한 방법, 즉 공시방법이 없는데도 임차인이 불쌍하다는 이유로 임차인에게 누구에게든 자신의 권리를 주장할 수 있는 힘, 즉 대항력을 인정해 주면, 건물의 매수인이나 낙찰자는 뜻밖의 손해를 입는 경우가 발생할 수 있습니다.

매매계약 당시에는 안중에도 없던 임차인이 나중에 튀어나와 보증금을 돌려 달라고 주장하거나, 아니면 전주인과 임차인이 짜고 허위의 임차권을 만들어 낼 수도 있기 때문이지요.

그래서 채권에 불과한 임차권에는 원래 대항력을 인정해 줄 수가 없는데, 임차권이 공시방법을 갖추면 예외적으로 대항력을 인정해도 별 문제가 없기 때문에 임차인이 임차권 등기를 하면 그때부터 대항력을 취득할 수가 있게 되는 것입니다. 물론 대항력 개념은 자신보다 선순위 권리가 없을 때만 주장할 수 있는 것이니, 자신의 임차권 등기보다 먼저 설정된 다른 권리가 없다는 전제하에서 말입니다. 결국 임차인이 대항력을 인정받고 싶으면 임차권등기를 설정하면 되는데, 현실적으로 등기설정은 절차가 번거롭고 추가비용이 들어 집주인이 응하지 않는 경우가 많고 임차인들도 설마, 하는 마음에 임차권 등기없이 거주하는 것이 현실인 것입니다."

봉대리가 목이 타는지 혀끝으로 입술을 한 번 축인 뒤 말을 이었다.

"그래서 과거 주택임대차보호법이 없던 시절에는, 집주인이 바뀌었다는 이유만으로 임차인들이 엄동설한에 내쫓기는 경우가 허다했고, 혹여라도 살던 집이 경매에 들어가면 금쪽같은 보증금을 한 순간에 날려 버리는 안타까운 사례들도 빈번했습니다.

　이렇듯 경제적으로 열악한 처지에 놓여 있는 임차인들을 보호하기 위하여 주택임대차보호법에서는, 굳이 비용 들고 절차 번거로운 임차권 등기를 설정하지 않아도 누구나 쉽게 할 수 있는 주민등록 즉, 전입신고만으로도 임차인들이 대항력을 인정받을 수 있는 길을 열어 놓았습니다.

　전입신고가 기재되는 주민등록표는 부동산등기부처럼 공적으로 엄밀하게, 철저하게 관리되고 있지는 않지만, 일반인들이 함부로 위작하거나 임의 기재가 어렵다는 면에 착안해서 전입신고를 하나의 공시방법으로 삼은 것이지요. 이는 해당 목적물의 주소지로 전입신고를 마친 사람은 해당 건물에 이해관계가 있는 사람으로 강하게 추정할 수 있다는 논리에 바탕을 둔 것으로 볼 수 있겠습니다.

　그러나 해당 건물에 전입신고를 한 자가 반드시 임차인이라고 볼 수만은 없어, 주택임대차보호법은 여기에 추가적인 요건 하나를 더 부가했는데, 그게 바로 현재 주택에 거주하고 있느냐, 주택을 점유하고 있느냐 하는 요건이지요.

　해당 건물에 전입신고를 마친 자가 그 곳에 거주까지 하고 있으면, 외부적으로 임차인의 존재가 공시된 것으로 보아 대항력을 부여해도 뜻밖의 손해를 입을 자는 없겠다는 판단에서, 주택임대차보호법에서는 전입신고와 주택의 입주를 대항력의 전제 요건, 즉 대항요건으로 규정하고 있는 것입니다."

　"그래, 정확히 알고 있군. 그럼, 임차인은 전입신고와 주택의 입주라는 대항요건만 갖추면 무조건 대항력을 취득하는 건가?"

"그렇지는 않습니다. 임대차계약을 체결할 당시, 임차인이 등기부상 자신보다 먼저 설정된 권리가 존재함을 알면서도 임대차계약을 체결했다면 그런 임차인은 굳이 보호할 필요가 없기 때문에, 결국 임차인에게 대항력이 인정되려면 전입신고와 주택의 점유 이외에, 대항요건 취득 당시 등기부상 자신보다 선순위권리가 없었다는 요건이 추가로 갖추어져야 하는 것입니다."

고부장이 흐뭇한 웃음을 흘리며 봉대리를 바라보았다. 고부장의 경탄어린 표정에 봉대리가 멋쩍은지 머리를 긁적였다.

고부장이 말을 이었다.

"임차인에게 대항력이 있다는 뜻은 낙찰자가 임차인의 보증금을 떠안아야 한다는 의미이고 게다가 만약 임차인이 남은 임대차기간 동안 계속 거주를 희망하면 임대차기간이 종료할 때까지는 낙찰자가 해당 건물을 명도 받을 수 없다는 의미까지 포함하고 있으니 응찰자들은 반드시 주의해야 할 필요가 있겠지. 이 대항력의 원리를 등기부상 권리분석의 원리와 연결을 시켜보면, 임차인의 전입신고와 주택입주 일자가 등기부상 말소기준권리보다 빠르면 그 임차인은 대항력이 있으니 조심할 필요가 있다, 라고 정리하면 될 거야."

봉대리가 이해했다는 듯 미소를 지으며 고개를 끄덕였다.

"자, 임차인의 대항력과 등기부상 권리분석의 기본원리를 익혔으니 이제 경매 공부의 7부 능선을 넘어선 셈이네. 정리하면, 등기부상, 말소기준권리보다 선순위로 설정된, 지상권, 지역권, 전세권, 가등기, 가처분, 임차권 등의 권리는 예외적인 경우가 아닌 한 무조건 피하면 되고, 임차인의 전입신고와 주택입주 일자가 말소기준권리보다 빠르면 대항력 있는 임차인으로 보고 응찰을 포기하거나 아니면 보증금을 차감한 액수 이하에서 응찰을 고려하면 되겠지"

벌써 권리분석 공부의 7부 능선을 넘어섰다니!

고부장의 말에 고무된 봉대리의 얼굴에 화색이 만연해졌다.

그렇다면 이제 물건을 한 번 골라 보아도 되지 않을까요? 라는 말이 입 안에서 자꾸만 맴을 돌았으나, 봉대리는 조급증은 금물! 하고 되뇌이며 이내 목구멍으로 삼켜버렸다. 그런 봉대리의 의중을 눈치챘는지 고부장이 입가에 미소를 흘리며 말했다.

"지금까지 자네가 공부한 것은 경매의 기본 중에 기본이라네. 앞으로 배워야 할 30%의 공부가 지금까지 배운 70%의 공부보다 더욱 힘겨운 여정이 될 거야. 그러니 몸이 근질거려도 조금만 더 참게나."

봉대리가 씨익 웃으며 활기찬 목소리로 말했다.

"네, 알겠습니다. 절대 조급해 하지 않고 확실한 준비가 될 때까지는 공부에만 매진하겠습니다."

대견한 듯 봉대리의 어깨를 가볍게 토닥이던 고부장이 발걸음을 옮기며 말했다.

"나는 이만 퇴근하겠네. 자네도 너무 무리하지 말고 적당한 시간에 퇴근하게나."

뒤도 돌아보지 않고 손을 흔들며 나가는 고부장을 향해 봉대리가 깊이 고개를 숙였다.

"자, 다시 시작해 보자. 다음은 임차인의 우선 변제권을 공부할 차례지."

자리에 앉은 봉대리가 팔뚝을 걷어 부치며 중얼거렸다.

> 경매공부는 살아가면서 반드시 알아야 할 부동산에 대한 정보와 기본적인 법률지식을 익히는 방편이다. 경매로 수익을 내지 못해도 꼭 필요한 유용한 지식을 체득하는 것이니, 경매공부 시작에 대한 부담을 떨쳐 버릴 필요가 있다.

Episode 12

봉대리,
임차인의 우선변제권을 공부하다.

임차인의 우선변제권. 말 그대로 임차인이 당해 경매절차에서 다른 후순위권리자들보다 우선하여 보증금을 배당 받을 수 있는 권리이다.

우선변제권의 개념을 읽어 내려가던 봉대리가 미심쩍은 표정으로 고개를 갸우뚱했다.

(근)저당권 같은 경우에는 등기부상 채권액과 채권자가 공시되어 다른 후순위권리자들보다 우선하여 배당을 받도록 해도 별다른 문제가 없겠지만, 외부에 공시방법이 없는 임차권의 경우 우선변제권을 인정한다면 문제가 많지 않을까.

봉대리가 허공에 시선을 묶어 둔 채 골똘한 표정으로 생각에 잠겼다.

비록 좀 허술한 방법이긴 하지만 전입신고와 주택의 점유(입주)라는 공시방법을 통해 임차인에게 대항력을 인정하는 것까지는 이해할 수 있겠는데, 전입신고만으로는 외부인들이 임대차보증금을 알 수 없는데도 이렇듯 공시되지도 않은 임대차보증금에 대해 우선변제권을 부여한다면 다른 채권자들이 뜻밖의 손해를 입을 수도 있지 않을까, 하는 의문을 품은 채 책을 읽어 내려가던 봉대리가 아하! 하는 탄성과 함께 무릎을 쳤다.

임차인이 우선변제권을 취득하려면 대항력의 경우처럼 전입신고와 주택의 입주만을 필하면 되는 것이 아니라 또 다른 요건, 즉 공인된 기관으로부터 임대차계약서에 확정일자를 부여 받아야 한다고 되어 있었다.

등기소, 동사무소, 구청, 공증사무소 등 관공서에서 일반인들로서는 함부로 위작이 어려운 확정일자 스탬프를 받아야만 임차인이 우선변제권을 취득할 수 있도록 하여, 통모에 의한 임대차의 조작이나 보증금 액수의 임의 증감을 원천봉쇄한다는 취지란다.

임대차계약서가 있다는 건 임대차계약이 존재한다는 것이고, 여기에 조작이 불가능한 확정일자가 찍혀 있다면 그 임대차계약서 상 기재된 보증금의 액수는 나름대로 정확성이 담보된다는 취지에서, 위 확정일자가 찍힌 임대차계약서를 임차인이 배당요구와 함께 경매법원에 제출하면, 해당 일자를 기준으로 임차인에게 우선변제권을 부여해도 다른 채권자들의 권리를 해치지 않으리라는 고려가 확정일자제도에 깔려 있는 것 같았다.

결국 임차인은 임대차계약서에 찍힌 확정일자를 기준으로 다른 권리들과 배당 순위를 정하게 되고 만약 확정일자의 순위가 다른 권리자들 보다 빠르다면 임차인은 보증금을 전액 배당받을 수 있게 되는 것이다.

봉대리의 머릿속으로, 중개업자의 도움을 받아 원룸을 구하던 예전 기억이 새록새록 떠오른다.

당시에는 여기저기서 주워들은 상식으로, 전입신고와 함께 확정일자를 받아 두면 보증금을 안전하게 지킬 수 있다는 단순한 생각에 전입신고 당일 확정일자를 받아 두었었다. 흔하게 행해지는 전입신고와 확정일자에 이런 중요한 의미와 고려가 깔려있으리라고는 그때는 깊이 생각하지 못했던 것이다.

경매공부는 돈을 벌기 위한 수단이 아니라, 살면서 반드시 배우고 익혀야 할 법률지식을 알아가는 과정이라는 고부장의 말이 새삼 가슴속을 파고들었다.

봉대리가 집중하려는 듯 미간을 찌푸리며 우선변제권과 관련된 내용들을 차분히 머릿속으로 정리해 본다.

먼저 우선변제권은 확정일자를 받는다고 무조건 취득하는 것이 아니라, 앞서 배운 대항력 취득의 전제요건, 즉 대항요건이 기본적으로 갖추어져야만 인정된다. 그러니까 전입신고와 주택의 입주라는 요건을 갖춘 후 혹은 그와 동시에 확정일자를 받아야만 확정일자로서의 효력을 발휘한다는 것이다.

'전입신고 없이 확정일자만 받은 임차인은 당해 경매절차에서는 한 푼도 배당받지 못한다는 말이니, 역시 확정일자는 무조건 전입신고와 동시에 받아 두는 게 상책이겠구나.'

봉대리가 가만히 고개를 끄덕였다.
 다음으로 확정일자를 갖춘 임차인은 무조건 우선변제권을 취득하는 것이 아니라, 자기가 확정일자를 부여받은 임차인이라는 것을 법원에 신고하고 확정일자 순위에 따라 배당을 해달라는 신청, 즉 배당요구를 해야만 우선변제권을 취득한다.
 '임차인이 보증금은 얼마인지, 확정일자는 받았는지 등은 법원으로서는 알 수가 없을 테니 임차인의 배당요구가 없으면 법원은 배당을 해 주려야 해 줄 수가 없겠지. 그래서 반드시 임대차계약서를 첨부한 배당요구를 해야만 우선변제권을 취득하도록 규정한 것이구나.'
 봉대리의 머리가 저절로 끄덕여졌다. 원리를 이해하면서 공부하니 머릿속에 쏙쏙 새겨지는 느낌이었다.

 마지막으로 우선변제권을 취득하려면 앞서 본 대항요건을 배당요구종기까지는 유지하고 있어야 된다는 것이다.
 '그러니까, 임차인이 배당요구를 한 뒤 보증금을 전액 배당받을 수 있다는 생각에 안심하여 배당요구종기 전에 다른 곳으로 전출하거나, 이사를 가버리면 우선변제권이 상실되어 배당금을 못 받을 수도 있다는 말이구나.'
 봉대리가 가볍게 몸을 떨었다.
 이런 사소한 내용을 몰라 소중한 보증금을 날린 임차인들이 적지 않았을 거란 생각을 하니 결코 남의 일 같지만은 않았던 것이다.
 자신도 현재 임차인의 입장인 봉대리에게는 책을 통해 배우는 지식 하나하나가, 그야말로 언제든 현실에 적용될 수 있는 생생하고 유용한, 살아있는 지식이었다.

봉대리가 눈을 감고 다시 한 번 생각을 정리해 본다.

'임차인이 경매절차에서 자신의 보증금을 확실하게 우선변제 받으려면, 전입신고와 주택의 입주를 필한 상태에서 확정일자를 받고, 배당요구종기 내에 배당요구를 해야 하며, 배당요구종기까지는 절대 전입신고를 옮기거나 이사 가지 말아야 한다.'

휴우, 하고 봉대리가 가벼운 한숨을 내쉬었다.

'정말 복잡하구나. 이래저래 가장 좋은 건 살고 있는 집이 경매에 넘어가지 않는 것이겠지.'

그동안 소원했던 집주인과의 관계가 긴밀해지는 순간이었다.

봉대리가 조용히 집주인의 건승을 빌어 주었다.

우선변제권에 대한 이런저런 내용을 심도 있게 공부하다 보니 벌써 벽시계의 바늘은 9시를 가리키고 있었다.

뱃속에서 새어나오는 아우성 소리가 한층 요란해졌다. 공부에 몰두하다 보니 저녁시간을 한참 넘긴 것이다.

오늘 저녁은 오랜만에 라면이나 끓여 먹을까?

굵은 대파를 송송 썰어놓고 싱싱한 계란을 탁- 깨뜨려, 젓가락으로 휘휘 저어 끓여 낸 라면 국물에 엊저녁에 먹다 남은 찬밥을 말아 먹을 생각을 하니 벌써부터 입 안 가득 군침이 돌았다.

봉대리가 검정가방을 어깨에 둘러 메며 자리에서 일어섰다.

활기찬 걸음으로 사무실을 나서는 봉대리의 마음속으로 하루를 보람차게 보냈다는 뿌듯한 성취감이 벅차게 밀려들고 있었다.

고부장의 TIP

임차인이 금쪽같은 자신의 보증금을 확실하게 지키려면, 전입신고와 주택의 입주를 필한 상태에서 확정일자를 받고, 배당요구종기 내에 배당요구를 해야 하며, 배당요구종기까지는 절대 전입신고를 옮기거나 이사 가지 말아야 한다.

Episode **13**

봉대리,
최우선변제권을 확실히 정리하다.

라면은 역시 찌그러진 양은 냄비에 끓여 먹어야 제 맛이지! 봉대리가 노란 양은 냄비를 양손에 들고 후루룩- 소리를 내가며 국물을 남김없이 들이켰다.

봉대리의 콧잔등에 땀방울이 송글송글 맺혀 있었다. 티슈를 뽑아 얼굴을 문지른 뒤 그릇을 정리해 대충 설거지를 끝낸 봉대리가 다시 책상머리에 앉았다.

임차인의 최우선변제권 공부를 하던 중에 라면물이 끓어 중단했던 참이었다. 한 문장, 한 문장 훑어 내려가는 봉대리의 눈길이 이글거렸다.

이 순간 식후의 나른한 포만감도 봉대리의 열정에 압도되었는지 저만치 물러나 있었다. 예전에 이처럼 집중해서 공부했던 적이 있었던가.

요즘 같은 기세라면 사법시험을 공부해도 단기간에 합격할 것 같았다. 다시 한 번 도전해 볼까.

비가 오나 눈이 오나 밤낮으로 공부에만 열중했던, 피로와 절망으로 점철된 어두운 기억들. 달콤하게 피어오르는 상념을 씁쓸한 웃음으로 마무리한 봉대리가 다시금 공부에 몰입하기 시작했다.

소액보증금 최우선변제권.

임차인의 최우선변제권이란 임차목적물에 대한 경매절차에서 일정 요건을 갖춘 임차인이 다른 선순위담보권자들보다 우선하여 배당을 받을 수 있는 권리를 말한다. 경매절차에서 최우선적으로 배당을 받는 경우는 두 가지인데, 그 중 하나가 소액임차인의 경우이고 다른 하나는 임금채권자들이다.

언뜻 봐도 두 경우 모두 경제적으로 열악한 지위에 있는 자들을 보호하기 위한 규정이라는 것을 알 수 있는데, 이렇듯 임차인 혹은 근로자들의 최소한의 생활자금 혹은 생존자금을 다른 어떤 물권적 권리나 채권보다 우선해서 변제받도록 해 줌으로써, 서민들이 다시 한 번 딛고 일어설 수 있는 기회를 법적으로 부여하고 있는 것이다.

그러나 다른 채권자들과의 관계에서 이들의 권리를 무한정 보호하는 것도 문제가 있기 때문에 법상으로 보호되는 임금채권에도 최종 3개월이라는 제한이 있는데, 같은 맥락에서 최우선변제권을 갖는 임차인의 경우에도 일정한 요건을 갖춘 자로 한정하고 있다.

임차인이 최우선변제권을 취득하기 위해서는,

a. 보증금이 법이 정한 일정액 이하의 소액일 것
b. 경매개시결정등기 전에 대항요건을 갖출 것
c. 배당요구종기까지 배당요구를 하였을 것
d. 배당요구종기까지 대항요건을 유지할 것

등의 네 가지 요건을 전부 충족해야만 배당절차에서 보증금 중 일정 금액을 최우선 순위로 배당 받을 수 있다.

여기까지 읽어 내려가던 봉대리가 손끝으로 턱 밑을 문지르며 나지막이 중얼거렸다.

'가만있자, 배당요구종기까지 대항요건을 유지해야 하는 건 대항력, 우선변제권, 최우선변제권 모두에 적용되는 공통된 요건이구나. 이 기회에 확실히 외워 둬야겠군.'

봉대리가 가만히 눈을 감고 입 안으로 웅얼거려 본다.

'임차인이 자신의 권리를 확실히 지키기 위해서는 배당요구종기까지는 절대 전입신고를 옮기거나, 이사를 가서는 안된다.

다만 피치 못할 사정으로 꼭 이사를 가야 한다면, 법원에 임차권등기명령을 신청하여 임차권등기를 해 두자. 그럼 기존의 대항력과 우선변제권의 효력을 유지할 수 있다.'

봉대리의 시선이 최우선변제권의 요건을 나열한 문장에 다시 가 머문다.

'임차인이 최우선변제권을 취득하기 위한 요건 중 특별한 건 a와 b 뿐이로구나.'

임차인이 우선변제권을 취득하려면 굳이 경매개시결정 등기 전에 대항요건을 갖출 필요는 없었는데, 최우선변제권을 행사하려면 반드시 경매개시결정 전에 대항요건, 즉 주민등록과 주택의 입주라는 요건을 갖추어야 한다고 돼 있었다. 임차인이 경매개시결정 후에도 최우선변제권을 취득할 수 있다면, 허위의 소액 임차인들이 난립할 가능성이 현저히 높아지는 만큼 이를 방지하기 위하여 부득이 마련한 규정이라는 설명이었다.

'그렇겠지. 경매개시결정 후에 전입신고를 한 경우에도 최우선변제권을 인정해 준다면, 너도 나도 전입신고를 한 뒤 소액임차인이라고 주장하며 배당요구를 해대겠지. 물론 그자들이 허위임차인으로 의심된다면 다른 채권자들이 배당이의를 통해 솎아낼 수 있겠지만, 그래도 허위임차인의 난립을 사전에 미리 막아 보자는 취지에서 둔 규정이겠지.'

봉대리가 이해했다는 듯 고개를 끄덕이며 책장을 넘겼다.

다음으로 임차인이 최우선변제권을 취득하기 위한 가장 중요한 요건은 임차인의 보증금이 법이 정한 금액 이하의 소액이어야 한다는 건데 ······.

이 소액보증금의 기준은 그동안 여러 차례에 걸쳐 변천을 거듭해 왔다.

이걸 전부 외워야 하는 건가.

봉대리의 뇌리 속으로 막막함이 파고들었다.

과거 소액보증금 기준액은 얼마였고 대략 몇 년도쯤에 개정이 이루어졌는지를 암기해 두면 유용하게 써먹을 것 같았지만, 소액보증금 변천내역을 전부 암기한다는 건 불가능해 보였다.

'그래도, 초등학교 때는 신동 소리를 들었던 난데, 어디 한 번 외워볼까.'

주택임대차보호법

• 소액임차인/최우선변제금

기준시점	지역	보증금 범위	최우선 변제액
90. 2. 19 ~	서울특별시, 직할시	2,000만원 이하	700만원
	기타 지역	1,500만원 이하	500만원
95. 10. 19 ~	특별시 및 광역시(군지역 제외)	3,000만원 이하	1,200만원
	기타지역	2,000만원 이하	800만원
01. 9. 15 ~	수도권정비계획법에 의한 수도권 중 과밀억제권역	4,000만원 이하	1,600만원
	광역시(군지역과 인천광역시지역 제외)	3,500만원 이하	1,400만원
	그밖의 지역	3,000만원 이하	1,200만원
08. 8. 21 ~	수도권정비계획법에 의한 수도권 중 과밀억제권역	6,000만원 이하	2,000만원
	광역시(군지역과 인천광역시지역 제외)	5,000만원 이하	1,700만원
	그 밖의 지역	4,000만원 이하	1,400만원
10. 7. 26 ~	서울특별시	7,500만원 이하	3,200만원
	수도권정비계획법에 따른 과밀억제권역(서울특별시 제외)	6,500만원 이하	1,900만원
	광역시 (수도권정비계획법에 따른 과밀억제 권역에 포함된 지역과 군지역 제외), 안산시, 용인시, 김포시 및 광주시	5,500만원 이하	1,700만원
	그 밖의 지역	4,000만원 이하	1,400만원
14. 1. 1 ~	서울특별시	9,500만원 이하	3,200만원
	수도권정비계획법에 따른 과밀억제권역(서울특별시 제외)	8,000만원 이하	3,700만원
	광역시 (수도권정비계획법에 따른 과밀억제 권역에 포함된 지역과 군지역 제외), 안산시, 용인시, 김포시 및 광주시	6,000만원 이하	2,000만원
	그 밖의 지역	4,500만원 이하	1,500만원

자신 있게 덤비긴 했지만 채 1분도 되지 않아 포기하고 말았다.

'나중에 물건검색하다 소액보증금이 문제된 물건이 나오면 그때그때 찾아보면 되지, 굳이 암기할 필요까지 있겠어. 내가 머리가 나빠서 포기하는 게 아니라 그 방법이 더 효율적이기 때문에 관두는 거야. 그건 엄연히 다르지. 암, 다르고 말고.'

봉대리가 비장한 목소리로 중얼거렸다.

말은 그렇게 했어도, '언제부터 머리 회전이 이렇게 둔해졌지' 하는 좌절감에 등줄기로 식은땀 한 줄기가 삐질 흘러내렸다.

'현재 서울지역을 대상으로 소액보증금의 기준액수는 6000만 원이고 최우선변제액수는 2000만 원까지라고 했겠다.'

현재 봉대리가 살고 있는 원룸은 보증금 4000만 원에 월세가 30만 원이었다.

'소액보증금을 판단하는데 월세는 고려하지 않는다고 했으니, 현재 나는 엄연히 소액보증금 임차인이고 2000만 원까지는 최우선변제되겠구나.'

나지막이 중얼거리던 봉대리의 표정이 이내 일그러졌다.

소액보증금의 판단 기준일은 지금 현재가 아니라, 등기부상 제일 먼저 설정된 담보물권설정일이라는 내용이 눈에 들어 왔던 것이다.

'오호, 이 부분은 임차인들이 놓치기 쉽겠는 걸. 소액보증금의 판단시점은 경매가 개시된 시점도, 임차인이 전입신고한 시점도 아닌, 등기부상 제일 먼저 설정된 (근)저당권 설정일이란 말이지.' 봉대리가 혼란스러운지 미간을 좁히며 생각을 집중했다. 살포시 감긴 눈꺼풀이 파르르 떨리고 있었다.

'왜 소액보증금의 판단시점을 담보물권설정일을 기준으로 하는 걸까.' 곰곰이 생각에 잠겨있던 봉대리가 돌연 눈을 크게 뜨며 탄성을 내질렀다.

'그렇구나! (근)저당권자인 은행에서 대출을 해 줄 때는 당연히 대출 당시를 기준으로 소액임차인의 존재를 파악했기 때문이겠지.

은행은 대출해 주면서 자신보다 우선하여 배당받을 수 있는 소액임차인이 장차 언제든 생길 수 있음을 염두에 두었을 것이고, 그래서 최우선변제 액수만큼은 빼고 대출을 해 주었겠지. 그렇다면 그런 은행의 신뢰는 보호할 필요가 있을 것이고, 그렇기 때문에 담보물권 설정일을 기준으로 판단할 수밖에 없겠구나. 담보물권이 아닌 가압류 같은 경우에는 소액임차인을 고려하여 설정하는 것이 아니니까, 기준일이 될 수 없을 테고.'

봉대리가 뿌듯한 미소를 지으며 주먹을 불끈 쥐었다. '솔직히 내가 암기력은 딸려도 이해력 하나는 뛰어난 편이지.'

소액보증금 변천사를 한 번에 암기하지 못한 좌절감이 한꺼풀 벗겨져 나간 듯 홀가분한 느낌이었다.

시계를 보니 벌써 11시.

서서히 졸음이 밀려오고 있었다. 봉대리가 졸음을 쫓기 위해 세차게 고개를 흔들었다. 봉대리의 머릿속에서 최우선변제권의 내용이 차분히 정리되고 있었다.

'임차인이 최우선변제권을 취득하려면, 보증금 액수가 법이 정한 일정한 액수 이하여야 하는데, 그 액수가 얼마인지 판단시점은 등기부상 제일 먼저 설정된 담보물권설정일이다. 여기에는 (근)저당권 뿐만 아니라 담보가등기도 해당되겠지. 만약 등기부상 등재된 담보물권이 없다면 경매개시결정등기일을 기준으로 한다.

그리고 최우선변제권은 반드시 경매개시결정등기 전에 전입신고와 주택의 입주를 마쳐야만 취득할 수 있다.

마지막으로 배당요구종기 내에 배당요구를 해야 하는 것과 배당

요구종기까지는 대항요건을 유지해야 하는 것은 우선변제권과 동일하다.'

  여기까지 정리한 봉대리의 눈꺼풀이 서서히 무거워졌다. 파도처럼 밀려오는 졸음을 이기지 못하고 봉대리가 책상에 엎드린 채 잠이 들었다. 근사한 아파트에 응찰하여 무려 10여 명의 경쟁자를 물리치고 낙찰 받는 꿈을 꾸는 봉대리의 입가에 흐뭇한 미소가 흐르기 시작했다.

고부장의 TIP
소액보증금의 판단시점은 임대차계약이 체결된 시점도, 임차인이 전입신고한 시점도 아닌, 등기부상 제일 먼저 설정된 (근)저당권설정일이다. 등기부상 등재된 담보물권이 없다면 경매개시결정등기일을 기준으로 한다.

경매단상
경매공부는 단기간에 집약적으로 하라.

　온전한 경매인이 되기 위해서 해야 될 공부는 이론공부와 실전경험이 있습니다. 어느 책에선가 이론 공부에 너무 얽매이지 말고 실전을 중시하라는 구절을 본 기억이 있는데, 궁극적으로 틀린 말은 아니지만 초심자들이 오해할 수 있는 소지가 있어 그 뜻을 명확히 할 필요가 있겠습니다.

　경매에서 이론공부는 경매의 기본이자 핵심입니다. 충실한 이론공부가 전제되지 않은 상태에서, 앞으로 겪게 될 실전경험 하나하나가 마음속 깊이 체화되길 바라는 건 욕심에 불과합니다. 책을 통해 간접경험하면서 머릿속에 차곡차곡 쌓인 이론들이 실전경험을 통해 하나하나 검증되고 확인되면서 보다 견고한 이론으로 정립되는 것이 순리입니다.

　그러나 딱딱한 이론에만 너무 매몰되다 보면 경매에 대한 흥미를 잃게 되고 결국은 중도에 포기하는 우를 범하지 않을까 하는 노파심에 일부 경매서적 저자들은 실전을 통해 배우라는 논리를 펴지만, 가만히 되짚어 보면 그 궁극의 의미는 이론과 실전을 적절히 병행하며 공부하는 게 최상이라는 취지일 것입니다.

　경매의 기본은 이론공부이고 이론공부의 핵심은 권리분석입니다. 그리고 경매입문자들이 가장 부담스러워하고 두려워하는 부분이 권리분석이기도 합니다.

생소한 법률용어와 난해한 판례들이 경매서적 곳곳에 매복해 있다가, 여러분의 정열이 힘을 잃는 어느 순간 툭 튀어나와 여러분의 뜨거운 열정에 상처를 내고 한껏 부푼 희망에 좌절을 안겨 줄 수도 있습니다. 경매공부의 시간이 길어지고 늘어질수록 정열이 식어가는 속도는 빠르고 상처는 깊어지게 됩니다.

그렇다면 결론은 하나!

지금 여러분들이 마음속의 정열을 한껏 고양시킨 상태라면, 이론공부는 단기간 내에 승부를 내겠다는 각오로 집중적으로 매진하실 필요가 있겠습니다.

오늘 찔끔 내일 찔끔, 아니면 시간 날 때 마다 조금씩, 이런 식으로 공부를 하다보면 결국 생소함과 난해함이라는 잘 벼려진 양날의 검에 온 마음이 상처투성이가 될 것은 뻔한 일입니다. 결국 경매공부를 시작한지 얼마 되지도 않아 뜨겁게 타오르던 정열의 불꽃은 사그라들고 좌절과 절망의 앙금만 머릿속을 둥둥 떠다니게 될 것입니다.

지금 여러분이 서점 매대 위에 깔려 있는 수많은 경매 책들 중에서 자신의 취향에 맞는 책 한 권을 과감히 뽑아 들었다면, 그 책은 당일로 일독을 끝내겠다는 각오를 세우시기 바랍니다. 어려우면 어려운대로, 쉬우면 쉬운 대로, 재미있으면 재미있는 대로, 지루하면 지루한대로 포기하지 말고 끝까지 완독하셔야 합니다.

그런 다음 마음속에서 느껴지는 변화를 세심하게 체크해 봅니다. 책 내용이 어려워 뭔 말인지 통 모르겠다는 느낌이 들면 좀 더 수월한 내용의 책을 골라 다시 통독을 시작하고, 읽을 만했다는 느낌이 들면 날을 잡아 또 다시 몰입하여 두 번째 완독에 도전합니다.

분명 첫 번째와는 사뭇 느낌이 다를 것입니다. 이렇게 자신이 선택한 책에 특별한 하자가 없으면 반복해서 세 번 정도 읽기를 권합니다. 세 권을 한 번씩 읽는 것 보다는 한 권을 세 번 읽는 게 자신감을 배양시키는 방법으로는 탁월하고, 일관된 이론을 정립할 수 있어 효율적입니다. 경매책의 저자들이 제각각 다른 방식으로 경매이론들을 설명하기 때문에 경매입문자들은 때로는 혼란스러울 수가 있는데, 궁극적인 결론은 동일하지만 설명 방식에 차이가 있는 것이니 한 사람의 책으로 그 궁극에 도달하면 되는 것입니다.

다시 한 번 강조하지만, 경매공부는 집약적으로, 몰입해서 하는 게 효율적이고 성취도도 높습니다. 책 한 권을 기준으로 했을 때 일독의 시간이 최소한 사흘 이상 넘어가면 공부의 맥이 끊길 가능성이 높습니다.

고양된 정열과 절실함으로 단기간 내에 일독하면 잠재의식 속에 막연히 떠돌던 경매에 대한 부정적인 시각과 막막함은 자신도 모르게 어느 정도 일소될 것입니다. 그때 연이어 두 번째 통독에 접어들면, 생소하던 용어들의 의미가 희미하게나마 이해되기 시작하고 조금씩 머릿속에 그림이 그려지기 시작합니다. 그러면서 공부가 재미있어지고 자신감이 조금씩 배양되는 것입니다.

여기서 중요한 것이 자신의 수준을 제대로 알고, 자신에게 꼭 맞는 책을 집어 드는 것인데, 경매 초심자분들은 처음에는 딱딱한 이론서보다는 낙찰수기 형태의 책들을 읽어 보시길 권합니다. 선배들의 가슴 벅찬 무용담에 귀를 기울이다 보면 경매의 매력에 흠뻑 빠져들게 되는데, 결국 이것이 동기부여를 견고히 하고 정열을 뜨겁게 가다듬는 데 많은 도움이 될 것입니다. 낙찰기를 읽으면서 경매의 흐름과 체계를 머릿속에 그려 두시면 나중에 이론 공부할 때도 짜임새 있는 이해가 가능하실 겁니다.

경매공부의 두 번째 단추!
자신의 수준에 맞는 책을 한 권 골라 단기간 내에 여러 번 통독하는 것입니다!!

Episode 14

봉대리,
혹독한 테스트를 당하다.

사무실에서 공부를 해 볼 요량으로 평소보다 이른 시각에 출근한 봉대리, 첫 출근이겠거니 싶었는데, 사무실에 불이 켜져 있었다. 가만히 창을 통해 들여다 보니 고부장이 쓸쓸한 표정으로 창밖을 내다보고 있었다.

'무슨 일이 있으신가?'

고즈넉한 사무실 안에 감돌고 있는 우울한 기운을 날려 버리겠다는 듯, 봉대리가 일부러 큰 목소리로 인사를 건넸다.

"고부장님, 밤새 안녕하셨습니까? 일찍 출근하셨네요?"

고부장이 흠칫 놀라며 봉대리 쪽을 바라본다.

형광등 조명에 반짝이는 희미한 눈물 자국.

왠지 모르게 봉대리의 마음이 아려왔다. 고부장이 손끝으로 눈물 자국을 지우며 짐짓 활기찬 목소리로 물었다.

"이봐, 봉대리. 요즘 너무 무리하는 거 아냐? 지금이 몇 신데 벌써 출근해? 자네가 이런다고 월급을 올려 줄 거라 생각하면 큰 오산이야."

"월급 올려 받을 생각 추호도 없으니 염려 붙들어 매십시오. 그런데, 부장님이야말로 어쩐 일로 이렇게 일찍 출근하셨습니까?"

고부장이 다시 창밖으로 시선을 돌리며 말했다.

"어젯밤에 몹쓸 꿈을 꾸었다네. 놀라서 잠을 깼는데, 도무지 잠이 오질 않는 거야. 내친 김에 사무실에서 오랜만에 경매공부나 해 볼까 해서 일찍 나왔다네."

고부장의 목소리에 스산한 쓸쓸함이 묻어 있었다.

봉대리가 짐짓 활기를 가장하며 우렁찬 목소리로 말했다.

"그것 참, 잘됐네요. 저도 공부 좀 해 볼까 해서 일찍 나왔는데, 고부장님께 명강의 좀 부탁드려야겠는데요?"

"이따 저녁에 술 살 텐가?"

"여부가 있겠습니까? 제가 짠돌이라고 소문나긴 했지만 염치가 아예 없는 놈은 아닙니다. 고부장님의 명강의를 공짜로 들을 생각은 추호도 없습니다."

고부장이 입가에 미소를 지으며 말했다.

"좋아, 좋아. 그렇다면 흔쾌히 수락하지. 그래 지금 임차인에 대해 공부한다고 했던가?"

"네, 어제 임차인의 최우선변제권까지 공부를 끝냈습니다. 오늘부터 배당분석 공부를 하려는데, 복잡한 수식을 보니 벌써부터 머리에 쥐가 나네요. 제가 학창시절 때부터 수학이 좀 약했거든요."

"임차인 공부를 끝냈다? 믿기 어려운 걸? 내가 한 번 테스트를 해 봐도 되겠는가?"

테스트라는 말에 잠깐 긴장하긴 했지만 봉대리가 이내 미소를 띠 며 고개를 끄덕였다.

"좋아, 먼저 임차인의 대항력과 관련하여 물어 보겠네. 임차인이 대항력을 취득하기 위해서는 어떤 요건이 필요하지?"

그쯤이라면 자신 있다는 듯 봉대리가 어깨를 활짝 펴며 대답했다.

"기본적으로 전입신고와 주택의 입주라는 요건을 갖추어야 합니다. 이를 대항요건이라고 하는데, 이 대항요건을 갖출 당시 등기부상으로 먼저 설정된 권리들이 없어야 임차인은 대항력을 취득할 수 있습니다."

"그렇지. 그런데, 만약 대항요건을 갖춘 날짜와 등기부상 맨 먼저 설정된 권리의 등기일자가 같은 날짜라면 어떻게 되는가?"

봉대리가 잠시 주저하는 기색을 보였다.

전입신고 일자가 등기부상 최초 권리보다 빠르면 대항력을 취득한다고만 이해했지, 동일 날짜로 설정된 경우는 그냥 무심코 지나쳤던 것이다.

그런 봉대리의 모습에 고부장이 너털웃음을 터뜨렸.

"하하, 경매초보들이 거쳐 가는 전철을 자네도 역시 피해 갈 수는 없구먼."

고부장이 장난스러운 표정을 지으며 가만히 봉대리를 쳐다보다가 이윽고 입을 열었다.

"자네는 지금 숲을 보고 있는 단계이니까, 지나치게 지

엽적인 부분까지는 암기할 필요는 없다네. 그게 경매입문자들의 공통적인 한계이기도 하지만 어찌 보면 적절한 공부방법이기도 하지. 처음에 숲을 보고 지나가면, 다음번에는 무심코 지나쳤던 나무의 종류와 빛깔, 나무열매가 뿜어내는 달콤한 향기까지도 음미할 수 있는 여유가 생기게 마련이지. 그때 나무 이름도 외우고 나무 사진도 찍고, 나무 열매도 따먹고 하면서, 그렇게 즐기면서 가면 되는 거야."

잠시 말을 끊고 따뜻한 시선을 보내던 고부장이 말을 이었다.
"그러나 나 같은 훌륭한 스승을 모시고 있는 자네는 결코 평범한 길을 가서는 안되지. 자네는 숲과 나무를 한꺼번에 보면서, 자연이 주는 정취를 마음껏 만끽하면서 공부할 수 있는 훌륭한 여건을 갖추고 있지 않은가. 남들과 똑같이 해서는 내 체면이 안 서는 거지. 자, 본론으로 돌아가서, 전입신고 일자 – 주택의 입주는 통상 전입신고보다 먼저 이루어지니 앞으로는 대항요건을 전입신고 하나로만 설명하겠네 – 와 등기부상 선순위권리가 동일자인 경우에는 결론적으로 임차인에게 대항력이 없다네. 주택임대차보호법상 임차인의 대항력은 전입신고 다음날부터 취득한다고 규정하고 있기 때문이지."

봉대리가 가만히 고개를 끄덕였다. 얼핏 본 기억이 있는 내용이었다.

고부장이 다시 물었다.

"그런데 임대차보호법에서는 왜 전입신고 다음날부터 대항력을 취득하도록 규정했을까?"

곰곰이 생각에 잠겨있던 봉대리가 조심스러운 어조로 입을 열었다.

"조금 전에 질문하신 경우처럼 같은 날 전입신고와 등기부상 권리가 설정되면 우열을 가리기가 어려워서 아닐까요?"

"그렇지. 만약 은행이 임차인이 거주하고 있는 건물을 담보로 집주인에게 대출을 해 주면서, 전입세대를 열람해 본 결과 전입세대가 없다고 판단하여 대출을 실행하고 당일자로 저당권등기신청서를 접수했는데, 같은 날 임차인이 전입신고를 통해 대항력을 취득한다면 은행으로서는 뜻밖의 손해를 입을 수 있겠지. 그리고 이때 누구를 선순위로 판단해야 하는지에 대한 기준도 불분명하기 때문에 결국 법에서는 임차인의 대항력 발생일을 전입신고 다음 날로 정한 것이지.

등기부상의 각 권리는 접수일자가 동일하면 접수번호 순으로 우열을 가릴 수 있는데, 전입신고일과 선순위 저당권 설정일이 같은 날인 경우, 전입신고에 접수번호라는 것이 있을 리 없으니 결국 우열을 가릴 기준이 없어 부득이 대항력 발생일을 전입신고 다음날로 정한 것이라네. 여기서 다음날이란 전입신고 다음날 0시부터를 말한다네."

고부장의 명쾌한 설명에 봉대리가 미소를 지으며 고개를 끄덕였다. 역시 혼자 공부할 때와는 또 다른 재미가 있었다.

"그렇다면 내친 김에 하나 더 물어 보겠네. 만약 임차인의 전입신고 다음날 저당권이 설정된 경우는 어떻겠는가?"

"그때에는 항상 임차인이 대항력을 취득할 것 같습니다. 임차인의 대항력 발생일은 다음날 오전 0시부터인데, 은행의 영업시간은 오전 9시부터 개시되니까요. 은행직원이 아무리 용빼는 재주를 가졌다 해도 오전 0시와 0시 1분 사이에 저당권을 설정할 수는 없으니까 결국 둘 간에 동순위가 될 가능성은 없고 항상 임차인의 권리가 앞서게 되지 않을까요?"

"그렇지, 역시 자네는 감각이 있어. 우선변제권 같은 경우는, 확정일자와 저당권설정일이 같은 날짜면 동순위로 처리해 금액을 채권액 비율로 나눠주면 되지만 대항력은 쪼개서 행사할 수 있는 권리가 아니기 때문에 항상 우열을 가려야만 하지. 그래서 이런 경우까지 고려해 주택임대차보호법에서는 대항력을 다음날 0시부터 발생하도록 한 것이라네"

봉대리가 고개를 끄덕였다.

이때 고부장이 또 다시 장난스러운 표정을 짓자, 봉대리가 아연 긴장했다.

'고부장님의 저런 표정 뒤에는 분명 진땀 빼게 하는 어려운 질문이 뒤따르던데 ······.'

봉대리의 심중을 간파했는지 고부장이 씨익 웃으며 말했다.

"임차인이 대항력을 취득하려면 전입신고가 필요한데, 이 전입신고는 꼭 임차인 명의로 해야 되는 건가? 예컨대 남편 명의로 임대차계약을 체결했는데, 남편이 사정이 생겨 전입신고를 못하고 부인이 전입신고를 했다면 이때 남편은 대항력을 취득할 수 있겠나?"

"채권에 불과한 임대차에 대항력을 부여하는 건, 전입신고와 주택의 입주가 공시의 역할을 하기 때문입니다. 그런데, 임차인이 아닌 다른 사람이 전입신고를 했다면 해당 건물에 임차인이 거주하고 있다는 사실이 제대로 공시된 것이 아니기 때문에 대항력을 부여할 수 없을 것 같은데요?"

그럴 줄 알았다는 듯 고부장이 또다시 너털웃음을 흘렸다.

"그래, 자네 말이 전적으로 틀린 건 아니라네. 자네 말처럼 원칙적으로는 임대차계약을 체결한 임차인과 전입신고의 명의자는 동일해야 대항력을 취득할 수 있지. 그런데 이 경우 예외가 하나 있는데, 바로 임차인의 가족 명의로 전입신고가 되어 있을 때지. 현실에는 독신 임차인도 많겠지만, 일반적으로는 임차인에게 가족이 있다고 상정할 수 있고, 그렇기 때문에 비록 임차인이 직접 전입신고를 하지 않고 부인이나 자녀 명의로 전입신고를 해도 이를 임차인의 전입신고로 인정해 주는 것이지. 외부인들은 임차인 가족들의 전입신고를 보고도 임차인의 존재를 추정해 낼 수 있기 때문에 뜻밖의 손해가 발생할 가능성이 없기 때문이지."

"그게 경매서적에서 흔히 말하는 세대합가라는 것이군요?"

"그렇지. 예를 들어 아까 같은 경우에 남편이 임차인이지만 부인이 먼저 전입신고를 했고 뒤이어 남편이 전입신고를 마쳤다고 가정해 보세. 그렇다면 이제 주민등록표상 온전히 한 세대가 갖추어진 건데, 이를 전문용어로 '세대합가'라고 하지. 그런데, 부인의 전입신고 당시에는 등기부가 깔끔했는데, 부인의 전입신고 후 남편이 전입신고 하기 전에 근저당권이 설정되었다면 어찌겠는가? 이때 임차인인 남편의 전입신고일을 기준으로 하면 대항력이 없지만, 가족구성원인 부인의 전입신고일을 기준으로 하면 대항력을 취득할 수 있겠지. 이런 경우 판례는 가족구성원인 부인의 전입신고를 남편의 전입신고로 인정해 주고 있다네. 결국 임차인은 대항력을 취득한다는 말인데, 이게 경매서적에서 말하는 세대합가의 법리라네."

곰곰이 듣고 있던 봉대리가 긴장된 표정으로 말했다.

"실제 세대합가가 실전에서 문제되면, 응찰자들로서는 골치 아프겠는데요? 해당 건물에 전입신고자가 두 명인데 한 명은 대항력이 있고 한 명은 없을 때, 일단 법원에서 공지한 임차인을 기준으로 전입신고 일자를 확인해 보고 대항력이 없으니까 일반인들이 무턱대고 응찰했다가 후일 대항력 있는 전입신고자가 임차인의 가족이라고 밝혀지면 낙찰자는 그야말로 낭패잖습니까? 대항력이 없는 줄 알고 고가에 응찰했는데, 결국 임차인의 보증금을 다 떠안아야 한다고 생각하면 정말 생각만 해도 끔찍한데요?"

"그래, 과거에는 이 세대합가의 법리에 치명타를 입고 영영 경매계를 떠나는 경매인들도 꽤 많았었지. 그런데 이젠 걱정할 필요가 없게 되었네. 전입세대열람을 떼어보면 최초 전입자 성명을 기재하는 란이 있는데, 만약 최초 전입자가 임차인의 가족이라면 반드시 그 란에 기재되기 때문에 조금만 주의를 기울이면 세대합가의 경우인지를 금방 포착해 낼 수 있다네."

"아, 그렇군요. 그렇다면 정말 다행이네요."

봉대리가 가슴을 쓸어 내리며 가볍게 한숨을 내쉰다. 경매공부의 7부 능선을 넘어섰지만 앞으로가 훨씬 더 힘겨운 여정일거라는 고부장의 말을 봉대리는 서서히 실감할 수 있었다.

또 어떤 어려운 질문이 나올까, 잔뜩 긴장해서 고부장의 입술을 응시하는 봉대리가 귀여웠던지, 고부장이 봉대리의 어깨를 가볍게 다독였다.

"이봐, 너무 긴장하지 말게나. 앞으로 넘어야 할 게 태산인데, 벌써부터 그렇게 겁을 먹고 있으면, 내가 마음 놓고 질문을 할 수가 없지 않겠나?"

"아, 아닙니다. 겁을 먹은 게 아니라 앞으로 또 어떤 새로운 걸 배울까, 설레여서 그만 ……."

고부장의 호탕한 웃음소리가 사무실 안에 울려 퍼졌다.

"하하하, 거울을 한 번 보게나. 자네의 얼굴이 첫 데이트하러 나가는 설레는 표정인지, 고양이 앞의 생쥐마냥 잔뜩 겁을 집어먹은 표정인지는 누구든 대번에 알 수 있을 걸세."

봉대리가 머리를 긁적이며 말했다.

"하하, 사실 좀 겁이 나긴 합니다. 경매라는 게 한두 푼 가지고 시작하는 게 아니고, 실패는 곧 원금손실로 이어진다고 생각하니 어느 것 하나라도 소홀히 공부해선 안되겠다는 마음이 들어서요."

"그래, 절대로 소홀히 공부해서는 안되지. 경매에서는 어중간하게 아는 게 아예 아무것도 모르는 것 보다 훨씬 위험하다네. 그렇지만, 너무 겁먹을 것도 없다네. 경매에서 피해가야 될 것들은 이미 정해져 있기 때문이지. 지금은 그 공부가 부담스럽겠지만, 나중에는 굳이 의식하지 않아도 자연스레 위험을 피해갈 수 있게 된다네."

"네, 알겠습니다. 그때까지 긴장의 끈을 놓지 않고 부지런히 공부하겠습니다."

흐뭇한 미소와 함께 고개를 끄덕인 고부장이 말을 이었다.

"자, 그럼 마지막으로 하나만 더 묻겠네. 임차인이 우선변제권을 취득하려면 대항요건을 갖추고 확정일자를 받아야 한다는 건 알고 있을 거야. 그런데 임차인이 전입신고를 하러 간 김에 당일자로 확정일자까지 받아 놓았는데, 마침 그날 집주인이 급전이 필요해 대출을 받으면서 근저당권을 설정해 주었다면 어떤가? 이 경우 임차인은 대항력이 없다고 앞에서 배웠는데, 확정일자는 근저당권자와 동일자로 설정되었으니 우선변제권에서는 은행과 동순위가 되는건가?"

"그렇습니다. 대항력이야 쪼개서 행사할 수 없으니 부득이 다음날 0시부터 부여하지만, 확정일자는 근저당권과 동순위여도 안분해서 배당해 주면 되니까, 다음날 0시부터 효력을 발생하게 할 필요가 굳이 없겠지요. 결국 임차인과 근저당권자는 동순위로서, 채권액의 비율에 따라 안분배당될 것입니다."

봉대리의 확신에 찬 대답을 말없이 듣고 있던 고부장이 멋쩍은 미소를 지어내며 말했다.

"이거야 원, 자네가 너무 확신에 차서 말을 하니까 나도 헷갈리려고 하네. 하하, 자네 말도 일리는 있네만, 이 경우 대법원에서는 대항력과 우선변제권의 효력발생에 굳이 차별을 둘 근거가 법적으로 없다는 전제에서 우선변제권도 대항요건을 갖춘 다음날 0시부터 효력이 발생한다고 판시한 바 있네. 그러니까 전입신고와 확정일자를 같은 날 받았고 동일자로 근저당권이 설정되었다면 우선변제권은 다음날 0시부터 발효하니, 임차인은 이 경우 대항력도 없고 근저당권보다 우선변제적 효력도 없게 되는 것이지.

다만 이때에도 주의할 게 하나 있는데, 만약 전입신고를 미리 해 두고 며칠 후 확정일자를 받았는데, 그 날 마침 근저당권이 설정되었다면 이때에는 확정일자 받은 날 곧바로 우선변제권이 효력을 발생하여 근저당권과 동순위가 된다네. 전입신고를 미리 받아 두었으니 전입신고 다음날 0시부터 우선 변제적 효력이 발생할 전제가 갖추어졌는데, 그 후에 확정일자를 받았으니까 굳이 그 다음날 0시부터 효력을 발생시킬 필요가 없는 거지."

"그렇군요. 공부를 하면 할수록 느끼는 것이지만, 정말 다양한 경우의 수에 대해서 알아 둘 필요가 있겠군요. 이래서 경매공부가 말처럼 쉽지만은 않다는 말들이 나오는 거군요. 양파 껍질 벗기듯 공부해야 할 것들이 계속해서 쏟아져 나오니까요."

"그래, 쉽지 않지만 원리를 알면 재미있는 공부지. 양파 껍질을 쉽게 벗기는 원리를 알면, 껍질을 벗기면서 드러나는 오묘한 속살의 변화를 지켜보는 재미도 제법 쏠쏠하니까 말이야."

봉대리가 환하게 웃으며 고개를 끄덕였다.

"그런데, 봉대리. 자네 소액보증금 변천내역에 대해 암기는 해 두었나? 그거 외워 두면 물건 고를 때 참 유용하게 써먹을 수 있는데 말이야."

"저, 그게 ……."

민망한 표정으로 머리를 긁적이는 봉대리를 익살스럽게 바라보며 고부장이 말했다.

"초등학생도 쉽게 외울 수 있는 내용인데, 요즘 경매인들은 너무 쉽게 공부하려 해서 문제란 말이야."

초, 초등학생이요? 봉대리가 억울한 표정으로 고부장을 바라보다가 볼멘 소리로 물었다.

"고부장님은 다 외우셨습니까?"

"그럼, 나야 10분 만에 다 외웠지."

경탄어린 표정으로 바라보는 봉대리에게 고부장이 종이 한 장을 건넸다.

"자, 행복한 부자를 꿈꾸는 사람들 회원이신 닉네임 '이루게' 님의 암기비법일세. 자네같이 안일하게 공부하는 사람한테 많은 도움이 될 걸세."

질책인지 격려인지 모를 말에 봉대리가 고개를 갸우뚱하며 종이를 펼쳐 보았다.

한참을 읽어 내려가던 봉대리가 폭소를 터뜨렸다. 웃다보니 저절로 암기가 된 느낌에 봉대리가 얼굴로 모르는 '이루게' 님에게 속으로 감사의 마음을 전했다.

종이 속의 내용은 이랬다.

"소액보증금 변천사에 대해 제가 터득한 암기법을 나눠볼까 합니다.

전라도 광주에 가면 민주화의 상징이라 하는 묘지가 있지요. 바로 5·18묘지, 이묘지는 아무것도 없던 무(0)에서 탄생했구요.

그렇다면 0, 5, 1, 8, 이것은 소액보증금이 변경된 년도입니다. 90년, 95년, 01년, 08년 그런데 5·18묘지는 역대 군사정권 누구 때문에 생겼는지요? 답은 누구나 전직 전모대통령님. 그런데 그분 뉴스에도 여러 번 나온 전 재산 "이십구"만 원 이것을 숫자로 옮겨서 2, 10, 9, 이것을 차례로 0, 5, 1, 8, 밑에 옮겨보면 달이 됩니다. 90년 2월, 95년 10월, 01년 9월, 그럼 08년은? 전대통령님 이십구만원이 전 재산이라 하니까 내속에서 이런 씨 "8" 소리 나왔구요. 그래서 08년은 8월이 됩니다.

그다음 날짜가 문제인데 90년 2월에는 전모 대통령님 전 재산 이십구의 19만을 넣으면 90년 2월 19일, 95년 10월 19일, 그다음은 01년 15일, 08년 21일, 이젠 금액인데 금액은 2, 3, 4, 5, 6과 1.5…, 2, 3, 4입니다.

즉 년도인 0, 5, 1, 8, 90년 2월 19일부터 95년 10월 19일 전이 18일까지는 2, 3, 4, 5, 6중 2가 해당 2천만 원 이런 식으로 대입하면 될 거 같습니다.

공식을 만들면서 설명하면 쉽게 이해가 될텐데 내 컴퓨터 실력의 한계이다 보니 그 다음 설명도 엄청 어렵네요.

여기까지만 하겠습니다."

좋은 정보, 감사합니다. 이루게 님~~~^^ 🌱

주택임대차보호법

• 소액임차인/최우선변제금

기준시점	지역	보증금 범위	최우선 변제액
90. 2. 19 ~	서울특별시, 직할시	2,000만원 이하	700만원
	기타 지역	1,500만원 이하	500만원
95.10. 19 ~	특별시 및 광역시(국지역 제외)	3,000만원 이하	1,200만원
	기타지역	2,000만원 이하	800만원
01. 9. 15 ~	수도권정비계획법에 의한 수도권 중 과밀억제권역	4,000만원 이하	1,600만원
	광역시(군지역과 인천광역시지역 제외)	3,500만원 이하	1,400만원
	그밖의 지역	3,000만원 이하	1,200만원
08. 8. 21 ~	수도권정비계획법에 의한 수도권 중 과밀억제권역	6,000만원 이하	2,000만원
	광역시(군지역과 인천광역시지역 제외)	5,000만원 이하	1,700만원
	그 밖의 지역	4,000만원 이하	1,400만원
10. 7. 26 ~	서울특별시	7,500만원 이하	3,200만원
	수도권정비계획법에 따른 과밀억제권역(서울특별시 제외)	6,500만원 이하	1,900만원
	광역시 (수도권정비계획법에 따른 과밀억제 권역에 포함된 지역과 군지역 제외), 안산시, 용인시, 김포시 및 광주시	5,500만원 이하	1,700만원
	그 밖의 지역	4,000만원 이하	1,400만원
14. 1. 1 ~	서울특별시	9,500만원 이하	3,200만원
	수도권정비계획법에 따른 과밀억제권역(서울특별시 제외)	8,000만원 이하	3,700만원
	광역시 (수도권정비계획법에 따른 과밀억제 권역에 포함된 지역과 군지역 제외), 안산시, 용인시, 김포시 및 광주시	6,000만원 이하	2,000만원
	그 밖의 지역	4,500만원 이하	1,500만원

고부장의 TIP

임차인의 대항력은 전입신고와 주택의 입주라는 대항요건을 갖춘 다음날 0시부터 발효한다. 또한 우선변제권도 대항요건을 갖춘 다음날 0시부터 발효한다는 것이 판례의 입장이기 때문에, 만약 전입신고와 확정일자를 같은 날 받았고 동일자로 근저당권이 설정된 경우를 가정하면, 이 경우 임차인은 대항력도 없고 근저당권보다 우선변제적 효력도 없게 된다. 임차인들은 주의할 일이다.

Episode 15

봉대리, 위장임차인에 대한 비급을 전수받다.

정신없이 오전 시간을 보내고 나니 어느덧 점심시간이었다. 밖으로 나갈까, 그냥 구내식당에서 먹을까. 잠시 망설이다 고부장 자리를 힐끔 돌아보니, 고부장이 고개를 숙인 채 뭔가를 열심히 적고 있었다.

"고부장님, 식사 안하세요?"

"응, 자네 먼저 먹게나. 난 일이 좀 있어서. 아, 참. 나가는 김에 번거롭겠지만 붕어빵 좀 사다주겠나? 아무래도 오늘 점심은 붕어빵으로 때워야 할 것 같네."

"번거롭기는요, 알겠습니다. 고부장님, 너무 무리하지 말고 쉬엄쉬엄 하십시오."

봉대리의 격려에 고부장이 사람 좋은 웃음을 흘리며 고개를 끄덕인다.

얼마 후, 붕어빵이 들어있는 검정봉지를 손에 든 봉대리가 사무실로 들어섰다. 고부장은 여전히 일에 열중하고 있었다.

"부장님, 붕어빵 드시고 하시지요?"

봉대리가 검정봉지를 눈 앞에서 흔들어 보이자, 고부장이 미소를 지으며 자리에서 일어섰다.

"이런, 나 때문에 자네도 식사를 못한 건가?"

"아닙니다. 저번에 고부장님이 사주신 붕어빵이 하도 맛있어서 저도 오늘은 붕어빵으로 점심을 대신하려구요."

봉대리와 고부장이 텅 빈 직원 휴게실에 마주 앉아 붕어빵 하나씩을 집어들었다.

"그래, 소액보증금 변천사는 다 외웠나?"

고부장의 장난기 어린 물음에 봉대리가 멋쩍은 웃음을 흘렸다.

"한참 웃다 보니까, 어느덧 머릿속에 외워져 있더라구요. 세상엔 참 기발한 분들이 많은 것 같습니다."

"그래, 다들 공부하면서 자기만의 암기비법 하나씩은 갖고들 있지. 그 왜 말소기준권리 있잖나? 어떤 사람은 말소기준권리를 '저가로 이루어지는 담보경매' 이렇게 외우더라구."

"저당권, 가압류에서 한 자씩 따고 담보가등기와 경매개시결정등기에서 두 자씩 따왔군요?"

"그렇다네. 그냥 금전지급과 관계된 권리라고 이해해도 문제없지만, 그런 식으로 외워 두면 수월하긴 하겠지."

봉대리가 고개를 끄덕였다.

입가에 묻은 단팥을 손끝으로 닦아 내며 고부장이 물었다.

"자네, 위장임차인이라고 들어 봤나?"

"실제 임차인은 아닌데, 소액보증금 최우선변제를 노리고 전입신고를 하거나, 아니면 전입신고가 최선순위로 되어 있는 것을 이용해 대항력 있는 임차인으로 행세하는 자들 말입니까?"

"그렇지, 그중에서도 경매고수들이 주로 관심을 갖는 건 두 번째 경우이지. 마치 대항력 있는 임차인처럼 공지되어 최저가가 하염없이 떨어지지만 내막을 들여다보면 허위임차인으로 드러나는 경우!"

"그렇다면 별다른 경쟁 없이 알찬 수익을 낼 수 있을 텐데, 위장임차인을 밝혀 내기가 어디 쉬워야 말이지요. 그 사람들도 나름대로 목적을 가지고 임차인 행세를 하는 것일 텐데, 허술하게 꼬리가 잡히지는 않을 거잖습니까? 철저하게들 대비하고 덤빌 테니 아무리 고수익이 보장된다 해도 위장임차인을 색출해 내는 게 쉽지는 않을 것 같은데요?"

"그렇지. 쉽지는 않지만 그렇다고 위장임차인을 솎아 내는 게 불가능하지만도 않다네. 요즘같이 경매시장이 과열되어 감정가 이상 혹은 시세 이상 낙찰되는 경우가 빈번한 때에는 평범한 물건으로 수익을 낸다는 건 거의 불가능한 일이라고 봐야 하네. 이럴 때일수록 남들이 꺼리는 물건에 도전해야 안정적인 수익을 낼 수 있는데, 위장임차인으로 의심되는 임차인이 공지된 물건은 그 중에서도 단연 좋은 수익모델이지."

봉대리의 눈이 반짝하고 빛이 났다.

언뜻 보기에 대항력 있는 임차인이 존재하는 것처럼 보이는 물건이라면 경쟁자도 적을 것이고 낙찰가도 평균을 밑돌 것이다.

결국 해당 임차인이 위장임차인임을 밝혀 낼 수만 있다면 좋은 수익모델이 될 것은 분명하다.

그런데 고부장님한테는 위장임차인을 색출해 내는 비법이라도 있다는 말인가?

열정으로 이글거리는 봉대리의 눈을 흡족한 미소를 지으며 바라보던 고부장이 입을 열었다.

"그래, 자네 짐작대로 고수들에게는 위장임차인을 색출해 내는 나름의 비법들이 있다네.

여기에 나만의 비법을 일목요연하게 정리해 놓았으니 열심히 공부해서 자네 것으로 만들게나."

고부장이 품속에서 꺼낸 종이뭉치를 봉대리에게 건네 주며 자리에서 일어섰다.

"붕어빵 잘 먹었네. 나는 잔무가 있어서 이만 일어나겠네. 아직 점심시간이 남아 있으니 자네는 천천히 먹고 오게나."

정중하게 종이뭉치를 받아든 봉대리가 감사의 마음을 담아 깊이 고개를 숙였다. 자판기에서 커피를 뽑아 한 모금 들이킨 봉대리가 차분히 자료를 응시했다.

위장임차인의 색출방법과 명도의 해법

컴퓨터로 출력한 듯 깔끔한 필체로 적힌 제목이었다.

봉대리가 떨리는 손끝으로 페이지를 넘겼다.

그때부터 점심시간이 끝날 무렵까지, 봉대리는 누가 옆에 와도 모를 정도로 몰입해서 자료를 읽어 내려갔다.

 점심시간의 종료를 알리는 차임벨을 들으며 봉대리는 자리에서 일어섰다. 그때 봉대리의 가슴은 세차게 고동치고 있었다.

 고부장이 건네준 자료는 경매초보인 봉대리에게는 너무도 소중한 노하우였던 것이다. 종이뭉치를 자신의 품속에 고이 갈무리한 봉대리가 나지막이 중얼거렸다.

 "감사합니다. 고부장님! 나중에 실전에서 꼭 유용하게 활용하겠습니다."

 고부장의 /강/의/노/트/

위장임차인의 색출방법과 명도의 해법

가장임차인 또는 위장임차인이라 함은 실제로는 임차인이 아니면서도 소액보증금 최우선순위 배당을 노리고 임차인의 외관을 형식적으로 갖춘 자, 혹은 실제로는 세대구성원의 일인이거나 임차인의 가족이면서도 전입신고가 최선순위로 되어 있음을 기화로 대항력 있는 임차인인양 행세하는 자를 통칭해서 일컫는 말입니다.

경매실전에서는 전자의 사례 즉, 최우선순위로 배당되는 소액보증금을 노리고 경매 개시일에 임박하여 전입신고를 하여 두는 위장임차인들은 채권자들과의 관계에서만 배당문제가 특히 불거질 뿐, 낙찰자와의 관계에서는 특별한 문제는 없는 만큼 이번 강의에서는 후자의 개념 즉, 실제로는 임차인이 아님에도 대항력 있는 임차인인 것처럼 행세하거나 아니면 법원에서 대항력 있는 임차인으로 취급되어 경매가 진행되는 경우의 사례만을 중점적으로 공부해 보겠습니다.

실전에서 위장임차인이 발생하는 경우는 두 가지입니다.
채무자와의 공모에 의해서 적극적으로 위장임차인으로 행세하는 경우와 위장임차인으로 행세할 의도는 전혀 없지만 임대차관계를 확실히 조사하는 것이 불가능한 실무상 어쩔 수 없이 선순위임차인으로 취급되는 경우인데, 양자는 선별의 방법이나 해결방법 등이 판이

하므로 사안을 나누어서 검토해 보겠습니다.

후자의 경우는 위장임차인이라고 할 수 없는 경우인데, 전입세대열람상 소유자와 세대를 달리하는 전입신고자가 있는 경우 일단 법원은 현장조사를 통하여 임차인 여부를 조사한 뒤, 임차인인지 여부가 명백하면 물건명세서 혹은 임대차관계조사서 등에 그같은 사실을 공지합니다. 그러나 해당 목적물을 수차례 방문하였어도 폐문부재 등의 이유로 정확한 임차인조사가 이루어지지 못하는 경우가 실무에서는 의외로 많습니다.

이런 경우 법원은 응찰자들에게 조심하라는 취지로 최초 전입자를 임차인으로 기재하여 공지하는데, 이때의 임차인은 대부분 가족이거나 아니면 임대차와 무관한 전입자일 가능성이 높습니다. 해당 건물이 경매에 들어가게 되면 법원에서는 이해관계인들에게 수차에 걸쳐 다양한 공문을 발송하고, 감정평가업자나 집행관들도 현황조사를 위해 해당 목적물을 수차 방문하게 되는데, 그 와중에 권리신고는커녕 임차인인지 조차 확인되지 않았다면 임대차와 무관한 자들이라고 추정해도 크게 틀린 말은 아닐 것이기 때문입니다. 한편 이들은 의도적으로 위장임차인 행세를 하는 사람들이 아니기 때문에 실제 명도과정에서도 아무런 문제없이 수월하게 명도를 마칠 수 있습니다. 결국 아무런 위험도 없는 사람들이라는 말이지요. 다만, 경매절차에서 우리가 경계의 끈을 늦추지 말아야 할 유일한 자는 실제 대항력 있는 임차인, 즉 아직 임대차기간이 많이 남아 있고 딱히 해당 주택이 거주하기도 불편하지 않아 낙찰자에게 대항력을 행사할 목적으로 아무런 권리신고도 하지 않은 사람인데, 이처럼 요주의 인물과 아무 위험 없는 인물이 언뜻 보기에는 비슷한 외관을 하고 있으니, 위장임차인 물건을 접근하실 때에는 항상 신중에 신중을 거듭하셔야 할 것입니다.

다음으로 채무자와 임차인이 공모한 적극적인 위장임차인의 경우의 해법입니다.

실제로는 소유자와 부부이거나 가족의 일원임에도 전입신고가 최선순위로 되어 있는 것을 이용하여 허위의 임대차계약서를 작성하고 법원에 권리신고를 하는 유형의 임차인입니다.

대항력을 이용하여 낙찰자에게 보증금 반환을 요구하거나, 경매절차에서 대항력 있는 임차인의 존재가 공지되도록 하여 최저가를 하염없이 떨어뜨린 뒤 자신의 측근들 명의로 저가에 낙찰 받아 이득을 꾀하겠다는 의도를 가진 자들입니다.

제가 경험해 본 바로는 부모와 자식간의 관계 혹은 부부관계에 있는 자들이 위장임차인 중에 가장 많았고, 간혹 형제자매의 관계에 있는 자들도 몇 번 보았습니다.

한편 가족관계가 아님에도 어떤 이유에선지 전입신고가 되어 있음을 기화로 하여 소유자와 짜고 허위로 계약서를 작성해 권리신고하는 경우도 본 기억이 있는 만큼 위장임차인의 유형은 그야말로 다양한 듯합니다.

경매의 공정성을 해하고 채권자들의 희생 하에 자신의 이익만을 챙기겠다는 욕심을 가진 부류들이지만 경매로 고수익을 일구고자 하는 경매인들에는 마치 필요악 같은(?) 존재입니다. 대항력 있는 임차인이 위장임차인임을 밝혀낼 수만 있다면 별다른 경쟁 없이 적지 않은 수익을 창출해 낼 수 있으니 말입니다. ^^

사실 낙찰자에게 정의를 바로잡기 위해 위장임차인을 응징할 권리가 있는 것도 아니고 채권자들의 희생을 통해 공중에 떠버린 수익을 낙찰자가 머리를 써서 자기 것으로 만든다하여 딱히 자랑스러울 것도 없는 만큼 위장임차인 물건을 대할 때에는 마치 장기나 바둑을 두듯 임차인과의 한 판 두뇌싸움이라 생각하고 편안한 마음으로 접근하실 필요가 있겠습니다.

위장임차인은 말 그대로 인위적으로 조작해서 임차인 행세를 하고 있는 사람들인 만큼 여기저기 조작의 냄새가 나고 위장임차인임을 추정할만한 증거나 정황 또한 도처에 깔려있는 것이 통상적입니다.

전입신고 시부터 장래 경매에 들어갈 것을 예상하고 철저한 계획 하에 위장임차인이 만들어지는 경우는 극히 드문 만큼 경매개시에 임박하여 급조된 위장임차인을 색출해 내기란 과히 어려운 일은 아닙니다. 아니 애초부터 철저하게 계획되어 있다 하여도 경매절차의 구조상 채무자나 임차인 자신이 통제할 수 없는 부분이 있는 까닭에 치명적인 증거는 분명 드러나게 마련입니다.

그럼 지금부터 위장임차인을 색출해 내는 방법을 배워 보겠습니다.
먼저 대항력 있는 임차인을 위장임차인으로 추정할 수 있는 가장 유력한 증거는, 임차인의 전입신고일과 확정일자를 받은 일자가 시간적으로 상당히 격차가 있는 경우입니다. 특히나 전입신고일과 확정일자를 받은 중간일자에 거액의 근저당권이 설정되어 있다면 위장임차인이라는 심증에 한층 무게를 실으셔도 좋을 것입니다.

정상적인 임차인이라면 자신이 전입신고를 최선순위로 마쳤다는 생각에 안심하고 확정일자 받는 것을 뒤로 미루지는 않습니다. 대항력과 별도로 우선변제권 또한 인정받는 것이 자신의 금쪽같은 보증금을 지키기 위한 확실한 방법이라는 것을 잘 알고 있기 때문입니다.

한편 확정일자 받는 과정을 경험해 보신 분이라면 아시겠지만, 확정일자는 전입신고 시 임대차계약서를 들고 가서 동사무소 직원에게 날짜가 찍힌 스탬프 도장을 받는 간단한 절차에 불과합니다. 그리고 보증금을 지키기 위해서 확정일자를 받아두는 것이 필요하다는 것은 널리 공지된 상식으로, 비록 법률에 문외한인 사람들조차도 전입신고와 확정일자 개념 정도는 분명히 알고 있는 것이 현실입니다.

만약 바빠서 동사무소 갈 시간조차 없었다면 그나마 말이 되겠지만, 일단 전입신고를 위해서 동사무소까지 찾아 간 상황이라면 계약서에 확정일자 받는 것은 일도 아닌데, 전입신고만 달랑 필하고 확정일자를 받지 않았다는 것은 아무리 생각해도 비상식적인 정황입니다. 물론 이 경우 임차인의 무지의 소치가 그나마 유일하게 상정해 볼 수 있는 가능성인데, 요즘은 임대차계약 체결 또한 대부분 공인중개사를 중간에 끼고 행해지고 있고, 공인중개사가 계약서 작성뿐만 아니라 확정일자까지 받아주는 형국이고 보면 임차인이 무지해서 확정일자를 받지 않았을 가능성은 거의 없다고 보셔도 되지 않을까요.

더군다나 전입신고일 이후에 거액의 저당권이 설정되고 마치 기다렸다는 듯이 후순위로 확정일자를 받는 정황은 분명 범죄의 냄새가 나는 단서입니다. 혹여 물건 검색하시다가 이런 물건이 눈에 띄면 좀 더 면밀히 검토해 보시길 바랍니다.

　두 번째, 최선순위로 전입신고가 되어 있는데 후순위 근저당권자가 은행이고 그 근저당 액수가 거액인 경우입니다. 은행에서 건물을 담보로 대출해 줄 때는 내규에 따라 정해진 담보비율 만큼만 대출을 해주고 기타 최선순위 소액보증금 임차인의 존재가능성을 고려하여 방공제(이른바, 방빼기)를 한 뒤 잔액만큼만 대출해 줍니다. 물론 1금융권에서는 대출자의 재량이 많지 않아 내규가 정확히 지켜지는 반면 저축은행같은 2금융권은 나름대로 재량의 여지가 있어 담보대출비율이나 방빼기 없이 채무자의 신용과 거래실적에 따라 고액의 대출을 해 주기도 합니다. 그렇다 하여도 선순위 임차인의 보증금과 대출금을 합산하였을 때 감정가 혹은 시세를 넘어서는 만큼 대출해 주는 은행은 어디에도 없다고 보시면 맞습니다.
　결국 각 은행권의 담보대출비율이나 대출금산정방식 등을 알면 감정가를 현시세로 보았을 때 얼마까지 대출이 가능한지는 충분히 예측이 가능합니다. 만약 선순위 임차인으로 추정되는 전입신고자가 있음에도 은행이 정상적인 대출을 진행해 주었다면 위 전입신고자는 분명 대항력 있는 임차인이 아닙니다. 가족이거나 세대원이기 때문에 은행에서는 신경 쓰지 않고 정상적인 대출을 해 주었거나 아니면 최소한 무상으로 거주하고 있다는 확인서, 흔히 말하는 무상임대차 각서를 징구해 두었을 것입니다.
　결국 전입신고자가 있음에도 은행권에서 정상적인 대출을 진행했다면 거의 100% 위장임차인이라고 판단하시면 됩니다.

그러나 이 경우 주의할 것은 근저당권자가 은행이 아닌 개인이거나 은행권과 관계없는 기관일 경우에는 위 결론이 반드시 타당하지만은 않다는 것입니다.

개인들이야 돈을 빌려주고 저당권을 설정 받으면 그 뿐, 선순위권자를 고려하여 돈을 빌려주지는 않을 것이기 때문이고, 은행권과 관계없는 기관도 마찬가지로 판단하시면 됩니다. 그러나 은행권과 유사한 기관, 즉 여신기능이 있는 기관은 판단이 애매한데 중소기업의 사업자금 대출 시 신용보증을 해 주거나 직접 대출도 해 주는 신용보증기금 같은 곳이 그렇습니다.

신용보증기금 같은 곳은 담보대출을 해 주더라도 담보물의 가치뿐만 아니라 채무자 회사의 실적이나 신용도, 자력 등을 종합적으로 고려하여 대출해 주기 때문에 때로는 선순위세입자가 있어도 거액을 대출해 주는 경우가 있습니다. 이럴 때는 위 공식만으로 판단할 것이 아닌 만큼 또 다른 자료를 수집하셔서 좀 더 심증을 보완할 필요가 있겠습니다.

그리고 또 하나 주의할 점은 은행이 선순위세입자가 있는 물건과 또 다른 물건을 공동담보로 제공 받아 대출을 해 주는 경우도 있습니다. 그럴 때에도 대출액이 커질 수 있는 만큼 함부로 속단해서는 안 되고 공동담보목록이 존재하는지 신중하게 확인 후 접근하셔야 합니다.

세 번째 정황은 바로 소유자가 소유권을 취득하기 얼마 전 혹은 얼마 후에 전입신고가 되어 있는 경우입니다. 그런 경우는 대부분 가족

일 개연성이 농후합니다. 소유권등기 이전에 먼저 가족 중 일부가 들어와 거주하면서 전입신고를 하는 것이 통상이고 소유권 등기 직후 전입신고를 하는 경우도 있습니다. 그러니 주택의 소유자가 변경되는 때를 전후하여 근시일 내에 전입신고가 이루어진 경우는 가족들의 전입신고로 보고 보다 심도 있는 조사를 진행해 보실 필요가 있겠습니다.

네 번째 정황은 바로 등기부등본에서 찾아 볼 수 있는데요.
소유자가 소유권이전등기를 한 이 후 임대를 주고 다른 곳으로 이전하면 등기부상으로 소유자표시란에 변동이 발생합니다. 즉 소유자의 주소를 변경하면서 변경원인으로 '전거' 즉 다른 곳으로 거주지를 이전했다는 기재를 하게 됩니다. 이는 소유자 혹은 이해관계인의 신청에 의해서 하기도 하고, 다른 자료로 소유자의 주소지가 변경되었음이 명백할 때 등기관이 직권으로 정정하기도 합니다.
그렇다면 임차인으로 추정되는 자가 전입할 당시에 공교롭게도 소유자가 전거했다면 이 임차인은 위장임차인이 아닐 가능성이 높겠지요. 반대로 임차인이 전입신고를 했음에도 소유자의 주소에 변동이 없다면 그 곳에서 계속 소유자가 거주하고 있다고 볼 수 있으므로 이 때에도 의심의 끈을 놓아서는 안되겠지요.
그러나 소유자가 중간에 전거하였다하여도 등기부상 반영되지 않는 경우가 있을 수 있기 때문에 위장임차인으로 추정하는 네 번째 정황은 작은 단서 가운데 하나로 삼으셔야지 큰 의미를 두셔서는 안되겠습니다.

다섯 번째, 위장임차인으로 추정되는 선순위전입신고자가 있으면 법원의 문건접수내역을 확인해 보십시오. 법원은 임차인으로 추정되는 자가 있으면 이해관계인으로 보고 임차인 통지서를 비롯해서 경매절차와 관련된 사항들을 공문형태로 다수 송달합니다. 그 통지서들은 당연히 경매목적물의 주소지로 송달될 것입니다. 진정한 임차인이라면 현재 경매대상 목적물에서 거주하고 있을 테니 말입니다. 그러나 간혹 보면 수취인불명, 이사부재 등의 사유로 도달되지 않는 경우가 있습니다. 폐문부재라면 집배원이 거주자를 못 만났을 가능성이 있겠지만, 수취인불명이나 이사부재라면 전입신고자는 임대차와는 무관한 사람일 가능성이 크다는 말입니다.

그러나 전입신고자와 건물주, 즉 경매절차의 채무자가 짜고 위장임차인을 작출한 것이라면 임차인에게 송달될 서류들을 채무자 측에서 대신 수령할 수도 있습니다. 그러니 위장임차인이라고 강력히 추정되는 사안에서 임차인통지서가 도달하여 수령된 것으로 드러나 있다 하여도 의심의 끈을 놓을 필요는 없는 것입니다.

여섯 번째, 임차인이 주장하는 보증금이 임대차계약을 체결할 당시의 시세와 비교하여 적정한지를 검토해 보십시오.

위장임차인들은 경매개시에 즈음하여 급조되는 경우가 대부분이기 때문에 시간이 충분치 않아 사전에 치밀하게 준비하기란 여간 어려운 일이 아닐 것입니다. 만약 임차인의 내막이 선순위전입신고가 되어 있음을 기화로 허위의 임대차계약서를 작성하여 권리신고를 한 경우라면, 위장임차인은 신중한 고민 없이 보증금액란에 임대차 계약 당시인 수년 전 보증금이 아니라 현재의 보증금을 기재해 넣었을 가능성이 큽니다.

　그러나 아시다시피 전세보증금은 매년 증액되는 것이 현실이고 보면 이러한 사소한 단서 속에서도 위장임차인임을 추론해 낼 수 있는 것입니다. 위장임차인이 문제된 사안에서는 특히나 전입신고 일자가 경매개시일 보다 4, 5년 앞서는 것이 많은데, 이 때 신고한 보증금이 현재의 보증금 수준과 비슷하다면 일단 의심부터 하고 볼 일입니다. 4, 5년 정도의 시간차라면 전세보증금에 상당한 격차가 있어야 정상이기 때문입니다. 물론 이때 영악한 임차인이라면 보증금의 증액을 주장하겠지만, 이는 그저 말일 뿐, 보증금 증액부분에 대한 확정일자나 자금수수내역자료가 전혀 존재하지 않는 것이 현실입니다.

　일곱 째, 현장으로 달려가 우편함을 한 번 뒤적여 보십시오
　우편함속의 우편물들에 소유자 우편물이 뒤섞여 있거나, 전입신고자 이외의 사람들에게 온 우편물이라면 위장임차인이라는 심증은 깊어질 것입니다.
　자, 이제 선순위전입신고자가 위장임차인이라는 심증은 굳어진 상태입니다. 그렇더라도 심증만 갖고 응찰하는 것은 곤란하고 명확한 물증 하나쯤은 확보해 두고 움직이는 것이 여러모로 좋을 것입니다.
　우선 대출은행을 찾아가 대출 당시 임대차내역에 대해 문의해 봅니다. 십중팔구 선순위전입자는 가족이거나 동일세대 구성원이라는 답을 들을 것입니다. 친절한 담당자라면 선순위전입자가 임대차관계를 주장할 가능성에 대비하여 무상임대차 각서를 징구해 두었으니

걱정 말고 응찰하라는 조언까지 아끼지 않을 것입니다.

　고객의 비밀과 신용정보제공은 불법임을 이유로 무상임대차 여부를 묵비하는 직원을 만나게 되면 포기하지 말고 무상임대차 여부는 신용정보와 무관하니 안심해도 된다고 설득하십시오. 실제 은행직원이 대출 당시의 임대차내역을 일반인들에게 공개한다하여 법적으로 문제될 일은 전혀 없습니다. 처음에는 귀찮아서 정보제공을 거절하던 직원도 자꾸 달라붙어 물어보면 결국은 알려주는 게 정상적인 경과입니다. 이때 정보를 알아낼 때까지 결코 물러서지 않겠다는 결의어린 표정을 지어보이는 게 관건인데, 거울 보면서 여러 번 연습해 보시고 실전에 임하시는 게 좋을 듯합니다. ^^

　다음으로 목적물이 아파트라면 경비실을 찾아가 거주자 명부를 열람해 보십시오. 물론 사생활 침해 혹은 사적인 정보를 이유로 함부로 보여주지 않을 것입니다. 그러나 사람이 하는 일 중에 노력해서 안되는 일이 있겠습니까? 담배나 음료수 박스를 사들고 몇 번이고 얼굴 마주치다 보면 분명 열람할 수 있을 것입니다. 거주자 명부는 비상시를 대비하여 실제 거주자의 이름과 연락처 등을 적어놓은 명부인 만큼 현재 건물에 실제 누가 살고 있는지에 대한 중요한 자료입니다.

　그리고는 관리사무소로 달려가 관리비청구서의 명의자를 알아봅니다. 분명 전입자 명의는 아닐 것입니다. 그런데 요즘에는 소유자나 임차인이 들고나는 경우가 많아 관리비고지서에 사람 명의가 아닌, 호수를 기재하는 경우가 있습니다. 이럴 때는 관리사무소에서도 실거주자를 모를 수 있으니 다른 방법을 강구하셔야 할 것입니다.

　그밖에 도시가스공사나 전력공사에 공과금통지서의 수령인이 누구인지 알아보는 것도 좋은 방법이겠지요.

해당지역의 민방위본부를 찾아가 해당 호수의 민방위교육통지서의 수령인이 누구인지를 확인해 보는 것도 좋은 방법입니다.

소유자와 임차인이 가족관계로 추정될 때 가족관계등록원부나 주민등록초본, 등본 등을 떼어 볼 수 있으면 금상첨화겠지만, 응찰자가 이해관계인이 아닌 입찰단계에서는 불법이므로 조심해야 합니다. 그러나 열람의 방법이 아주 없는 것은 아닌 만큼 절실히 필요하면 한번 노력해 보세요. 분명 길이 있을 것입니다. ^^

마지막으로 현장을 직접 방문해 거주자를 만나 보는 방법도 있습니다. 그러나 문전박대 당할 것은 뻔한 일이고, 오히려 소유자나 채무자 측에서 임차인 흉내를 내면서 역정보를 흘리면 혼란스러울 수도 있으므로 직접 방문해서 확인하는 것은 최후의 보루로 남겨 둘 일입니다.

자, 이 정도 준비했으면 이제 응찰해도 문제없습니다. 요즘은 과거와 달리 위장임차인 물건도 경쟁자가 많아 적정수익을 챙길만한 가액에 낙찰받기란 쉽지 않지만, 그래도 운 좋게 낙찰 받았으면 지금부터는 해결만이 남아 있습니다. 위장임차인들은 어차피 돈이라는 목적달성을 위해 가면을 쓰고 덤비는 사람들이니 여러분들도 인격적으로 접근할 필요는 없습니다. 그냥 위장임차인과의 한판 머리싸움이라고 생각하고 적절한 회유와 협박으로 협상의 칼자루를 빼앗기지 말아야 합니다.

위장임차인에 대한 해법으로 대부분 명도소송이나 임차권부존재확인소송을 생각하는데 그럴 필요 없습니다. 증거만 명확하다면 인도명령절차에서 간단하게 강제집행할 수 있는 권원을 받아낼 수 있습니다.

우선, 낙찰 후 경매기록열람등사를 신청해 임차인이 제출한 임대차계약서, 권리신고서 등을 유심히 살펴봅니다. 분명 허술하기 짝이 없이 작성되어 있을 것인데 혹여라도 이쪽에 유리한 증거라고 판단되면 인도명령 시 증거로 첨부합니다. 임차인이 제출한 임대차계약서 상 공인중개사의 중개 흔적이 없는 경우에는 직거래를 할 만한 특별한 사정에 대하여 집중추궁하고, 임대차계약서상 기재된 공인중개사가 해당 목적물 인근의 공인중개사가 아닌 경우에도 의심의 끈을 놓지 말아야 합니다. 인도명령의 심문기일 날 임차인에게 보증금 지급내역에 관한 증거자료의 제출을 요구하고, 임차인이 미성년 혹은 성년이지만 대학생인 경우처럼 거액의 보증금을 마련하는 게 쉽지 않은 경우에는 자금의 출처에 대해 집요하게 추궁합니다. 여러 정황상 판사님도 낙찰자의 편에 서서 임차인에게 이것저것 캐물으실 텐데 그 물음에 납득할 만한 해명이 없으면 백이면 백 다 인도명령은 인용됩니다.

한편 인도명령 신청 후 결정까지 보름에서 한 달 정도의 시간이 걸리는데, 그때까지 마냥 기다리지만 말고 임차인에게 접근해 협상을 시도합니다. 물론 말이 협상이지 근시일 내에 집을 비워주지 않으면 형사고소하겠다고 경고하는 과정입니다.^^

위장임차인에게는 형법상 강제집행면탈죄, 입찰방해죄, 심지어는 사기죄까지 성립될 수 있습니다. 진정한 임차인이라면 낙찰자에게 당당하게 이사비 등을 요구할 텐데, 제 발 저린 위장임차인은 이사비는 말도 못 꺼내고 형사고소만 안한다면 최대한 빨리 이사하겠다고 쉽게 포기의 의사를 내비칠 수 있습니다.

그러나 임차인이 쉽게 포기하지 않는 경우도 있는데, 그럴 때에는 입찰방해죄를 죄명으로 하는 형사고소장을 작성해 가서 임차인의 면전에 대고 흔들어 댑니다. 계속 버티던 임차인도 더 이상 협상은 없고 곧바로 고소장 접수하겠다며 발걸음을 돌리는 순간 여러분의 바지 가랑이를 잡고 늘어지며 선처를 바랄 것입니다. 어차피 돈이 목적이었던 만큼 돈만 포기하면 되는 임차인에게는 형사고소는 무척이나 두려운 압박수단이 될 수 있습니다.

자, 여기까지 해서 여러분은 위장임차인으로 강력히 추정되는 선순위 임차인이 있는 물건에 응찰하여 성공적으로 명도까지 끝마칠 수 있었습니다. 이제 도배장판 예쁘게 새로 하고, 여기저기 손도 보고, 나름대로 깔끔하게 치장하여 매수자를 기다리는 일만 남았네요.

- by 고명한 부장

봉대리. 여기까지 읽느라 수고했네.

이 글은 내가 '행복한 부자를 꿈꾸는 사람들'이라는 까페에 올려놓은 글인데, 자네에게 도움이 될 것 같아 출력해 놓았다네.

세상에는 경매고수도 많고, 알려지지 않은 비법들도 참으로 많다네.

그러니 공부 좀 했다고 자만하지 말고 항상 겸손한 마음으로, 늘 배우겠다는 자세로 세상을 바라보도록 하게나.

그렇게 차근차근 단계를 밟아 가다보면 어느 순간 경매고수의 반열에 오른 자신을 발견하고 뿌듯한 웃음을 지을 날이 오게 될 게야.

봉대리, 자네에게는 그 날이 그리 멀지 않아 보이네.
너무 막연하게 두렵게만 생각하지 말고 꾸준히 공부하고 부지런히 발품을 팔아 보게. 그렇게 집중하고 몰입하다 보면, 그 순간은 자네 생각보다 훨씬 빠르게 다가올 거라네.
그러니 지치지 말고, 포기하지 말고 부디 끝까지 가 보게나.
봉대리, 자네 뒤에는 내가 든든하게 버티고 있으니, 절대 뒤돌아보지 말고 오로지 앞만 보고 전진하도록 하게.
자네의 무운과 건투를 비네. 🌱

> **고부장의 TIP**
>
> 공지된 임차인이 위장임차인임을 밝혀낼 수 있다면 경쟁이 치열한 아파트 경매에서도 알찬 수익을 일궈낼 수 있을 것이다. 고부장의 강의노트는 몇 번이고 반복해서 읽어 몸과 마음에 체화시키도록 하자. 실전에서 유용하게 활용하길 바란다.

Episode 16

고부장의 네 번째 강의
– 아파트 임차인의 유치권

원통형 테이블에 마주 앉아 있는 두 사람. 시뻘겋게 달구어진 연탄불이 테이블 한가운데에서 뜨거운 열기를 뿜어대고 있었다. 봉대리가 집게로 양념된 꼼장어 한 줌을 집어 탄불 위에 얹었다. 치지직 치직, 소리와 함께 매콤한 비린내가 번지기 시작했다.

술병을 들어 정중하게 고부장의 잔을 채운 봉대리가 말없이 고부장을 응시한다. 고부장의 얼굴은 오전 나절부터, 맥이 빠진 듯 힘이 없어 보였다.

봉대리가 자신의 잔에 술을 따르며 조심스럽게 물었다.

"고부장님, 애들한테 무슨 일 있습니까?"

고부장의 근심이라야 캐나다에 가 있는 아이들 걱정이 전부 아니겠냐는 생각에 넘겨짚은 것이었는데, 뜻밖에 고부장이 고개를 끄덕인다.

"음, 이번 겨울 방학 때 학원 일정이 바빠 못 들어온다는군. 밤새 꿈자리가 사납더니, 원 ……."

일 년에 두 번, 방학에 맞춰 귀국하는 아이들 보는 재미로 살아가는 고부장에게는 단순한 낙담 그 이상의 일일 터였다.

고부장이 쓸쓸함이 진하게 배인 시선으로 타들어가는 꼼장어를 응시한다. 잔을 들어 입으로 가져가는 고부장을 연민 어린 눈으로 바라보던 봉대리가 활기찬 목소리로 말했다.

"고부장님, 기러기 아빠는 왜 기러기 아빠인 줄 아십니까?"

식도를 훑고 지나가는 쓰디쓴 알코올 기운에 고부장이 진저리를 치면서도, 호기심어린 눈으로 봉대리를 바라본다.

봉대리가 장난스럽게 웃으며 말을 이었다.

"아이들을 외국에 유학 보내 놓고 혼자 사는 아빠의 유형에는 세 부류가 있답니다.

먼저, 독수리 아빠.

돈이 많아 언제든 마음만 먹으면 아이들 있는 곳으로 힘차게 날아 갈수 있다고 해서 붙여진 이름이랍니다.

다음은, 기러기 아빠.

돈이 많지는 않지만, 그래도 철새처럼 일 년에 두 번 정도는 왔다 갔다 할 수 있는 여력이 있는 부류랍니다. 중산층에 속하는 평균적인 아빠들이죠.

마지막으로, 펭귄 아빠.

아이들을 위해 유학을 보내놓긴 했지만, 학비 보내기도 빠듯해 아이들을 찾아가거나 아이들이 방학마다 귀국하는 건 언감생심 꿈도 못 꿀 처지의 아빠를 말한답니다. 훨훨 날아가고 싶어도 날 수가 없는 슬픈 아빠들이죠."

고부장이 공감한다는 듯 고개를 끄덕였다.

"고부장님은 언제든 마음만 먹으면 날아갈 수 있는 독수리 아빠 잖습니까? 그러니 너무 상심 마십시오. 아이들이 못 오면 고부장님이 휴가 내고 다녀오시면 되잖습니까?"

봉대리의 위로에 고부장이 짐짓 활기를 되찾은 듯 잔을 높이 들어 올렸다.

"그래, 이번에는 내가 한 번 가봐야겠군. 내가 이래 뵈도 경매로 돈을 꽤 벌었거든. 자, 마시자구."

단숨에 원 샷을 하고 잔을 내려놓은 고부장이 꼼장어 한 점을 집어 입안에 넣고 우물거렸다.

"봉대리, 내가 왜 경매를 시작한 줄 아나?"

운을 뗀 고부장이 고개를 떨군 채 중얼거리듯 말을 시작했다.

"그 왜, 한 사오 년 전부터 아이들 조기유학 열풍이 불지 않았나. 그런데 자네도 아다시피 중소기업 부장 월급이야 뻔하잖은가. 능력은 안되는데 애 엄마는 꼭 조기유학 보내야 한다고 연일 성화지, 돈은 구할 데가 없지, 그때는 정말 막막하더군. 애 엄마 고집을 꺾을 수 없어 결국 보내기로 결정은 내렸는데, 공항에서 애들 보낼 때, 그때 내 꼴이 꼭 자네가 말한 펭귄 아빠였네. 이대로 헤어지면 4년이고, 5년이고 애들 얼굴은 못 보겠구나, 학비 보내는 것만도 눈앞이 캄캄한데, 오가는 여비에 돈을 낭비할 수는 없지, 하는 생각이 들더라구."

매운 연기가 눈가에 스며들었는지 고부장이 손등으로 눈 주위를 문지른다. 희미하게 번져 있는 눈물 자욱에 봉대리의 마음이 아려왔다.

"처음 6개월은 정말 견디기 힘든 외로움에 시달렸다네. 6개월 동안 여느 기러기 아빠들처럼 비참하게 보내고 나니 정신이 번쩍 들더군. 이렇게 무기력하게 살다가는 죽도 밥도 안 되겠다는 생각에 그때부터 정신 차리고 재테크 공부를 시작했네. 모험을 싫어하는 성격상 주식은 궁합이 맞지 않아 부동산 공부를 시작했는데, 그 중에서 경매가 나한텐 정말 딱 맞는 재테크임을 느끼게 되었다네. 그때부터 정말 열심히 공부했지. 지금 자네가 하는 만큼, 아니 그 이상 열심히 공부했다네. 그렇게 몰입해서 공부하고 부지런히 뛰어다니다 보니 어느 순간, 마음만 먹으면 언제든 아이들한테 날아 갈 수 있을 만큼의 자산이 쌓이더군."

봉대리가 고개를 끄덕였다.

'그랬구나, 항상 사람 좋은 웃음을 흘리는 고부장님에게도 아픈 사연이 있었구나.'

봉대리가 심각한 표정으로 말없이 앉아 있자, 고부장이 너털웃음을 터뜨리며 말했다.

"하하, 내가 별 쓸데없는 얘기를 해서 분위기를 엉망으로 만들었군. 자, 지금부터는 우울한 얘기 말고 활기찬 경매 얘기를 하자구."

고부장의 표정에 장난스러운 미소가 어리는 순간 봉대리가 본능적으로 목을 잔뜩 움츠렸다.

'또 무슨 어려운 질문을 하려고 저러시나.'

고부장이 씨익 웃으며 말했다.

"자네, 유치권이라고 들어봤지?"

봉대리가 얼떨결에 고개를 끄덕였다.

"그럼, 유치권의 개념에 대해서 한 번 읊어 보겠나?"

그쯤은 자신 있다는 듯 봉대리가 차분한 음성으로 말하기 시작했다.

"유치권이란, 예를 들어 공사업자가 건물 신축공사나 리모델링 공사를 했을 때, 공사대금을 다 받을 때까지 건물을 인도하지 않고 유치할 수 있는 권리를 말합니다. 건물주가 건물을 넘겨받으려면 공사업자에게 공사대금을 지급해야 하기 때문에, 이 경우 공사업자는 건물을 담보로 잡고 있는 것이나 마찬가지가 되는 거지요. 그래서 유치권을 (근)저당권, 질권과 더불어 담보물권으로 분류하는 것입니다. 다만, 저당권이나 질권은 당사자 간 약정에 의하여 설정되는 담보물권이지만(약정담보물권), 유치권은 당사자 약정 없이 법이 정한 일정한 요건을 충족하면 당연히 성립되는 담보물권(법정담보물권)이라는 점에서 차이가 있습니다."

'오호' 탄성을 내지르며 고부장이 가볍게 손뼉을 쳤다.

"대단하구만. 유치권의 개념을 이렇게 잘 정리하기도 쉽지 않은데 말이야. 그렇다면 유치권이 왜 경매에서 문제가 되는 거지?"

"공사업자가 공사대금을 못 받아서 대신 건물을 담보로 유치(점유)하고 있는데, 건물이 덜컥 경매라도 들어가게 되면 공사업자는 난처한 상황에 빠지게 됩니다. 원칙대로라면, 공사업자는 선순위 근저당권자들에게 순위에서 밀려 배당을 거의 못 받게 될 테니 말이지요. 그런데 유치권은 건물주한테만 주장할 수 있는 채권이 아니라, 세상 누구에게도 주장할 수 있는 물권이기 때문에 낙찰자가 생기면 낙찰자에게도 유치권을 주장할 수 있습니다. 그러니, 낙찰자가 건물을 인도 받으려면 공사대금을 전액 지급할 수밖에 없기 때문에 공사업자는 사실상 유치권을 통해 다른 선순위권리자들보다 우선하여 변제를 받는 결과가 되는 것이지요. 결국 유치권은 낙찰자가 무조건 인수해야 하는 권리이기 때문에 반드시 조심해야 하고, 유치권이 신고 되었음에도 정 응찰하고 싶으면, 유치권금액을 뺀 금액 이하에서 응찰을 시도해야 할 것입니다."

봉대리가 목이 타는지, 물을 한 모금 마신 뒤 말을 이었다.
"그런데, 이처럼 유치권의 효력이 막강한 만큼 유치권의 성립요건도 까다로운데, 실전에서는 이 까다로운 요건을 충족시키는 유치권이 많지 않고, 게다가 건물주와 공사업자가 저가낙찰을 노리고 서로 공모하여 허위의 유치권을 신고하는 경우도 많다고 들었습니다. 책에서 보니까 허위 유치권을 밝혀내어 고수익을 내는 사례가 꽤 많았습니다. 유치권도 위장임차인처럼, 공부만 제대로 하면 알찬 수익을 일굴 수 있는 좋은 수익모델이라는 생각이 들었습니다."

"옳거니, 자네가 유치권에 대해서 제대로 알고 있구먼. 자네가 아파트 경매에 관심이 많으니, 그럼 이번에는 아파트 관련된 유치권에 대해 물어 보지. 물건 검색하다 보면 아파트에 임차인이 유치권을 신고하는 경우를 심심찮게 볼 수 있는데, 어떤가? 아파트 임차인이 신고한 유치권은 적법한 유치권인가?"

봉대리의 표정이 굳어졌다.

'유치권은 주로 건물 신축공사나 개축공사, 즉 리모델링 공사 현장에서 많이 발생한다고 했는데, 아파트라 ……, 더군다나 임차인이 신고한 유치권이라 …….'

한참을 생각에 잠겨 있던 봉대리가 조심스러운 어조로 입을 열었다.

"아파트에 거주하는 임차인이 살다가 집 내부를 수리하거나 아니면 꼭 필요한 비용을 지출한 경우, 원래는 집주인이 부담해야 할 비용을 임차인이 부담한 것이니 임차인은 이런 비용을 가지고 유치권을 행사할 수도 있을 것 같은데요?"

고부장이 눈을 빛내며 고개를 끄덕였다.

"그래, 그렇게 생각할 수 있지. 유치권은 채권이 있고 점유가 있으면 무조건 성립하는 것이 아니라, 유치권자가 점유하고 있는 바로 그 물건에 관해서 발생한 채권으로만 행사할 수 있는데, 이를 물건과 채권과의 견련관계라고 하네. 즉 유치권은 유치권자가 현재 점유하고 있는 물건과 견련관계 있는 채권에 대해서만 인정해 준다는 말인데, 어떤가? 임차인이 내부수리를 하게 됨으로써 발생한 비용은 이런 견련관계를 인정할 수 있겠는가?"

"임차인이 점유하고 있는 아파트 자체에 대해 발생한 채권이 견련관계의 내용이라고 했으니, 내부수리 비용이나 아파트의 유지, 관리를 위해 필요한 비용도 견련관계를 인정할 수 있을 것 같은데요? 그렇다면 결국 아파트 임차인의 유치권 신고도 적법하다는 말씀이시군요?"

그때 고부장이 색바랜 가죽 가방에서 프린트물 한 장을 꺼내 봉대리에게 건넸다. 봉대리의 얼굴이 일순 긴장으로 굳어졌다.

이번에는 또 어떤 비급을 주시려나?

봉대리가 떨리는 손으로 프린트 물을 받아들었다.

"내가 소변이 급해서 화장실 좀 다녀오겠네. 아파트 임차인의 유치권에 대한 강의는 그 걸로 대신할 테니 꼼꼼히 읽어 보게나."

봉대리가 긴장과 설렘이 교차하는 마음으로 자료를 읽기 시작했다.

 고부장의 **강의노트**

아파트임차인이 유치권을 신고한 경우의 법률관계

물건 검색하다 보면 아파트나 상가에 임차인들이 유치권을 신고해 놓은 경우를 종종 보셨을 것입니다.

물건이 상당히 마음에 들어 적은 금액이라면 인수를 각오하고 그냥 응찰하겠는데 부담스러울 만큼 거액인 경우가 대부분입니다.

하긴 유치권 액수가 작다면야 그건 하자 있는 물건이 아닌, 일반 물건에 불과하겠지요. ^^;

자, 여기서 상식적으로 한번 접근해 보겠습니다.

보통 유치권은 건물에 대한 공사대금을 피담보채권(유치권 주장의 근거가 되는 채권)으로 하여 주장되는데 아파트 같은 경우 공사를 한다면 과연 어떤 공사를 하는 것일까요?

단독주택처럼 건물 외장공사나 리모델링공사를 할 수 있는 것도 아니고 상가처럼 영업을 위한 인테리어나 설비공사를 하는 것도 아닐 텐데, 언뜻 공사의 종류조차 떠오르지 않습니다.

임차인이 살면서 보일러가 고장 나자 보일러를 고쳤나? 이런 경우 보통은 집주인이 고쳐줍니다. 그리고 보일러 수리비용은 천만원 단위가 넘어갈 만큼 큰 금액은 아닐듯합니다.

싱크대나 화장실을 수리했나? 벽지를 새로 했나? 돈이 들어갈 만한 공사에 대하여 곰곰 생각해 보아도 별달리 떠오르는 것이 없습니다. 그리고 그러한 공사를 했다면 십중팔구 집주인으로부터 대금을 지급받았거나 집주인의 비용으로 공사를 했을 것입니다.

임차인이 살다가 수리가 필요한 부분이 발생하면 먼저 집주인에게 수리를 요구하는 것이 상식에 부합하고 그러면 집주인도 웬만해선 자비를 들여 수리를 해주는 것이 정상입니다.

그러나 생활에 꼭 필요한 부분의 수리가 필요한데 집주인은 수리를 차일피일 미루기만 하고, 그래서 임차인이 자신의 비용으로 먼저 수리를 한 후 나중에 집주인에게 청구하려고 마음 먹고 있었는데 중간에 덜컥 근저당권자인 은행의 신청으로 경매에 들어가 버립니다.

어차피 주인한테 돌려받기는 힘들 것이고 임차인은 만만한 게 유치권이라고 법원에 공사대금에 대하여 유치권을 신고합니다. 법원도 별다른 심사 없이 접수한 후 물건 명세서에 유치권 신고가 접수된 사실을 공지합니다. 이렇게 아파트 물건에도 유치권이 신고 되었습니다.

자, 이런 경우 유치권이 성립할까요?

현재 거주하고 있는 임차인이 유치권을 신고한 것이니 유치권의 가장 중요한 요건인 점유는 성립되고 있습니다.

당연히 임차인은 경매개시 전부터 점유하고 있었고 경매개시될 것을 알면서도 공사를 강행한 것 또한 아닙니다. 얼핏 보면 유치권이 성립하는 것처럼 보입니다.

그러나 과연 그럴까요?

유치권행사의 전제가 되는 채권, 즉 피담보채권에는 일정한 제한

이 있습니다. 즉 유치물에 대하여 발생한 채권이어야 한다는 것이지요. 시계수리비를 예로 들 때, 시계수리비는 시계를 고침으로써 발생한 채권입니다. 즉 시계에 대하여 직접 발생한 채권이라는 것이지요. 이를 채권과 목적물의 견련관계라고 하는데 유치권은 반드시 이러한 견련관계가 있어야만 성립합니다.

그래서 임대차 보증금이나 상가권리금 등으로는 유치권을 주장할 수가 없습니다. 건물에 직접 투하된 비용이 아니기 때문에 견련관계를 인정할 수 없어서이지요.

그렇다면 다시 아파트 내부수리비로 돌아가, 임차인이 아파트 내부를 수리했다면 그 수리 비용과 건물에 대한 견련관계를 인정할 수 있을까요?

"네~ 인정할 수 있습니다." 라고 외치는 여러분들의 우렁찬 음성이 들리는 듯합니다. ^^

답은, 그렇습니다. 견련관계를 인정할 수 있습니다.

이를 법적인 용어로 필요비 혹은 유익비라고 하는데 임차인은 집주인에게 이 필요비나 유익비를 상환해 달라고 청구할 수 있는 권리가 있으며, 이 필요비나 유익비는 앞서 본 바와 같이 건물에 대하여 직접 발생한 채권이기 때문에 견련관계가 인정되어 임차인들은 이 필요비나 유익비 상환청구권을 근거로 유치권을 행사할 수 있는 것이지요.

그렇다면 앞에서 든 사례의 경우 아파트 임차인의 유치권 신고는 정당한 것일까요? 결국 낙찰자는 꼭 신고한 액수만큼 인수해야 하는 것일까요? 결론을 내리기에 앞서 먼저 필요비나 유익비의 개념을 명확히 할 필요가 있겠지요.

임차인이 유치권을 행사하는 근거가 되는 피담보채권은 필요비, 유익비 상환청구권이라고 말씀드린 바 있는데, 그렇다면 당연한 귀결로 임차인이 주장하는 공사비용이 이 필요비, 유익비의 범위에 포함이 되지 않는 경우에는 임차인은 유치권을 주장할 수 없지 않을까요?

필요비는 임차목적을 달성하기 위해 지출하는 통상적인 건물의 보존에 필요한 비용을 말합니다. 예를 들어, 폭우로 인해 천장에 누수가 생긴 경우 임차인이 비용을 들여 보수공사를 했다면 이는 임대차 목적을 위해 반드시 필요한 필요비로써 임차인은 원칙적으로 임대인에게 보수공사 비용의 상환을 청구할 수 있습니다.

한편 유익비란 건물의 객관적 가치를 증대시키는데 투입된 비용, 즉 개량비용을 말합니다.

건물의 외관을 리모델링하거나 건물 앞에 도로를 포장하여 주택의 가치를 높이는 경우 등이 해당되겠지요.

이러한 유익비의 경우에는 임대차가 종료하는 때 그 객관적 가치의 증대가 현존하는 경우에 한하여 임차인이 지출한 금액이나 그 가치의 증가액을 집주인에게 청구할 권리가 있습니다.

그렇다면 아파트 내부의 수리비용이 이 필요비, 유익비의 내용, 즉 건물의 보존에 필요한 비용이거나, 건물의 가치의 증대에 기여한 비용이라고 볼 수 있을까요? 또한 그 가치의 증대가 현존하고 있다고 볼 수 있을까요?

일률적으로 대답할 수는 없을 것입니다. 그런 경우일 수도 있고, 그렇지 않은 경우일 수도 있습니다.

보일러가 고장 나 최신 모델로 교체, 설치했는데 오랫동안 사용하다보니 임대차 종료시점에 이르러 또 다시 고장이 났습니다.

이러한 경우는 유익비가 들어갔으나 가치가 현존하지 않는 경우이겠고, 언제든 탈부착이 가능해 건물의 부합물이라고 볼 수 없는 싱크대를 교체했다면 건물의 가치의 증대가 이루어진 경우라고 볼 수는 없겠지요. 이렇듯 유익비상환청구권이 성립되는 경우인지 아닌지에 대한 판단은 상당히 유동적이기 때문에 쉽지 않은 것이 현실입니다.

다만, 법원에서는 유익비의 인정범위를 제한하고 있고 가치의 현존이나 가치의 증대부분을 판단할 때에도 엄격한 요건의 충족을 요구해 실상 유익비가 인정되는 경우는 많지 않습니다.

낙찰자에게는 유리하지만 서민인 임차인들에게는 고되고, 팍팍한 현실이지요.

아무튼 설명이 길어졌는데 보일러 수리비용도 가치가 현존한다면 필요비, 유익비에 포함될 수 있고 결국 이 경우 임차인의 유치권은 일응 성립하는 것을 알 수 있습니다.

그러나 임차인의 필요비, 유익비 상환청구권에는 맹점이 하나 있는데, 바로 사전에 포기약정을 할 수 있다는 것입니다.

주택임대차보호법은 경제적으로 열악한 임차인을 강력히 보호하기 위하여 사전에 집주인과의 협의를 통해서도 포기할 수 없는 권리들을 많이 규정해 놓았습니다만 임차인의 비용상환청구권은 임대차

보호법의 규율대상이 아닌지라 사전에 포기가 가능합니다.

여러분들 대부분은 문방구에서 파는 임대차계약서 표준 양식을 한번쯤은 보셨을 것입니다.

거기에 부동문자로 인쇄된 내용 중에 "임차인은 임대차 관계 종료 시 목적물을 원상으로 회복하여 반환하여야 한다." 라는 규정이 있음 또한 잘 아실 것입니다.

그럼에도 이 문구가 얼마나 중요한 의미가 있는지는 잘 모르셨지 않을까 싶은데, 아닌가요?

제가 여러분들의 수준을 너무 무시하는 경향이 있다고 질책하는 소리가 여기저기서 들려 오네요. ^^:

아무튼 위 내용은 임차인이 아무리 많은 비용을 투입하여 건물의 가치를 증대시키고 그 가치가 현존하여도, 이는 철거하여 원상회복의 대상이 될 뿐 비용상환 청구권의 대상이 되지 않는다는 것입니다.

오히려 임차인이 비용을 들여 시설물들을 철거를 해야 하는 것이지 이에 대한 비용을 돌려달라고 할 수는 없다는 취지인 것이지요.

판례는 이 규정을 근거로 집주인과 임차인 간에 유익비상환청구에 대한 포기약정이 있다고 판시합니다.

결국 이 조항 때문에 임차인은 필요비, 유익비상환을 청구할 수 없고 이를 근거로 유치권을 주장할 수도 없는 것이지요.

그런데 문제는 아직까지 대부분의 임차인들이 권리의식이 부족하여 이러한 독소조항에 이의를 달지 않고 예문 그대로 둔 채 계약을 체결한다는 것입니다.

자신도 모르게 비용상환 청구권을 포기하는 내용의 불평등한 약정을 체결하여 결국은 아무런 권리도 주장하지 못합니다.

임차인들에게는 안타까운 일이지만 낙찰자한테는 유리한 것이지요. 결국 이러한 이유 때문에 아파트 임차인이 유치권을 신고한 경우는 십중팔구 유치권이 성립되지 않는 것이지요.

다만, 권리의식 투철한 임차인이 있어 위 독소조항을 삭제하고 계약을 체결한 경우나 집주인과의 이면계약으로 수리비용을 추후 지급받기로 하는 등의 약정이 다른 문서로 체결된 경우에는 유치권이 성립될 가능성이 있으니 무조건 안심하실 일도 아닙니다.

혹여라도 임차인이 보증금을 전액 배당받지 못하는 경우 집주인이 미안한 마음에 위 독소조항을 삭제해 주거나, 아니면 서로 공모하여 이면계약서를 위작해 낼 수도 있는 것입니다.

결국 유치권이 물건이 어려운 건 앞서 본 것처럼 유치권 성립요건이 까다로워 부적법한 경우가 대부분이어도 예외적으로 인정되는 경우가 분명 존재하기 때문이지요.

항간에 떠도는 '유치권 신고는 대부분 가짜' 라는 말들을 지나치게 맹신하여 유치권 신고된 물건만 찾아다니며 기초적인 조사 없이 응찰하시는 분들은 분명 예외적으로 유치권이 성립하는 경우를 조심해야 할 것입니다. 열 번 잘해도 한 번의 실패로 원점이 되는 것이 경매의 현실이니까요.

유치권에 대한 공부를 많이 하면 할수록 예외적인 경우를 단번에 알아 볼 수 있는 안목을 키울 수 있게 되고, 그때부터는 아무런 위험 부담 없이 고수익을 올릴 수 있을 것이라 분명 사료되니 여러분들 모두 공부, 또 공부하시길 바랍니다. ^^

'판례를 적절히 응용하되 방심하지 말고 확신을 뒷받침할 만한 증거자료 몇 개 정도는 확보 후 응찰하라.'

여러분들은 소송실무에 어둡기 때문에 사전에 증거 수집 없이 심증만으로 응찰했다가는 나중에 곤혹스런 경험을 하실 수 있으니 위 명제는 금과옥조처럼 가슴에 새기시길 바랍니다.

– by 고명한 부장

> 아파트 임차인이 유치권을 신고한 물건은 십중팔구 유치권이 성립되지 않으니 관심을 갖고 지켜볼 필요가 있다. 그러나 아파트 임차인의 유치권도 일정한 경우에는 성립되는 경우가 있으니 절대 경계를 소홀히 해서는 안 될 것이다. 열 번을 잘해도 단 한 번의 실패로 인해 원점으로 회귀하는 것이 경매의 속성이고 보면, 위험물건을 대하는 경매인은 항상 신중에 신중을 거듭해야 할 것이다.

Episode 17

고부장의 다섯 번째 강의
- 예고등기와 대위변제

고부장이 돌아오자 봉대리가 읽고 있던 자료를 덮었다.

"어때, 유치권 공부에 도움이 좀 되던가?"

"도움이 되다마다요. 그 어렵다는 유치권이 머리에 쏙쏙 들어 오더군요. 근데, 고부장님도 행복한 부자를 꿈꾸는 사람들 까페의 회원이신가요?"

고부장이 입가에 미소를 띠며 고개를 끄덕였다.

"그래, 거기 까페지기 경매천사님과 친분이 좀 있지. 예전에 멋모르고 유치권 물건 낙찰 받았다가 곤욕을 치를 뻔했는데, 그때 경매천사님의 도움을 받아 원만히 해결한 적이 있다네."

"그렇군요. 그래서 고부장님이 그 까페에 종종 글을 올리시는 군요. 이거, 우연치고는 대단한 우연인데요? 저도 처음 고부장님에게 경매 얘기를 듣고, 얼떨결에 처음 가입한 까페가 바로 행복한 부자를 꿈꾸는 사람들이거든요."

"그래? 하하, 그것 참 묘한 인연이군. 우리는 어딜 가도 서로 엮일 수밖에 없는 운명인가 보이."

고부장이 반정도 남아 있는 잔을 들자 봉대리도 따라들고 살짝 잔을 부딪혔다.

오도독- 오도독- . 고부장의 오돌뼈 씹는 소리가 경쾌하다.

"자네, 혹시 예고등기가 뭔지는 아나?"

요리조리 삐져나가는 꼼장어를 서툰 젓가락질로 잡아 보려 애쓰던 봉대리가 고개를 들었다.

"등기의 원인 무효 혹은 취소를 이유로 당해 등기의 말소소송이나 원래 등기의 말소회복소송이 제기되었을 때, 다른 사람들에게 소송이 계류 중이라는 사실을 경고할 목적으로 법원의 촉탁에 의해 등기부에 기재되는 등기 말입니까?"

"그래, 개념은 제대로 알고 있구먼. 이 예고등기와 경매와의 관련성을 설명해 볼 수 있겠나?"

잠시 주저하던 봉대리가 집중하려는 듯 양미간을 좁히며 말했다.

"책에서 얼핏 본 기억이 있는데, 예고등기는 선순위든 후순위든 항상 말소되지 않으니 조심해야 한다고 했습니다. 예를 들어, 전소유자가 현소유자를 상대로 소유권이전등기 말소소송을 제기하여 예고등기가 촉탁되었는데, 현소유자의 채권자가 경매를 신청한 경우 낙찰자는 잔금을 납부하고 소유권을 취득해도 전소유자가 말소소송에서 승소하면 소유권을 빼앗긴다고 설명하더군요. 마치 선순위가등기나 선순위가처분의 경우처럼, 매매 매금을 내고도 소유권을 취득할 수 없는 경우가 있으니 조심하라고 했습니다."

"그래, 그게 예고등기의 기본적인 법리라네. 예고등기는 낙찰로 인하여 소멸하는 것이 아닌, 대상이 된 말소소송 혹은 말소회복소송의 승패에 따라서 소멸 여부가 결정 난다는 것! 결국 말소소송의 원고가 소송에서 승소하면 낙찰자는 속절없이 소유권을 빼앗기게 되는 아주 위험한 권리이지. 그래서 경매입문자들은 등기부상 예고등기가 공지된 물건은 무조건 피하고 봐야 하네."

"마치 징그러운 뱀을 보듯 말이지요?"

봉대리의 익살스런 표정에 고부장이 웃음을 흘렸다.

고부장이 말을 이었다.

"그런데 예고등기가 되어 있다고 전부 위험한 건 아니라네. 예고등기의 대상 소송이 이미 소를 제기한 자, 즉 원고의 패소로 끝이 났는데도 정리가 안된 채 남아 있는 예고등기도 있기 때문이지. 그 때는 소송의 끝났다는 증명원을 제출하면 등기관이 직권으로 말소해 주기 때문에 아무 위험이 없는 것이지."

"소송이 종료됐다는 사실은 어떻게 알 수 있지요? 법원에 가서 물어봐야 하나요?"

"대법원사이트에 들어가 보면 나의 사건 검색이라는 컨텐츠가 있다네. 거기에 말소소송의 사건번호와 당사자 이름을 입력하면 해당 소송사건의 현재 진행내역을 상세히 알 수 있다네."

"사건번호와 당사자 이름은 어떻게 알아내죠?"

"하하, 등기부에 다 나와 있다네. 예고등기라는 것이 누가 누구를 상대로 어떤 소송을 진행 중이라는 걸 외부에 경고하는 내용이니까 예고등기 속에 모든 정보가 포함되어 있는 거지."

"아, 그렇겠군요." 하며 봉대리가 머리를 긁적였다.

"그러니까 예고등기가 등재된 물건은 등기부를 꼼꼼히 살펴봐서, 예고등기 등재일이 상당히 오래 전이라고 판단이 되면 소송이 종결되었을 수도 있으니 사건진행내역을 검색해 볼 필요가 있는 것이지."

"사건내역 상 종국결과가 원고 패로 결정 났으면 응찰해도 문제없고 만약 사건이 계류 중이면 마치 뱀을 보듯 피하라는 말씀이시군요?"

"그래, 그리고 또 하나의 팁을 알려주면, 예고등기 대상소송이 현 소유자의 소유권이전등기 말소소송이긴 하지만 전소유자 당시 설정된 가압류 혹은 (근)저당권에 기해 경매가 개시된 경우라면 승패와 상관없이 응찰해도 된다네. 말소소송에서 원고, 즉 전소유자가 승소하여 소유권이 전소유자명의로 회복되어도 전소유자의 채권자에 의해 진행된 소송이기 때문에 어차피 경매절차는 유효하기 때문이지."

"그렇겠군요. 전소유자의 채권자가 아닌, 현소유자의 채권자가 경매를 신청한 경우라면, 말소 소송에서 전소유자가 승소하면 남의 부동산에 함부로 권리를 설정하고 경매를 진행한 것이니 문제가 되겠지만, 전소유자 당시의 채권자가 신청한 경매라면 사정이 다르겠군요."

고개를 끄덕이는 봉대리를 향해 고부장이 흐뭇한 미소를 지어 보였다.

"자네의 이해 속도가 빠르니 그럼 하나만 더 알려 주겠네. 예고등기는 소유권에 관계된 말소소송만 있는 것이 아니고, 저당권 말소소송을 대상으로 하는 예고등기도 있다네. 그런데 경매를 신청한 채권이 저당권이었는데, 그 저당권이 말소될 수 있다는 예고등기가 기재되어 있다면 그 때는 어찌해야 겠는가?"

"아, 그 부분은 학창시절에 배웠던 기억이 있습니다. 강제경매와 임의경매의 차이에 관한 강의를 들으면서였는데요, 확정판결을 집행권원으로 하여 경매가 진행되는 강제경매는 집행권원 자체가 법원의 공신력 있는 판결이기 때문에 낙찰자가 생긴 이후에 판결이 잘못되었다거나 채무가 부존재한 것이 드러나도 낙찰자는 소유권을 취득하는데 문제가 없지만, 근저당권같이 당사자간 약정을 집행권원으로 하는 임의경매에는 당사자의 통모에 의한 허위 채권채무관계가 충분히 존재 가능하다는 전제에서 만약 소송을 통하여 근저당권이 무효로 드러나면 낙찰자는 소유권을 상실한다고 배웠던 것 같습니다. 이것을 강제경매에는 공신력이 있고, 임의경매에는 공신력이 없다고도 표현하더군요."

고부장이 한동안 감탄어린 표정으로 봉대리를 바라보다가 이윽고 입을 열었다.

"자네는, 자네 말처럼 얼치기 법대생은 아니었던 거 같군. 강제경매의 공신력을 알고 있다니 말이야. 그래, 자네 말처럼 (근)저당권에 기한 임의경매의 경우에는 공신력이 없어서 추후 근저당권이 무효로 드러나면 경매절차 자체가 위법해져서 결국 낙찰자는 소유권을 상실 당할 수 있네. 그러니 조심해야 될 필요가 있다네."

그런데 말이야, 하며 고부장이 잔을 들어 목을 축인 뒤 말을 이었다.

"경매를 신청한 근저당권이 아닌, 후순위 근저당권을 대상으로 한 말소소송이라면 그 예고등기는 아무런 위험이 없으니 마음 놓고 응찰해도 된다네. 말소기준권리가 아닌 (근)저당권 말소소송 같은 경우에는 대부분 채권자들 상호간에 배당순위를 다투기 위해 제기되는 경우이니까 말이야."

봉대리가 고개를 끄덕이며 중얼거렸다.

"그렇군요. 그럼 예고등기를 정리해 보면, 일단 예고등기 있는 물건의 기본 원칙은 초심자들은 등기부에 예고등기가 설정되어 있으면 무조건 피하되, 말소소송의 사건진행내역을 검색해 보고 이미 원고 패로 결정이 난 사안은 안심하고 응찰해도 된다, 그리고 전소유자의 채권자들이 경매를 신청한 경우 혹은 경매신청 채권이나 말소기준권리가 아닌 후순위 근저당권 말소소송의 경우에도 마음 놓고 응찰해도 된다, 이렇게 정리하면 되는 건가요?"

고부장이 흐뭇한 미소를 지으며 고개를 끄덕였다.

잔을 들어 단번에 들이킨 고부장이 봉대리에게 잔을 건네며 말했다.
"마치 스펀지처럼, 설명하는 족족 자네가 말끔히 빨아들이니 강의하는 나도 재미가 나는구먼. 자네의 젊음과 열정이 부러우이."
봉대리가 고개를 돌리며 단숨에 잔을 비우고는 다시 고부장에게 건넸다.
정중한 자세로 잔을 채우며 봉대리가 말했다.
"고부장님의 강의가 워낙 이해하기 쉽고 명강의어서 그냥 저절로 흡수되는 느낌입니다. 매번 훌륭한 강의 정말 감사합니다."
봉대리의 공치사에 고부장이 환하게 웃으며 말했다.
"하하, 빈말이라도 기분은 좋네 그려. 좋아, 오늘은 여기까지만 하려고 했는데, 내친 김에 조금 더 가보자구. 자네, 혹시 대위변제라고 들어봤나?"
"대위변제요? 이해관계인이 채무자를 대신해서 채무를 변제하고 채권자의 지위를 물려받는 것 말입니까?"

"그래, 그게 원칙적인 대위변제의 개념인데, 위 대위변제 제도가 경매에서도 유용하게 활용되고 있다네. 그러니까 말소기준권리보다 전입신고일자가 뒤져 대항력 없는 임차인이 당해 경매절차에서 한 푼도 배당을 못 받게 되면, 이 대위변제 제도를 이용해 말소기준권리의 채권을 대신 갚아 버리고 그 말소기준권리를 소멸시켜 대항력을 취득하기도 하지.
정식 대위변제의 개념은 이해관계인이 대신 채무를 갚고 구상권의 범위 내에서 채권자의 채권을 대위해서 행사하는 것인데, 경매에서의 대위변제는 후순위자가 선순위자의 권리를 대신 변제하여 소멸시킨 뒤, 선순위로 올라서는 경우를 말한다네."

"오호, 그렇군요. 만약 말소기준권리가 가압류인데 가압류 금액이 얼마 되지 않는 경우, 후순위 임차인이 가압류를 갚고 가압류를 말소시키면, 원래는 없었던 대항력을 취득할 수 있게 되니 임차인에게는 나름대로 좋은 권리확보 수단이 되겠군요?"

"그래, 경매에서의 대위변제는 비단 후순위 임차인과의 관계뿐만 아니라 다른 후순위권리자의 순위 상승과도 관계가 있다네. 예컨대, 등기부상 저당권이 최선순위로, 즉 말소기준권리로 설정되어 있는데 뒤를 이어 가처분 등기가 되어 있는 경우를 생각해 보자구. 이 경우 가처분은 후순위 가처분으로서 낙찰과 동시에 소멸하지만, 가처분권자가 저당권자의 채권을 대신 변제해서 저당권을 말소시키면 선순위로 올라서게 되지. 그렇다면 이 경우 그 무섭다는 선순위가처분이 설정된 꼴이니 낙찰자로서는 여간 낭패가 아닌 게 되지."

"아, 경매에서는 선순위가처분보다는 후순위 가처분이 더 무섭다는 말을 들은 것 같은데, 바로 이런 경우 때문이군요. 눈에 훤히 보이는 선순위가처분이야 피해 가면 되지만, 후순위 가처분이어서 당연 말소될 것으로 알고 응찰했는데, 대위변제를 통해 버젓이 선순위로 둔갑해서 나타난다면 낙찰자로서는 정말 곤혹스럽겠군요."

봉대리가 상상만 해도 끔찍하다는 듯 가볍게 진저리를 쳤다.

"그런데, 고부장님. 후순위권자가 대위변제를 통해 선순위로 올라 설지 말지를 어떻게 알지요? 낙찰자는 언제까지고 마냥 불안한 지위에 있어야 하는 건가요?"

"만약 대위변제가 매각기일 이전에 이루어지면 법원에서는 당연히 물건명세서를 통해 공지를 해 줄 것이니 그때는 별 문제가 없다네. 그런데 낙찰자가 생긴 이후에 대위변제가 이루어지면 문제가 커져 버리지. 낙찰자로서는 당연히 말소될 것으로 예상하고 응찰했을 테니 말이야."

봉대리가 긴장된 낯빛으로 고개를 끄덕였다.

"음, 낙찰 후에도 대위변제가 이루어질 수 있군요. 그러면 낙찰자는 낙찰 후에도 마냥 안심할 수만은 없는 거군요."

"그렇다네. 다만 대위변제는 낙찰자가 잔금납부하기 전까지만 가능하다네. 낙찰자가 잔금을 납부하면 등기 유무에 관계없이 곧바로 소유권을 취득하기 때문에 더 이상 대위변제의 가능성은 없어지는 것이지."

"그렇다면 혹시라도 선순위 권리가 채권액이 작아 대위변제 가능성이 있는 물건은 낙찰받자마자 곧바로 잔금을 납부하는 게 안전하겠군요.

그렇더라도 잔금 납부 전에 대위변제가 이루어질 수 있는 경우도 있을 텐데, 이 경우에 낙찰자를 보호하기 위한 구제수단은 없나요?"

"왜 없겠나. 일단 단계별로 나누어서 설명해 보면, 매각기일이후 낙찰허가결정 전이라면 낙찰불허가 신청을 하고, 낙찰허가결정 후 낙찰허가결정 확정 전이라면 낙찰허가에 대한 이의신청, 즉시항고 등을 통하여 불복을 신청할 수 있고 낙찰허가 결정 확정 후 잔금납부 전이라면 낙찰허가결정의 취소신청을 하여 구제받을 수 있다네. 또한 선순위 근저당이 대금지급 전에 소멸하여 후순위 주택임차인이 대항력을 취득함으로써 낙찰자에게 중대한 추가부담이 발생한 경우에는 인수하는 금액에 상당하는 낙찰대금 감액신청 등의 방법으로 구제받을 수도 있다네.

그러나 불복신청에 대하여 받아들일지 여부는 판사의 재량에 달려있고, 또한 불복 신청의 절차가 번거로우니 일단 선순위 채권액이 작아 대위변제 가능성이 높은 물건은 응찰을 자제하는 게 좋고, 낙찰 받은 후에도 잔금납부 전까지는 방심하지 말고 권리변동사항이 없는지를 살필 필요가 있다네."

봉대리가 한숨을 내쉬며 중얼거렸다.
"경매가 정말 쉬운 건 아니군요. 어디서, 어떤 뜻밖의 상황이 발생할지 모르니까요."
얼핏 봉대리의 얼굴에 좌절스러운 기색이 스쳐가자 고부장이 너털웃음을 터뜨리며 말했다.
"사람 참. 하루에도 몇 번씩 희망과 좌절을 반복하는구먼. 자네의 좌절하는 모습을 보니 내 안쓰러워, 희망적인 소식을 하나 안겨줘야겠네."
봉대리가 눈을 빛내며 고개를 들었다.
"예고등기와 대위변제까지 공부했으니 이제 자네는 아파트 경매에서 배울 수 있는 이론공부는 대충 마무리했다네. 그러니 내일 부터는 곧바로 실전공부에 들어가도록 하지."

봉대리의 표정이 이내 환해졌다.

"그럼, 내일부터 유료정보사이트에서 물건을 고를 수 있다는 말입니까?"

"그래, 이제 자네는 어느 정도 권리분석의 체계를 갖추게 되었으니 부족한 부분은 직접 물건을 골라 분석하면서 하도록 하자구. 내일부터는 내가 매일 한 시간씩 실전 특강을 해주겠네."

"감사합니다. 오늘 당장 유료사이트에 가입하여 물건을 골라 보도록 하겠습니다."

봉대리의 들뜬 얼굴을 흐뭇한 웃음을 지으며 바라보던 고부장이 일침을 놓았다.

"실전공부를 시작했다고 이론공부를 게을리하면 안되네. 오늘 배운 거, 어제 배운 거 잊지 않도록 꾸준히 복습하도록 하게."

"그건 걱정 마십시오. 제가 학창시절부터 복습 하나는 철저히 했었습니다. 예습을 안해서 수업시간에 많이 졸기는 했지만요."

멋쩍은 미소를 지으며 머리를 긁적이는 봉대리의 얼굴에 희망의 물결이 한가득 넘실대고 있었다.

봉대리와 고부장이 마주 보며 웃음 짓는 사이, 탄불 위에 올려진 꼼장어가 지글지글 – 소리를 내며 먹음직스럽게 익어가고 있었다.

고부장의 TIP

초심자들은 등기부에 예고등기가 설정되어 있으면 무조건 피하되, 말소소송의 사건진행내역을 검색해 보고 이미 원고 패로 결정이 난 사안은 안심하고 응찰해도 된다. 그리고 전소유자의 채권자들이 경매를 신청한 경우 혹은 경매신청 채권이나 말소기준권리가 아닌 후순위 근저당권 말소소송의 경우 역시 마음 놓고 응찰해도 된다.

대위변제로 인하여 예상치 못한 추가부담이 발생한 경우 낙찰자는 이의신청, 즉시항고, 매각허가취소결정신청, 대금감액청구 등의 방법으로 구제받을 수 있다. 그러나 절차가 대단히 번거로우니 대위변제 가능성이 있는 사안의 경우, 낙찰자는 잔금납부 전까지는 안심하지 말고 유심히 추이를 지켜볼 필요가 있다.

참고사항

2011년 3월11일 국회본회의에서 예고등기제 폐지 등을 골자로한 "부동산 등기법 전부개정안"이 통과되어 2011년 10월13일부터 예고등기제도가 폐지 되었다.

이 제도는 선의의 제 3자를 보호하고 부동산 거래의 안전을 확보하기 위하여 도입된 제도이나 본래취지와 다르게 등기명의인의 권리행사를 제약하고 저가낙찰의 수단으로 악용되는 경우가 많아 폐지하기에 이르렀다

예고등기가 없어진 후에는 경매물건에 대한 소송공시는 처분금지가처분을 통하여 대체될수 있을것으로 본다

다만 아직 예고등기가 기재된 물건이 경매에 나오는 경우가 있어 알아둘 필요는 있다

부동산, 나아가 **재테크**에 대한 **마인드**를 **확립**하라.

경매는 법원을 중개기관으로 하여 부동산을 사고파는 일이고, 아시다시피 부동산을 매개로 한 재테크에는 다양한 영역이 존재합니다. 경매는 이처럼 수많은 부동산 재태크 영역 가운데 극히 일부분만을 차지할 뿐입니다.

부동산으로 재테크를 하는데 부동산에 대해서 모른다면 말이 안 되겠지요? 결국 부동산에 대한 전반적인 지식의 체득이 선행되지 않고는 온전한 경매인이 될 수 없다는 말입니다.

사실 처음 경매공부를 시작할 때에는 권리분석이 경매의 전부처럼 느껴지고, 따라서 권리분석만 정복하면 뭔가 일을 낼 수 있을 것 같은 기분에 젖어들지만, 권리분석이 일정 수준에 올라 매물을 선정할 때쯤 이르게 되면 경매에 있어 부동산 지식이 얼마나 중요한 요소인지를 절감하게 됩니다.

어떤 매물이 장래가치 있는 부동산인지, 현재의 감정가가 그 부동산의 가치를 제대로 반영하고 있는지, 경기의 흐름에 따라 어떤 부동산에 투자하는 게 유망한지 등에 대한 정보가 있어야 적정한 매물을 선정할 수 있고, 일단 매물이 선정되어야 현장조사와 입찰준비 등 다음 단계로 넘어갈 수가 있기 때문입니다.

가장 전형적인 예를 들어 보면, 경매에 입문하여 일정기간 권리분석 공부를 마친 초보자들은 마치 약속이나 한 듯이 아파트 경매로 눈을 돌립니다. 아파트가 집합건물이다 보니 건물등기부만으로 등기부상의 권리분석이 끝나고, 임차인 유형도 나름대로 정형화되어 있어 권리분석의 부담이 한결 덜하기 때문인 듯 하고, 거기에 더해 여타의 부동산이 쫓아오지 못할 아파트만의 매력, 즉 언제든 매각하여 현금화할 수 있다는 바로 환금성 때문이 아닌가 싶습니다.

그러나 실전에서는 매물로 등장하는 모든 아파트가 매력적인 것은 아닙니다. 어떤 아파트는 차라리 빌라보다 가치가 떨어지는 경우도 있고, 어떤 지역에서는 아파트보다 단독주택을 낙찰 받는 게 수익성 면에서 월등한 경우도 있습니다.

누구나 쉽게 접근하는 아파트 경매만 해도 이처럼 어떤 아파트들이 환금성이 높은지, 어느 지역 아파트가 장래 유망한지, 리모델링이나 재건축이 언제쯤이나 가능한지, 인근에 개발 호재는 없는지 등 권리분석 외에 기본적으로 챙겨야 할 부동산 지식이 만만치 않습니다.

환금성만 해도 그렇습니다. 경기가 하강곡선을 타고 내려갈 때는 투자심리가 위축되고 장기적으로 더 떨어질 것이라는 기대심리가 고착화되어 아무리 우량한 아파트라도 적시에 제값 받고 매각하기가 쉽지 않습니다.

이때 부동산투자는 결코 실패가 없을 것이다, 라는 확고한 정신적 무장이 없다면 경기의 흐름에 따라 쉴 새 없이 요동치는 부동산의 가격에 초심자들은 불안할 수밖에 없을 것입니다. 실시간으로 바뀌는 주가 지수 그래프처럼 하루하루 등락을 거듭하는 부동산 매매가 그래프에 늘상 마음 졸이며 보내야 할지도 모를 일입니다.

부동산은 이러이러한 속성이 있어 결코 손실이 없다는 논리, 경매는 항상 이기는 싸움일 수밖에 없다는 확고한 믿음을 마음속에 갖춘 사람들은 장기적인 안목으로 부동산에 투자하는데, 사실 이것이 부동산 투자 본연의 모습이자 원칙이요, 정석입니다.

다수의 부동산 사이트가 이 같은 부동산 투자의 속성을 무시하고 마치 주식처럼 하루단위로 매매가 그래프를 올려놓아 투자자의 눈길을 현혹하는데, 경매 입문자들이 이런 것들에 마음 졸이며 경매를 하다보면 경매가 영 재미없어집니다. 소풍 다니 듯 현장 조사하고, 여행 다니듯 땅 보러 다니는 그런 여유로움을 기대했는데, 하루하루가 살얼음판을 걷는 기분이라면 경매는 더 이상 즐거운 오락도, 박진감 넘치는 스포츠도 아닌 것입니다.

결론적으로, 부동산 투자에 대한 기본적인 원리와 속성을 이해해야만 경매를 즐길 수 있다는 것입니다. 결국 경매에 처음 입문하는 분들이 경매서적과 더불어 부동산 전반에 걸친 내용을 담고 있는 부동산 서적 한권쯤은 일독해야 할 이유가 여기에 있는 것입니다.

한편 경매는 수많은 재테크 수단 가운데 하나이므로 당연히 재테크의 원리와 속성 또한 이해할 필요가 있습니다. 고정된 종잣돈을 굴려서 은행이자 이상의 수익을 얻어야만 제대로 된 재테크로 평가받을 수 있는데, 이를 위해서는 다양한 재테크 이론과 지식이 필요합니다.

쉬운 예로, 경매실전에서 종잣돈은 한정되어 있기 때문에 어느 정도까지는 대출을 끌어 쓸 수 있어야 자금의 회전율을 높이고 투자의 다

변화를 꾀할 수 있는데, '빚은 곧 죄악이니 가급적 자기 돈만으로 투자한다'는 보수적인 사고를 가진 사람이 있다면 그 사람은 아쉽게도 경매계에서 성공하기가 쉽지 않을 것입니다.

결국, 그동안 우리 자신도 모르게 쌓아 온 비합리적인 습성과 편견을 버리고 합리적인 사고를 키워가기 위해서, 재테크의 기본원리를 다룬 서적 한 권쯤은 반드시 읽어 볼 필요가 있는 것입니다.

경매 공부의 세 번째 단추!
부동산 전반을 다룬 서적 한권을 독파하여 투자수단으로서의 부동산에 대한 믿음을 견고히 하고, 재테크 이론 서적을 통독하여 재테크의 기본이 되는 합리적인 마인드를 구축해야 합니다!

Eepisode **18**   봉대리, 처음으로 실전의 문을 두드리다
Eepisode **19**   고부장의 실전특강 – 유료경매사이트 보는법
Eepisode **20**   고부장의 여섯 번째 강의 – 대지권미등기와 토지별도등기

$TEP 03

봉대리,
실전공부에
돌입하다

Episode 18

봉대리,
처음으로 실전의 문을 두드리다.

책상 앞에 앉은 봉대리가 스탠드의 불을 켰다. 고즈넉한 밤공기가 봉대리의 마음을 차분하게 가라앉힌다. 봉대리가 어깨를 한번 돌리고는 가볍게 심호흡을 했다. 희미한 미소와 함께 떠오르는 저녁 나절의 영상.

"오늘도 2차로 노래방 가셔야죠?"

봉대리가 계산을 하고 나와 식당 밖에서 기다리던 고부장에게 물었다.

"오늘은 이쯤에서 끝내자구. 자네 데리고 노래방 가봐야, 온통 딴 생각만 할 게 뻔한걸 뭐."

봉대리가 속마음을 들켰다는 듯 머리를 긁적였다.

"사실 빨리 집에 가서 대법원사이트를 뒤져 물건을 골라 보고 싶은 마음에 온몸이 근질근질합니다."

"하하, 어련하겠나. 자네는 속마음이 너무 표정에 드러나서 문제란 말이야."

봉대리가 지하철을 타고 가는 고부장을 역까지 배웅했다.

지하철 역 앞에서 고부장이 봉대리의 어깨에 가만히 손을 얹는다. 한동안 따뜻한 시선으로 봉대리를 응시하던 고부장이 이윽고 입을 열었다.

"난, 자네가 참 대견하고 자랑스러워. 자네를 보고 있으면 예전에 나 한참 열심히 살 때의 모습이 새록새록 떠오른다네. 자네는 나한테 고맙다고 생각하겠지만, 실은 나도 자네한테 고마운 마음이 크다네. 나이가 들어서인지, 요즘 많이 무기력해지고 나태해졌었는데, 자네의 열정이 나를 되살아나게 하고 있네. 열정이라는 거 말이야, 그거 생각보다 전염성이 강하더군. 자네의 열정이 나한테 고스란히 옮아와서 나도 요즘은 부쩍 힘이 나는 느낌이라네."

말을 마친 고부장이 봉대리의 어깨를 가볍게 두드려주고는 지하철 역사 안으로 들어갔다.

고부장의 쓸쓸한 뒷모습을 한동안 말없이 지켜보던 봉대리가 깊이 고개를 숙였다. 더 이상 고부장의 모습이 보이지 않게 되자 봉대리가 가벼운 한숨을 내쉬며 하늘을 바라본다.

구름 한 점 없이 맑게 개인 청명한 초겨울 하늘.

쓸쓸하게 기울어 가는 초승달 옆에 유난히 뽀얀 빛을 발하고 있는 별이 하나 보였다.

'희망이라는 이름의 나만의 별.'

'밤하늘 한 번 올려다 볼 시간 없이 바쁘게 살았던 그 긴 시간 동안 내가 이룬 것은 과연 무엇일까? 정신없이 하루하루를 보냈던 지난 10년 보다, 목표를 갖고 정열에 휩싸여 보냈던 지난 열흘이 더 가치 있는 삶처럼 느껴지는 건 지나친 생각일까.'

앞으로는 가끔씩 하늘도 보고, 별도 보면서 그렇게 여유를 갖고 살아야겠다고 봉대리는 마음먹었다.

학창 시절, 마치 열병처럼 앓았던 창작 욕구가 가슴 속 깊은 곳에서부터 솟구쳐 오르는 느낌에 봉대리가 가만히 한숨을 내쉰다.

봉대리가 입안으로 윤동주의 〈별 헤는 밤〉을 나지막이 읊조렸다. 어느덧 봉대리의 발걸음은 자신의 소중한 보금자리로 향하고 있었다.

별 헤는 밤

계절이 지나가는 하늘에는
가을로 가득 차 있습니다.

나는 아무 걱정도 없이
가을 속의 별들을 다 헬 듯합니다.

가슴 속에 하나 둘 새겨지는 별을
이제 다 못 헤는 것은

쉬이 아침이 오는 까닭이요.
내일 밤이 남은 까닭이요.

아직 나의 청춘이 다하지 않은 까닭입니다.

별 하나에 추억과
별 하나에 사랑과
별 하나에 쓸쓸함과
별 하나에 동경(憧憬)과
별 하나에 시와
별 하나에 어머니, 어머니

어머니, 나는 별 하나에 아름다운 말 한 마디씩 불러 봅니다. 소학교 때 책상을 같이했던 아이들의 이름과, 패(佩), 경(鏡), 옥(玉), 이런 이국 소녀들의 이름과, 벌써 아기 어머니 된 계집애들의 이름과, 가난한 이웃 사람들의 이름과, 비둘기, 강아지, 토끼, 노새, 노루, 프랑시스 잼, 라이너 마리아 릴케, 이런 시인의 이름을 불러 봅니다.

이네들은 너무나 멀리 있습니다.
별이 아스라이 멀 듯이,
어머님,
그리고 당신은 멀리 북간도에 계십니다.

나는 무엇인지 그리워
이 많은 별빛이 내린 언덕 위에

내 이름자를 써 보고,
흙으로 덮어 버리었습니다.

딴은, 밤을 새워 우는 벌레는
부끄러운 이름을 슬퍼하는 까닭입니다.

그러나 겨울이 지나고 나의 별에도 봄이 오면,
무덤 위에 파란 잔디가 피어나듯이

내 이름자 묻힌 언덕 위에도,
자랑처럼 풀이 무성할 거외다.

- 윤 동 주

봉대리가 컴퓨터의 전원을 켰다.
대법원 홈페이지를 찾아 들어가는 봉대리의 손끝이 가느다랗게 떨려온다.
"유료정보사이트는 차차 가입하도록 하고 일단은 대법원사이트에 먼저 들어가 보도록 하게. 정평 있는 유료정보사이트는 여러 군데가 있는데, 경솔하게 처음부터 장기구독권을 끊지 말고 여기저기 둘러보고 자신의 취향이나 기호에 맞는 곳을 고를 필요가 있네. 그리고 유료정보사이트는 대법원의 경매정보를 한 눈에 볼 수 있도록 일목요연하게 정리해 둔 것에 불과하니, 경매 정보의 기본은 항상 대법원 경매정보 사이트임을 잊지 말도록 하게."

저녁 나절 술자리에서 유료정보사이트는 어디기 좋으냐는 봉대리의 질문에 고부장이 진지한 어조로 해 준 대답이었다.

대법원 홈페이지에 들어가 법원경매정보를 클릭한다. 키보드를 두드리자 화면 가득 떠오르는 신비로운 경매의 세상.

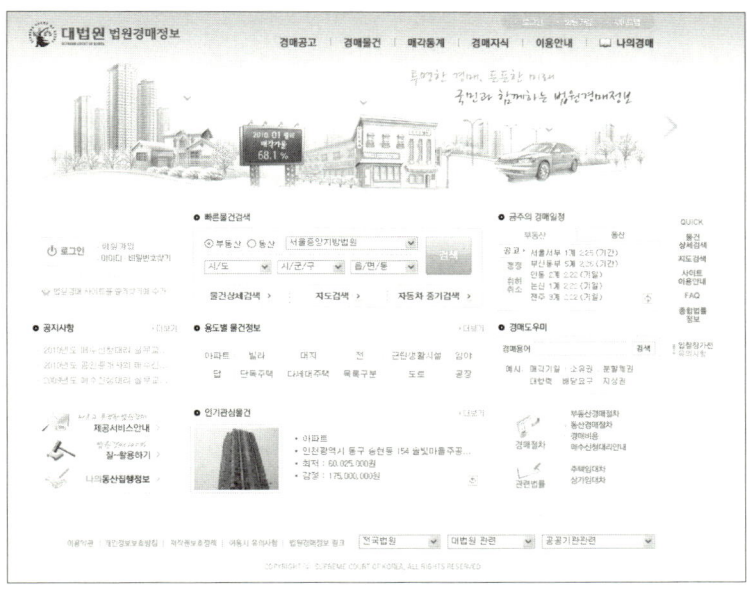

봉대리의 가슴이 세차게 고동치기 시작했다.

"일단 처음 물건을 검색할 때는 자네가 잘 아는 곳 위주로 한정해서 검색하도록 하게. 무분별하게 여기저기 검색하는 것보다는 그게 집중도 잘 되고 흥미도 한층 더 할 걸세. 자네가 잘 아는 곳이니 남보다 정보도 많을 거고 말이야."

봉대리 자네 본가가 있는 곳이 고양시 일산이라고 했지?

그럼 고양지원을 클릭해서 고양시에 나온 아파트를 검색해 보는 게 좋겠군."

술자리에서의 고부장 말을 떠올리며, 봉대리가 물건정보에 고양지원을 설정한 뒤 클릭했다. 그러자, 앞으로 2주 동안 고양지원에서 진행되는 경매물건의 정보가 한눈에 볼 수 있게 떠올랐다.

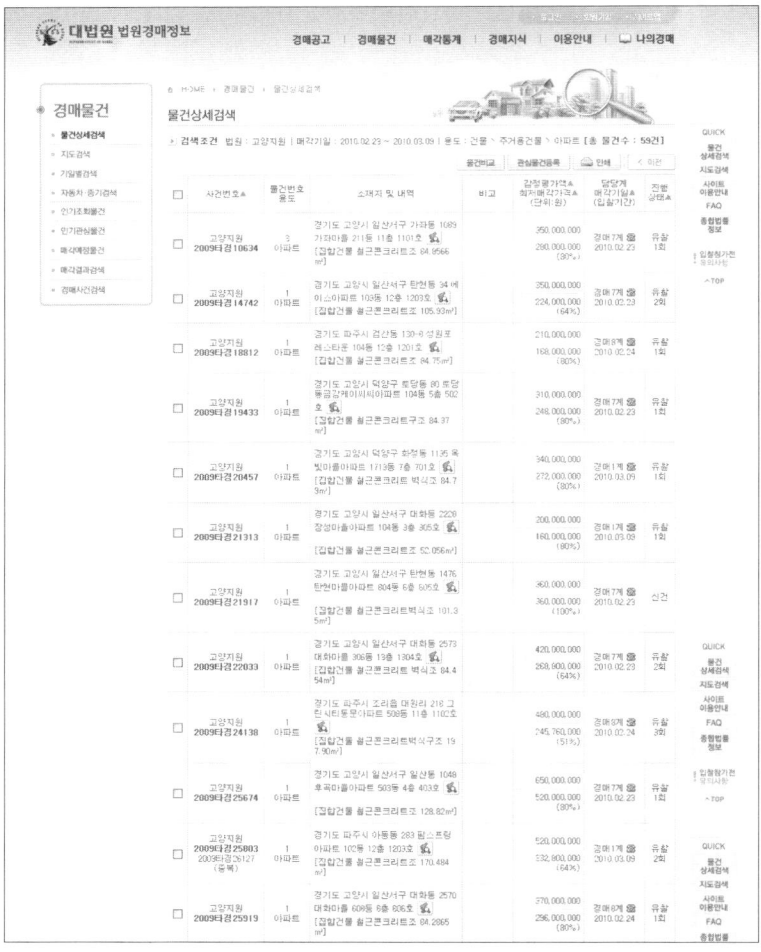

상가도 있고, 임야도 있고, 토지도 있고, 빌라도 있었다. 심지어는 공장매물도 보였다. 마치 부동산매물의 종합전시장을 보는 듯한 느낌이 들었다.

물건 내 재검색을 통해 물건의 용도를 아파트로 설정하고 클릭했더니 아파트 매물만 추려져서 화면 가득 떠올랐다.

대략적으로 물건정보를 훑어 내려가던 봉대리의 눈썹이 미세한 흥분으로 꿈틀거렸다.

화면에 떠오른 매물은 처음 경매가 진행되는 신건 물건이 주로 많았지만, 한 번 유찰된 물건도 꽤 있었고 유찰 횟수가 2회인 물건도 언뜻 눈에 띄었다.

화면을 응시하던 봉대리의 놀란 시선이 머문 곳은 3번 유찰로 현재 최저가가 감정가 대비 50%까지 떨어진 물건이었다.

봉대리의 입이 벌어졌다. 말로만 듣던 반값 아파트!

그야말로 반 토막 난 아파트를 직접 눈으로 보게 되니 봉대리는 마냥 신기할 따름이었다. 설레임을 동반한 채 파도처럼 밀려오는 달콤한 흥분을 봉대리가 깊은 한숨으로 추스리고는 다시 물건정보에 집중했다.

감정가 5억 5천만원에 현재 최저가 2억 8천만원.

도대체 하자가 뭘까, 하는 의문으로 봉대리가 꼼꼼하게 물건에 대한 정보를 훑어본다. 감정평가서를 클릭하니 해당 아파트에 대한 상세한 정보가 기재되어 있었다.

감정가액이 산정된 기준과 평가요항이 일목요연하게 나와 있었고, (1) 해당아파트의 위치 및 주위환경 (2) 교통상황 (3) 건물의 구조 (4) 이용 상태 (5) 설비내역 (6) 토지의 형상 및 이용 상태 (7) 인접 도로상태 등 (8) 토지이용계획 및 제한상태 (9) 공부와의 차이 (10) 기타 참고사항(임대관계 등) 등 해당 아파트에 관한 자세한 정보가 기재되어 있었다.

아파트의 외관을 찍은 사진도 첨부되어 있었는데, 사진 상으로는 흠 잡을 데 없이 깔끔한 아파트였다.

현황조사서에는 현재 위 아파트에 거주하고 있는 사람들의 정보가 기재되어 있었고, 물건명세서에는 임차인내역이나 기타 법적으로 문제될 만한 정보들이 기재되어 있었다.

"대법원 경매정보 사이트에서 핵심적으로 봐야 할 것은 감정평가서, 현황조사서, 물건명세서야. 법원에서 해당 물건에 대한 정보를 일반인들에 알려주는 기본적인 서류들이지. 그중에서 법적인 문제가 있는지 여부를 알려주는 물건명세서가 단연 중요하다네. 감정평가서와 현황조사서는 경매개시 2주 전부터 열람 가능하지만, 물건 명세서는 1주일 전부터 열람이 가능하다네. 그러나 유료정보사이트에서는 이런 제한 없이 언제든 열람이 가능하지." 고부장의 말을 떠올리며 서류 하나하나를 꼼꼼히 읽어 내려갔다.

처음에는 낯설었지만 자꾸 보다 보니까 화면에 익숙해져, 물건 검색하는 게 한결 수월해진 느낌이었다.

화면상의 정보를 한참 읽어 내려가던 봉대리가 작은 탄성을 내질렀다.

'그럼 그렇지.'

물건명세서를 보니, '대항력 있는 임차인이 배당요구를 하지 않았으니 응찰 시 주의하라.'는 경고멘트가 달려 있었다.

낙찰자가 인수해야 될 보증금을 감안하면 3번의 유찰도 이해가 되는 상황이었다.

혹시 위장임차인이 아닐까, 라는 생각을 잠깐 해보긴 했지만 이내 고개를 저었다. 오늘은 물건검색 방법을 익히는 선에서 끝을 내자.

다양한 물건을 검색해 보고 검색의 과정과 방법을 몸에 익혀 실전에 대한 두려움을 없애는 것! 그게 오늘 공부의 일차적인 목표인 것이다.

복잡하게 떠오르는 생각을 한 켠으로 접고 다양한 물건을 검색하는데 집중했다. 생각보다 2회, 3회 유찰된 물건들이 꽤 많이 보여 봉대리의 마음속으로 설레임이 한가득 밀려들기 시작했다.

'이 광활하게 펼쳐져 있는 진흙 바닥 속에서 진주 같은 물건을 캐내 알찬 수익을 내는 게 바로 경매란 말이지. 정말 열심히만 공부하면, 낙찰 한 건으로 내 일년치 연봉을 벌 수 있는 게 경매란 말이지. 쇼핑하듯 물건 검색해서 열심히 연구하고 부지런히 임장하면, 그게 곧 내 물건이 될 수 있는 게 경매란 말이지.'

봉대리의 눈빛이 희망으로 이글거렸다.

그 후로도 한참을 물건검색에 몰입하던 봉대리가 미간에 힘을 주며 일어섰다.

"그래, 내 갈 길은 이제 확실히 정해졌어! 이 수많은 물건의 바다에서 나는 꼭 영롱한 진주를 캐내고 말거야. 고부장님 말씀처럼 지치지 말고 끝까지 버텨서, 이 무궁무진한 희망의 바다를 마음껏 헤엄쳐 다니는 멋진 경매인이 되고 말거야!"

자리에 누워 달콤한 꿈나라로 빠져드는 봉대리의 손아귀는 굳은 결의를 보여주듯 살포시 쥐어져 있었다.

고부장의 TIP

대법원 경매정보사이트에서 핵심적으로 봐야 할 서류들은 감정평가서, 현황조사서, 물건명세서가 있는데, 법원에서 해당 물건에 대한 정보를 일반인들에 알려주는 기본적인 서류들이다. 그 중에서 법적인 문제가 있는지 여부를 알려주는 물건명세서가 단연 중요한데, 응찰 전에 이 세 가지 서류는 반드시 꼼꼼히 검토해야한다.

권리분석은 큰 틀 위주로 원리를 이해하라.

　타오르는 열정으로 그동안 관심 있게 보아둔 경매서적 한 권을 단기간에 통독하고 부동산과 재테크를 다룬 서적까지 독파하여 부동산 투자에 대한 믿음과 재테크 마인드를 확고히 다졌다면, 이제부터 본격적으로 경매공부의 핵심인 권리분석의 세계로 뛰어들 차례입니다.

　물론 앞서 읽은 경매서적에도 기본적인 권리분석에 대한 내용은 있었겠지만, 거기에 만족하지 말고 처음부터 끝까지 권리분석만을 다룬 입문서 하나를 신중히 선택하셔서 그 책을 교과서 삼아 반복해서 공부하시기 바랍니다.

　낙찰수기에 잠시 잠깐 등장하는 물건별, 사안별 권리분석은 생생한 현장감이 곁들여져서 머리에 쏙쏙 들어오긴 하지만, 체계가 없는 지식이기 때문에 마치 신기루처럼 어느 순간 흔적도 없이 사라져버리는 속성이 있습니다. 그리고 체계와 원리에 대한 이해가 없는 단순한 암기로는 실로 다양한 경우의 수가 존재하는 실전에 적절히 응용하기가 쉽지 않습니다.

　그러니 선배들의 낙찰수기는 경매에 대한 정열과 동기부여 용도로만 활용하고, 권리분석은 자신의 수준에 맞는 별도의 서적을 구입하시어 체계적으로 공부하시기 바랍니다.

　권리분석을 공부하실 때는 처음부터 너무 세세한 부분까지 전부 이해하려 하지 마시고, 큰 틀 안에서 나무가 아닌 숲을 보겠다는 자세로 공부하시면 한결 수월합니다.

즉, 권리분석의 목적은 낙찰자가 인수하여야 할 권리가 있는지, 만약 있다면 인수범위나 인수금액이 어느 정도인지를 밝혀내는 작업이므로 모든 이론을 그 틀 안에서 생각하시면 된다는 것입니다.

쉽게 말해, 경매는 그냥 원래대로 법원이 부동산을 일반인들에게 매각하여 그 매각대금으로 다수의 채권자들의 채권을 정리해 주고 대신 등기부상 기재된 채권자들의 권리를 말소하여 깔끔한 상태로 낙찰자에게 넘겨주는 절차라는 정의를 머릿속에 새겨두면, '돈과 관련된 등기부상 권리'들은 낙찰을 통하여 전부 말소할 것이고, 돈과 관련된 권리보다 늦게 설정된 기타의 권리들도 모두 소멸된다는 원리를 쉽게 이해할 수 가 있을 것입니다.

아시다시피 '돈과 관련된 등기부상 권리'로는 (가)압류, (근)저당, 담보가등기 등이 있는데, 경매절차에서 항상 말소되는 이 '돈과 관련된 권리'를 기존 경매서적에서는 말소기준권리 혹은 말소기준등기라 지칭하고, 말소기준권리보다 후순위로 설정된 권리들은 전부 말소된다는 식으로 설명하고 있습니다.

궁극적인 결론은 동일해도 경매이론의 원리를 아느냐 모르냐에 따라 이해도에 큰 차이가 있는 만큼 큰 틀의 범위에서 세부적인 원리를 이해하려고 노력하시기 바랍니다.

같은 맥락에서 권리분석상 빠뜨릴 수 없는 임차인 문제도 '말소기준 권리보다 임차인의 전입일자가 늦으면 대항력이 없으니 더 이상 신경 쓰지 않아도 된다'는 식으로 큰 틀을 이해하면서 접근하면 권리분석 공부의 과정이 그리 지루하고 어렵지만은 않을 것입니다.

한편 권리분석 공부하실 때는 일정한 단계를 설정해 두고, 첫 단계에서는 말소와 인수의 원리만을 익히겠다는 식의 가벼운 마음가짐으로 접근하시는 게 좋습니다. 등기부상의 권리와 임차인의 권리 모두 전부 말소되어 아무것도 인수할 게 없는 사례들을 집중적으로 공부하신 뒤, 대법원사이트에 들어가 직접 물건검색을 통해 응용해 보신다면 훨씬 더 생생한 학습이 될 것이고 지루함도 한결 덜할 것입니다.

사실, 대법원사이트는 별다른 비용 없이도 이용할 수 있어 추천하긴 합니다만, 본격적으로 경매에 입문을 원하시는 분들은 유료사이트 하나 정도는 가입하시는 게 여러모로 효율적입니다. 자신이 거주하고 있는 인근 지역 위주로 검색범위를 한정하고, 이용기간도 장기로 설정하지 말고 한 달 단위로 끊어 구입하면 그리 많은 비용을 들이지 않고도 최대의 효율을 이끌어 낼 수 있을 것이니, 초기 투자비용을 너무 아까워하지 말고 효과적으로 공부하시기 바랍니다.

이런 과정을 거쳐 해당 물건과 관련된 권리들이 전부 말소되는 경우의 권리분석에 자신이 붙으면, 단계를 높여 임차인의 전입일자가 말소기준권리보다 빨라 대항력은 있지만 선순위 확정일자도 받아 낙찰자가 인수할 보증금이 전무한 임차인 물건도 검색해 보는 등 학습 진척 정도에 따라 목표를 설정하며 차근차근 공략해 간다면 경매공부의 재미가 제법 쏠쏠함을 느끼실 것입니다.

한편, 배당분석을 통해 낙찰자가 인수해야 할 보증금까지 계산해낼 정도로 실력이 쌓이면 경매고수들의 영역인 유치권이나 법정지상권 공지 있는 물건에도 슬쩍 관심을 가져보는 것도 좋은데, 이때 다시 한 번 선배들의 낙찰수기들을 구입해 통독합니다.

실제 시중에 나와 있는 경매 책 대다수가 유치권과 법정지상권, 위장임차인 물건 등 특수물건을 통해 고수익을 얻은 사례들을 다루고 있는 만큼, 유치권과 법정지상권의 성립요건과 해결방법들을 선배들의 생생한 경험담과 함께 공부한다면 적당한 동기부여도 되고, 이해도도 한결 높아질 테니 여러모로 유용할 것입니다.

권리분석 공부하실 때 염두에 두실 것은 모르는 용어가 나오면 꼭 개념정도는 찾아보고 넘어가라는 것입니다. 개념이 이해가 되지 않아도 자꾸 반복해서 찾아보면 나중에는 저절로 암기가 되거나, 적어도 다음번에 읽을 때 모르는 용어에 대한 부담을 한결 덜 수 있어 지치지 않고 공부를 이어갈 수 있습니다. 경매공부가 어려운 이유 중에는 용어의 생소함도 한몫하고 있으니 자꾸 찾아보고 접해서 용어와 친숙해질 필요가 있습니다.

그리고 경매서적에 본문내용과 관련된 법조문이 제시되어 있으면 그냥 넘기지 말고 한 번 정도는 꼼꼼히 읽어 보시기 바랍니다. 본문에서 장황하게 설명된 내용이 하나의 법조항으로 요약되는 경우가 대부분이기 때문에 정리차원에서 도움이 될 뿐만 아니라, 법에서 시작해 법으로 끝나는 경매 이론공부에서는 법조문에 하루라도 빨리 익숙해지는 게 여러모로 유리하기 때문입니다.

권리분석 공부는 별도의 이론서를 구입해서 공부하되, 공부의 진척 정도에 따라 단계를 설정해 두고 유료정보사이트 매물검색을 통해 학습내용을 실제 응용해 보며 공부를 진행한다면, 한결 지루하지 않게, 생생하게 이론을 체계화시킬 수 있을 것입니다!!

Episode 19

고부장의 실전특강
– 유료경매사이트 보는 법

다음날 아침 이른 시각에 눈을 뜬 봉대리가 부랴부랴 계란 토스트를 만들었다. 노릇노릇 잘 익은 토스트를 호일에 싸 가방에 넣고 황급히 뛰어나가는 봉대리. 오늘부터 매일 아침 1시간씩 고부장에게 실전특강을 듣기로 했던 것이다.

봉대리가 사무실에 도착해 벽시계를 보니 7시 5분 전이었다. 약속 시간보다 일찍 도착했지만 고부장은 먼저 나와 경제신문을 보고 있었다.

살아 움직이는 부동산지식은 그때그때 섭렵하지 않으면 놓치기 마련이라는 소신을 갖고 있는 고부장은 부동산 기사를 읽으면서 하루를 시작한다고 했다.

하루라도 부동산 기사를 읽지 않으면 마음이 불안해진다는 고부장의 말이 허언은 아닌 듯, 고부장은 아침마다 꼭 경제신문을 정독하는 습관이 있었다.

"고부장님, 식사 안하셨지요? 제가 토스트를 좀 만들어 왔습니다. 드시고 하시지요?"

"토스트라, 좋지. 그렇지 않아도 출출하던 차에 잘됐구먼."

아무도 없는 휴게실에 마주 앉은 봉대리와 고부장.

고부장이 토스트를 한 입 크게 베어 물며 말했다.

"그래, 어제 물건 검색은 좀 해봤나?"

"네, 대법원사이트에 들어가서 고양시에 나온 아파트 위주로 검색을 해 봤습니다."

"소감이 어떤가?"

"생각보다 매물이 많아 놀랐습니다. 경매하면 다 남의 얘기 같았는데, 경매 나오는 아파트가 그렇게나 많을 줄은 ……. 그리고 두 차례 유찰된 물건도 꽤 많다는데 또 한 번 놀랐습니다."

"세 번 유찰된 물건은 없던가?"

"그것도 두 개나 봤습니다."

"호오, 짜릿했겠구먼."

안 봐도 훤히 안다는 듯 고부장이 의미심장한 미소를 흘렸다.

고부장이 말을 이었다.

"이제 대법원사이트에서 물건 찾아보는 건 익숙해졌겠군? 그래, 뭐 특별히 물어볼 건 없나?"

"생각보다 대법원사이트에서 제공하는 정보가 다양하더군요. 초보자들도 쉽게 사이트를 이용할 수 있도록 잘 정비된 느낌이었습니다."

"그래, 얼마 전 까지만 해도 대법원사이트에서 제공하는 정보는 최소한에 그쳤고 체계도 허술했었는데, 다년간의 준비 끝에 이제는 유료정보사이트와 유사한 형식을 갖추었고 서비스의 내용도 많이 개선되었다네. 경매가 날이 갈수록 대중화되다보니 법원 입장에서도 마냥 손 놓고 있을 수는 없다고 생각했겠지. 앞으로 전산망이 좀 더 정비되고 고도의 시스템이 구축되면 경매도 더 이상 기일입찰이 아닌, 전자입찰 형태의 기간입찰로 변모될 거야. 지금도 세금미납으로 인한 공매의 경우는 온비드(OnBid)를 통해 전자입찰로 이루어지고 있다네. 굳이 번거롭게 법정에 가지 않아도 집이나 사무실에서 경매절차에 참가할 수 있다는 거지."

봉대리가 수긍한다는 듯 고개를 끄덕였다.

"그래, 자네가 봤다던 그 세 번 유찰된 물건은 꼼꼼히 검토해 봤나?"

"어제는 다양한 물건을 검색하는데 주안을 둬서 꼼꼼히 확인해 보진 않았습니다만, 둘 다 대항력 있는 임차인이었는데 배당요구를 하지 않았던 것으로 기억합니다. 위장임차인이 아닌 이상, 낙찰자가 보증금을 전액 인수한다면 세 번 유찰도 이해가 되는 상황이었습니다."

"위장임차인의 낌새는 보이지 않던가?"

"깊이 고민해 보진 않았지만, 현황보고서나 물건명세서상으로는 별다른 특이점은 찾아낼 수 없었습니다."

고부장이 손에 묻은 빵조각을 탈탈 털어내며 고개를 끄덕였다.

"자네가 아파트 경매로 승부를 걸어보기로 마음먹은 이상, 자네는 이제 편집증 환자가 될 각오를 해야 할 걸세.

의심하고 또 의심하는 버릇을 들여야 한다는 것이지. 대법원에서 제공하는 정보, 유료사이트에서 제공하는 정보 하나하나를 취합해서 어느 정도까지는 숨겨진 사실관계를 추리해 낼 수 있는 능력을 갖출 필요가 있다네. 그래야 현장조사를 해 볼 가치가 있는 물건인지를 미리 선별해 낼 수 있어 몸이 덜 고생하게 되지."

고부장이 목이 마른지 음료수 한 모금을 들이 킨 뒤 말을 이었다.

"수많은 물건의 정보지를 출력해서 일단 현장조사부터 하러 나가는 방식은 자네 같은 투잡족한테는 맞지 않는다네. 자네 같은 직장인들은 최대한 앉은 자리에서 1차로 옥석을 가려낼 수 있는 능력을 키워야 효율적인 경매를 할 수 있다는 거지. 그리고 시간의 효율을 기할 수 있는 또 하나의 방법이 유료정보사이트를 적극 활용하는 것이지.

어제 대법원경매정보를 들어가봐서 알겠지만, 대법원사이트가 과거보다 정보제공의 형식이나 양이 획기적으로 개선된 건 사실이지만, 아직까지도 등기부등본은 따로 발급 받아야 하고 기타 관련 서류들도 본인이 직접 떼서 봐야하는 불편이 있네. 어제 잠깐 언급한 바 있지만, 감정평가서나 물건명세서를 볼 수 있는 기간도 정해져 있고 말이야.

그런데 유료정보사이트는 다년간 축척된 노하우로 경매인들이 한눈에, 손쉽게 모든 정보들을 열람할 수 있는 시스템을 구축했다네. 그러니 유료정보사이트만 잘 이용하면 앉은 자리에서 완벽에 가까운 권리분석과 대략적인 물건분석을 해낼 수 있다네."

"그렇군요. 대법원사이트도 초보인 제게는 보는데 별달리 불편함이 없었는데, 더욱 더 편리하게 정보를 볼 수 있다니 빨리 유료정보사이트에 가입하고 싶은데요?"

고부장이 그 마음 알겠다는 듯, 씨익 웃음을 흘리며 봉대리의 어깨를 툭 쳤다.

"자, 다 먹었으면 그만 내 자리로 가지. 가입은 나중에 하더라도 생생한 경험은 미리 해 볼 수 있으니까."

고부장이 자리에 앉아 컴퓨터를 켠 뒤, 곧바로 즐겨찾기에서 유료정보사이트를 클릭했다. 능숙한 동작으로 미리 봐 두었던 물건하나를 화면에 불러냈다.

"자, 이 물건을 보면서 유료정보사이트 보는 법을 배워 보자구."

봉대리가 화면상에 떠오른 물건정보에 시선을 고정한 채 탄성을 내질렀다.

"우와, 정말 한 눈에 볼 수 있게 잘 정리되어 있는데요? 경매사건번호와 물건에 대한 대략적인 내역, 물건사진, 지적도, 구조도, 정말 없는 게 없군요."

"그래, 거기 사진을 클릭하면 또 다른 현장 사진도 볼 수 있다네. 거기 사진 밑에 세로로 쭉 늘어서 있는 다섯 개의 칸에는 각각 감정평가서 요약, 부동산에 대한 대략적인 표시, 감정가와 최저가, 유찰횟수 등 경매진행내역, 임차인내역, 등기부내역이 일목요연하게 정리되어 있지.

특히 등기부 상 권리는 등기일자 순으로 쭉 늘어놓았기 때문에 말소기준권리 찾기도 쉽고, 결국 말소대상이 되는 권리들을 한눈에 파악해 낼 수 있다네. 그 옆의 임차인내역에는 임차인의 전입신고일, 확정일자 부여일, 배당요구 여부 등을 기재해 놓았기 때문에 이 임차인이 대항력 있는 임차인인지 여부를 쉽게 판단할 수 있도록 해 놓았지.

▲ 자료제공 스피드옥션

아시다시피 등기부상 권리 중 말소기준권리를 찾아내고 그 말소기준권리와 임차인의 전입신고일자를 비교해 보면 대항력 유무를 손쉽게 알아 낼 수 있거든."

봉대리가 경탄어린 시선을 던지며 고개를 끄덕였다.
"정말 이렇게 등기부상의 권리를 날짜별로 늘어놓고 그 옆에 임차인의 전입신고일, 확정 일자 일을 붙여 놓으니까, 한 눈에 등기부상 권리분석과 임차인분석을 끝낼 수 있겠는데요?"
그 말에 고부장이 일부러 놀란 표정을 지어내며 말했다.
"그래? 자네가 아무리 경매에 천부적인 재능을 타고났다 해도 그 말은 믿을 수 없는 걸? 경매공부 시작한지 열흘밖에 안됐는데, 벌써 한 눈에 권리분석을 끝낼 수 있다니, 자만이 지나친 거 아냐?"
고부장의 익살스러운 표정에 봉대리가 눈을 빛내며 목소리를 높였다.
"제가 재능이 있다기보다는 워낙 정리가 잘돼 있어서요. 그럼 어디 권리분석을 한 번 해 볼까요?"

고부장이 호기심 어린 눈으로 고개를 끄덕이자, 봉대리가 집중하려는 듯 미간을 좁히며 말했다.
"이 사건의 말소기준권리는 2004. 12.에 설정된 신한은행의 저당권입니다.
따라서 신한은행 저당권이하의 권리들은 전부 말소될 운명입니다. 남은 건 최○○ 명의의 선순위 전세권인데, 원칙적으로 전세권은 용익물권이므로 말소기준권리보다 선순위라면 낙찰자가 인수해야 하지만, 전세권자가 배당요구를 하거나, 경매신청채권자라면 전세권은 더 이상 용익물건이 아닌, 보증금 지급을 구하는 담보물권적 권리로 바뀌어 결국 배당받고 소멸됩니다. 이 사안에서 전세권자는 배당요구 종기 내에 적법하게 배당요구를 하였으므로 낙찰과 동시에 소멸될 것입니다. 결국 등기부상 낙찰자가 인수할 권리는 없는 것입니다."

봉대리가 잠시 말을 멈추고 고부장을 바라보자 고부장이 계속해 보라는 듯 눈짓을 했다.

"다음으로 임차인을 분석해 볼 필요가 있는데, 임차인 최○○는 전입일자 말소기준권리보다 빨라 대항력을 취득하였고 확정일자도 받아 우선변제권도 취득한 상태입니다. 이른바 대항력과 우선변제권을 겸유한 임차인인데, 임차인 최○○는 대항력을 행사하기보다는 당해 경매절차에서 배당을 받기로 결심하고 배당요구를 신청한 상태입니다.

따라서 보증금을 전액 배당받는다면 낙찰자가 인수할 것이 없으나, 혹여라도 보증금을 다 받지 못하면 낙찰자가 인수해야 할 것인 만큼 조심해야 할 것입니다."

"그래, 임차인 최○○가 전액 보증금을 배당받을 것 같은가?"
"임차인 최○○의 전입신고일은 2001. 11. 10.인데, 확정일자는 같은 달 7일에 미리 받아 둔 특이한 케이스입니다. 이렇게 전입신고일

보다 확정일자일이 빠른 경우, 전입신고를 갖추어야 확정일자는 효력을 발생하기 때문에 전입신고를 갖춘 다음날 0시, 즉 2001. 11. 11.부터 우선 변제적 효력을 취득하게 됩니다. 그런데 전세권자의 전세권 등기일은 2001. 11. 7.이니 전세권보다 순위가 뒤져 후순위로 변제받게 됩니다. 그런데 전세금이 그리 크지 않으니 후순위로 배당받아도 임차인은 보증금 전액 배당받을 수 있을 것 같습니다만, 아직 배당분석 공부를 안해서 확실히는 말씀 드리지 못하겠습니다."

말을 마치자 고부장이 묘한 표정을 지어내며 봉대리를 쳐다본다.

'뭐가 잘못됐나.' 하는 얼굴로 봉대리가 다시 한 번 화면을 응시했다.

곧이어 아! 하는 단발마의 탄성이 봉대리의 입에서 새어나왔다. 대항력 있는 임차인과 전세권자가 동일인이었던 것이다. 임차인이 자신의 권리를 완전하게 보호받고 싶어서 이중 삼중의 권리를 설정해 두었던 것이다.

결론적으로 이 사건의 임차인은 대항력도 있고, 우선변제권도 있는데다가, 전세권에 기한 경매 신청권까지 있는 슈퍼 울트라 캡 짱 임차인이었던 것이다.

봉대리가 자신 있는 미소를 지으며 말했다.

"이 사건 임차인은 비록 대항력이 있다고는 하지만, 1순위로 전액 보증금을 배당받으니 아무런 문제가 없는 임차인입니다. 결국 이 물건은 낙찰자가 인수할 것이 아무것도 없는 깔끔한 물건입니다."

고부장이 고개를 끄덕이며 가볍게 손뼉을 쳤다.

그 입가에 흐뭇한 웃음이 하나 가득 번지고 있었다.

"그래, 대단하군, 정말 대단해. 경매정보지 보는 게 아직 익숙하지 않을 텐데도 정말 완벽하게 권리분석을 해내는군. 자네는 정말 경매의 신동일세. 하하, 역시 내가 사람 보는 눈이 있다니까."

고부장의 찬사에 봉대리가 몸 둘 바를 모르겠다는 듯 머리를 긁적였다.

"그래, 자네 말대로 이 물건은 낙찰자가 떠안을 게 아무것도 없는 깔끔한 물건일세. 그러다보니 12명이나 응찰하여 결국 직전 최저가보다도 더 높게 낙찰이 되었다네.

이 물건을 보고 우리가 느껴야 할 것은 최저가가 하염없이 떨어진 물건이 마냥 좋은 것만은 아니라는 걸세. 이 물건을 누군가가 2회차에 최저가로 낙찰 받아 갔다면 더 큰 수익을 낼 수 있었을 테니 말일세."

"그런데 왜 2회차 때에는 아무도 덤비지 않았을까요? 언뜻 봐도 물건의 시세나 가치가 떨어지는 물건은 아닌 것 같은데요. 제가 일산에 오래 살아봐서 아는데, 이 물건은 일산아파트 중에서도 랜드마크 격인 아파트입니다. 3호선 마두역이 코앞인 초역세권인데다가, 호수공원과 정발산이 가까워 주거환경이 뛰어난 곳이지요. 물론 근처에 이마트, 뉴코아, 롯데백화점 등 편의시설도 잘 갖추어져 있구요. 게다가 17층 아파트에 6층이면 층수도 괜찮구요."

"그래, 그러니 아까운 거지. 권리분석만 자신 있으면, 이런 물건은 2회차에 단독으로 응찰해서 낙찰 받으면 꽤 짭짤한 수익을 얻을 수 있지 않나 생각되네. 조심스럽게 추측해 보면, 낙찰시점이 한참 부동산경기가 최악으로 치닫던 때여서 함부로들 못 덤빈 거 같기도 한데, 그저 추측일 뿐 세상일이야 알 수 없는 것이지."

봉대리가 수긍한다는 듯 고개를 끄덕이며 말했다.

"그런데 정말 유료정보사이트가 좋긴 좋네요. 밑에 배당분석, 시세분석, 현장분석, 낙찰통계까지 제공해 주니 말이지요.

정말 말씀대로 앉은 자리에서 1차로 옥석을 가려내는 게 충분히 가능하겠는데요?"

"그렇다네. 유료정보사이트를 적극 활용하면 시간을 아주 짜임새 있게 활용할 수 있지. 그렇지만 유료정보사이트에 나와 있는 자료들은 그저 참고용일 뿐일세. 전적으로 신뢰할 수는 없고 신뢰해서도 안된다는 것이지. 배당분석표가 잘못 작성되었을 수도 있고, 권리분석이 틀렸을 수도 있다네. 정보지에 올려 진 시세와 현장 시세가 터무니없이 차이가 나는 경우는 부지기수고 말이야. 그러니 유료사이트의 정보는 1차적인 판단자료로만 사용하고, 응찰까지 고려할 만한 물건이 선정되면 곧바로 현장으로 달려가 생생한 정보들을 수집할 필요가 있는 것이지. 현장조사를 경매인들은 '임장'이라고 표현하는데, 임장의 중요성은 두 번 세 번 강조해도 절대 지나치지 않다네. 결국 부지런히 발품을 팔아야 성공의 횟수를 늘이고 실패를 줄인다는 말이지."

"임장의 중요성! 꼭 명심하겠습니다."

봉대리가 진지한 표정으로 고개를 끄덕였다.

고부장이 다시 화면 쪽으로 시선을 던졌다.

고부장이 오른쪽 귀퉁이에 줄줄이 늘어서 있는 작은 박스를 차례로 클릭하자,

감정평가서, 등기부등본, 물건명세서, 세대조사원본, 토지이용계획원 등의 서류들이 화면 한가운데 떠올랐다.

그야말로 당해 경매사건과 관계된 모든 서류들을 모아 놓은 느낌이었다. 굳이 번거롭게 서류를 떼러 다니지 않아도 되니 법원 경매사이트 보다는 확실히 시간 면에서 효율적이겠다는 생각이 들었다.

'이래서 경매고수들이, 어차피 경매를 할 거라면 반드시 유료정보사이트를 가입해 활용하라고 조언해 준 거구나.'

고부장이 법원문건접수라고 쓰인 네모 박스를 클릭하자, 이해관계인들이 법원에 접수한 문건내역이 날짜 순으로 차례로 정리되어 떠올랐다.

채권계산서, 배당요구서, 교부 청구서 등등 책에서든, 고부장 강의를 통해서든 한번쯤은 들어봤던 서류들이었다.

화면을 응시하던 고부장이 등을 돌려 봉대리를 보며 말했다.

"어때? 이제 유료정보사이트 보는 게 좀 익숙해진 느낌인가?"

"기본적인 시스템은 이해할 것 같습니다. 나중에 혼자 보게 되면 막히는 부분이 나오겠지만요."

"그래, 그땐 주저 없이 나한테 문의하도록 하게. 그리고 다시 한번 강조하지만, 경매정보의 기본은 대법원 경매정보일세. 유료정보사이트의 편리성을 최대한 활용하되, 정확한 판단은 대법원사이트에서 제공하는 정보와 항상 크로스로 체크해야 안전하다네. 꼭 명심하게나."

봉대리가 힘차게 고개를 끄덕이자 고부장이 환한 미소를 흘리며 말했다.

"자, 수고했네, 오늘 공부는 이만 끝!"

"감사합니다. 짧은 시간이지만 정말 많은 걸 배웠습니다."

봉대리가 존경어린 시선으로 고개를 깊이 숙이자 고부장이 봉대리의 어깨를 다정하게 다독였다.

"그리고 나는 당분간 유료정보사이트에 들어가지 않을 테니까, 봉대리 자네가 언제든 마음 놓고 사용하게나."

고부장이 손에 쥐어준 쪽지에는 유료정보사이트의 아이디와 비밀번호가 적혀 있었다. 마치 신비한 나라로 들어가는 비밀 열쇠라도 되는 양 봉대리가 쪽지를 소중하게 감싸 쥐었다.

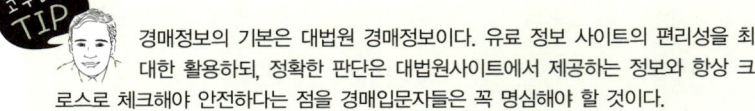

경매정보의 기본은 대법원 경매정보이다. 유료 정보 사이트의 편리성을 최대한 활용하되, 정확한 판단은 대법원사이트에서 제공하는 정보와 항상 크로스로 체크해야 안전하다는 점을 경매입문자들은 꼭 명심해야 할 것이다.

Episode **20**

고부장의 여섯 번째 강의
- 대지권미등기와 토지별도등기

점심시간. 고부장이 식사를 마치고 돌아오니, 봉대리가 골똘한 표정으로 모니터를 응시하고 있었다.

가만히 다가가 화면을 보니 유료경매정보사이트였다.

고부장이 입가에 미소를 머금고 봉대리의 어깨를 다정스레 토닥인다.

"봉대리, 점심은 먹고 하는 거야?"

봉대리가 흠칫 놀라 고개를 들다가 고부장임을 확인하고는 환한 웃음을 던진다.

"아침에 먹다 남은 토스트로 간단하게 때웠습니다. 수백, 수천 개의 아파트 매물을 검색하다 보니 안 먹어도 배부른 느낌입니다. 그런데, 고부장님은 식사하셨습니까?"

"오랜만에 총무부 황부장과 함께 식사를 했다네. 입사 동기인데도 밥 한번 같이 먹기가 이렇게 힘드니 원."

말끝에 쩝, 하고 입맛을 다시던 고부장이 호기심 어린 눈으로 화면을 응시했다.

"도대체 어떤 물건인데, 그렇게 화면이 뚫어져라 쳐다 보고 있는 건가? 진흙 속의 진주라도 발견한 건가?"

"그건 아니구요. 물건 하나를 관심 있게 보고 있는데, 물건명세서에 '토지별도등기 있음'이라고 공지되어 있어 도대체 토지별도등기가 뭔가, 하고 궁리하고 있었습니다. 아파트 물건에 '토지별도등기' 혹은 '대지권미등기' 등이 공지된 물건이 꽤 되던데, 토지별도등기와 대지권미등기의 개념조차 잡기 어려워 고심하고 있던 중입니다."

"어디보자." 고부장이 고개를 숙여 화면에 집중하며 중얼거렸다.

아니나 다를까 빨간 글씨로 토지별도등기 있음이 공지되어 있었다.

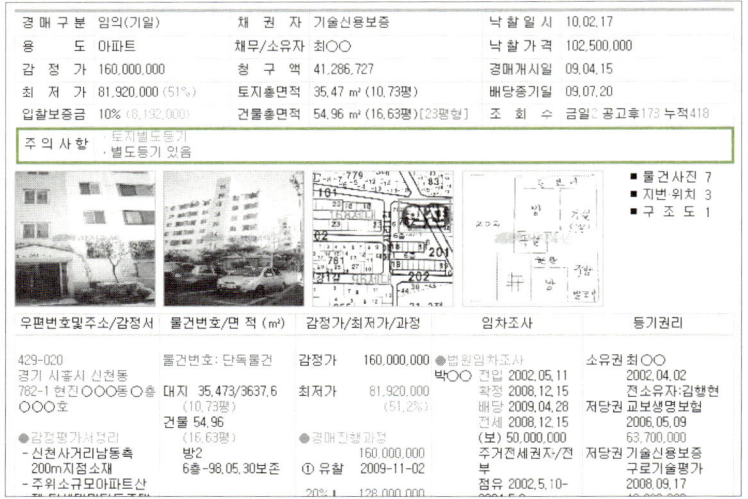

"좋아, 점심시간이 아직 20분이나 남아 있으니까, 내가 토지별도등기와 대지권미등기에 대해서 특강을 해 주겠네. 자, 그럼 먼저 토지별도등기란 말이야."

등을 돌려 고부장을 바라보는 봉대리의 눈빛이 반짝하고 빛났다.

"토지별도등기를 검토하려면 먼저 집합건물과 관련된 용어와 기본적인 법리를 알아둘 필요가 있네. 자네 혹시 집합건물이라고 들어봤나?"

"아파트나 빌라처럼 수개의 독립된 건물들이 한데 모여 있는 건물을 말하는 거잖습니까?"

"그래, 잘 알고 있군. 그런데 수개의 독립된 건물이 모여 있다는 표현만 가지고는 설명이 부족하다네. 다가구주택의 경우에도 수개의 독립된 건물이 모여 있지만 집합건물이라고 하진 않거든. 집합건물이 성립되려면 수개의 건물이 독립된 소유권의 객체가 될 수 있어야 하네. 즉, 수개의 건물이 각각 별도의 등기부를 가져야 된다는 말이지."

"그렇군요. 다가주택은 말이 다가구주택이지, 소유자는 건물주 한 명이고 등기부도 하나밖에 없잖습니까? 그래서 다가구주택은 단독주택으로 취급하고 등기가 세대별로 있는 다세대주택은 집합건물이 되는군요. 다가구주택과 다세대주택의 차이를 이제 좀 알겠네요."

"그래, 그런데 집합건물에는 적게는 수명에서 많게는 수백 명이 건물 한 동에 모여 살다보니 다수의 입주자들 간의 관계를 효율적으로 관리할 필요성이 생겨났다네. 그래서 '집합건물의 소유 및 관리에 관한 법률'을 제정하게 되었는데, 위 법에서는 건물과 토지를 따로 처분할 수 없도록, 즉 건물을 처분하면 토지소유권은 당연히 건물 소유권에 따라가도록 규정해 놓았다네."

"원칙적으로 토지와 건물은 별개의 부동산이고, 따라서 별도로 처분이 가능한데 집합건물의 경우에는 이런 원칙에서 후퇴해서 항상 함께 처분하도록 해 놓았다는 말씀이시군요."

고부장이 고개를 끄덕였다.

"그렇다네. 그런데 왜 유독 집합건물에 대해서만 이런 특례를 규정해 놓은 걸까"

"토지와 건물이 별도로 처분되면 토지와 건물의 소유자가 달라질 수 있는데, 이때 토지소유자가 건물을 무조건 철거하라고 하면 건물소유자로서는 낭패잖습니까. 이런 문제가 발생했을 때, 단독주택이야 이해관계인이 적으니 그나마 다행이겠지만, 수백 명의 이해관계인이 얽혀 있는 아파트 같은 경우에는 땅주인과 건물 주인이 달라지면 그야말로 큰 문제가 발생할 수 있을 것 같습니다. 그래서 집합건물의 경우에는 건물과 토지를 일체로 처분하도록 한 게 아닐까요?"

한참을 고심하던 봉대리가 조심스럽게 말하자, 고부장의 표정이 환하게 밝아졌다.

"그래, 바로 그거라네. 토지와 건물소유자가 달라진 경우 법정지상권이라는 제도를 두어 일정한 경우 건물소유자가 건물을 철거당하지 않고 오히려 남의 토지를 배타적으로 사용할 수 있는 권리를 부여하기도 하지만, 수백 명, 수천 명의 이해관계가 얽힐 수 있는 집합건물에서는 아예 건물과 토지를 따로 처분할 수 없도록 해서 분쟁을 미연에 방지하고자 한 거지."

봉대리가 이해했다는 듯 고개를 끄덕이자 고부장이 말을 이었다.

"결국 건물이 처분되면 토지도 종속되어 따라오기 때문에 건물의 소유자는 토지의 소유자가 되고, 건물에 소유권자로 등재되면 토지의 소유권자가 되는 것이지. 이런 논리로 건물의 가압류권자는 별도로 토지에 가압류를 설정하지 않아도 토지의 가압류권자가 되는 것이고 건물의 근저당권자는 토지의 근저당권자이기도 한 것이지."

"호오, 그렇다면 건물등기부만으로도 권리의 공시가 가능하겠는데요? 그렇다면 집합건물의 경우에는 굳이 토지등기부등본이 필요 없겠군요. 건물등기만으로 토지에 동일한 등기가 있는 것으로 보면 되니까요."

"그렇다네. 그래서 원칙적으로는 집합건물의 경우에도 토지등기부등본과 건물등기부등본이 따로 존재하지만, 그 토지가 집합건물과 일체 불가분으로 엮여 있다는 취지의 등기가 건물등기부에 설정되면 그때부터는 건물등기부에 기재된 내용이 동일하게 토지등기부에도 기재된 것으로 보기 때문에 더 이상 토지등기부등본은 소용이 없어진다네."

"방금 말씀하신 등기, 그러니까 토지가 집합건물과 일체불가분으로 엮여 있다는 취지의 등기가 흔히 말하는 대지권등기군요. 즉 건물등기부에 이 같은 취지의 대지권 등기가 되어 있으면 그때부터는 건물과 토지는 일체불가분성이 인정되어 따로 팔지도 못하고, 결국 건물등기만으로도 토지권리까지 공시가 가능하다는 말씀이시군요."

"그렇다네. 그 중에서도 아파트가 대표적이니 이제 아파트로 통일해서 설명하겠네 집합건물의 등기부등본을 열람해 보면 쉽게 알겠지만, 집합건물의 등기부에는 집합건물 한 동 전체를 받치고 있는 토지를 기재하는 난이 있고, 각각의 집합건물 즉 특정호수에 할당된 토지지분을 기재하는 난이 있는데, 전자를 대지권의 목적인 토지라고 표시하고, 후자를 대지권이라고 하네. 쉽게 말해, 아파트 101동 건물에 10세대가 살고 있는데, 101동 전체를 받치고 있는 전체 대지가 대지권의 목적인 토지로 표시되는 것이고, 그 중에서 101동 101호에 할당된 지분이 대지권이 되는 것이지. 이렇듯 101호에 대지권지분이 할당되었다는 등기가 대지권등기이고, 이 대지권등기가 등기부에 등재되면 그때부터는 토지등기부등본은 쓸모가 없어진다는 말이지. 어때, 이해할 수 있겠나?"

[집합건물] 경기도 고양시 일산서구 일산동 1655외 1필지 일신건영아파트 제○○동 제○층 제○○호   고유번호 2811-2004-○○○○○○

표시번호	접 수	소재지번,건물명칭 및 번호	건 물 내 역	등기원인 및 기타사항
		경기도 고양시 일산구 탄현동 1633 일신건영아파트 제○○동	1층 367.312㎡ 2층 367.312㎡ 3층 367.312㎡ 4층 367.312㎡ 5층 362.272㎡ 6층 362.272㎡ 7층 362.272㎡ 8층 362.272㎡ 9층 362.272㎡ 10층 362.272㎡ 11층 362.272㎡ 12층 362.272㎡ 13층 362.272㎡ 14층 362.272㎡ 15층 286.624㎡ 16층 286.624㎡ 17층 286.624㎡ 18층 181.136㎡ 19층 181.136㎡	2006년1월27일 등기 도면편철장 제1책 제69호

(대지권의 목적인 토지의 표시)

표시번호	소 재 지 번	지 목	면 적	등기원인 및 기타사항
1	1. 경기도 고양시 일산구 일산동 1655 2. 경기도 고양시 일산구 탄현동 1633	대 대	31268.3㎡ 949.1㎡	2004년12월2일
2	2. 경기도 고양시 일산서구 탄현동 1633	대	949.1㎡	2005년5월16일 2토지 행정구역변경

열람일시 : 2010년02월22일 오후 7시6분29초   2/5

[집합건물] 경기도 고양시 일산서구 일산동 1655외 1필지 일신건영아파트 제○○동 제○층 제○○○호				고유번호 2811-2004-○○○○○○
표시번호	소 재 지 번	지 목	면 적	등기원인 및 기타사항
3	1. 경기도 고양시 일산서구 일산동 1655	대	31268.3㎡	2005년5월21일 2005년5월16일 1.토지 행정구역변경 2006년1월18일

【 표 제 부 】 (전유부분의 건물의 표시)

표시번호	접 수	건물번호	건 물 내 역	등기원인 및 기타사항
1	2004년2월2일	제○층 제○○○호	철근콘크리트조 70.983㎡	도면편철장 제1책 제69호

(대지권의 표시)

표시번호	대지권종류	대지권비율	등기원인 및 기타사항
1	1, 2 소유권대지권	32217.4분의 33.5918	2003년12월22일 대지권 2004년2월2일

【 갑 구 】 (소유권에 관한 사항)

순위번호	등 기 목 적	접 수	등 기 원 인	권 리 자 및 기 타 사 항
1	소유권보존	2004년2월2일 제7584호		소유자 일신건영주식회사 110111-0655477 의정부시 의정부동 440-2
2	소유권이전	2004년2월2일	2001년10월4일	소유자 권○○ 720507-2※※※※※※

열람일시 : 2010년02월22일 오후 7시6분29초

"네, 개념 정도는 책으로 봤던 기억이 있어서 이해가 어렵진 않은데, 그래도 좀 막연한 느낌이긴 합니다. 책에서는 '대지는 건물의 전유부분의 처분에 따른다.'는 표현을 쓰던데, 여기서 말하는 전유부분이 개별 호수 즉 101동 101호, 102호……, 등을 말한다고 보면 되는 건가요?"

"그렇지. 전체건물 중 자기가 현재 소유하고 거주하는 부분이 전유부분일세. 내가 101호에 산다고 할 때 그 101호가 전유부분이 되는 거지. 정리하면, 특정호수에 대지권등기가 되어 있다는 건 특정 호수와 대지지분이 일체화 되어 결국 따로 처분하지 못한다는 말이라네."

"그럼 대지권미등기라는 건, 아직까지 건물등기부에 이런 대지권등기가 되어 있지 않다는 뜻이겠군요?"

"그렇다네. 일단 대지권미등기는 나중에 설명하기로 하고 우선 토지별도등기에 대한 설명부터 마무리하겠네. 건물에 대지권등기가 설정되면 일단 그때부터는 건물등기가 곧 토지등기가 되니 토지등기부가 무용해지지만, 대지권등기할 당시 이미 건물과 토지에 다른 등기가 되어 있었다면 어쩌겠는가? 대지권등기가 되면 그때부터는 건물과 토지의 등기부가 항상 똑같게 되지만, 대지권등기 전에는 토지와 건물의 등기가 다를 가능성은 언제든 생길 수 있어 문제가 되는 것이지."

"그렇군요. 이론적으로는 토지와 건물이 일체화되기 전, 즉 대지권 등기 이전에는 토지와 건물에 다른 등기가 설정될 가능성은 분명 있겠습니다. 아! 그렇다면 대지권등기 전에 이미 토지등기부에 있었던, 건물등기와 다른 등기를 토지별도등기라고 하는 겁니까? 토지만의 다른 등기, 그래서 토지별도등기라고 이름붙인 겁니까?"

"바로 그렇다네!"

고부장이 기특하다는 표정으로 봉대리를 바라보았.

고부장이 흐뭇한 웃음을 흘리며 말을 이었다.

"대지권등기를 통해 앞으로의 등기는 건물과 토지를 일체화시킬 수 있지만, 그전에 이미 설정되어 있던 토지만의 별도등기는 외부인에게 공지를 통해 알려줄 필요가 있는데, 이를 토지별도등기라고 하네. 토지별도등기는 집합건물등기부의 대지권의 목적인 토지상에 표시되기도 하고, 전유부분에 할당된 특정대지지분인 대지권 상에 표시되기도 한다네. 주의를 요한다는 의미로 빨간색으로 처리되어 있지."

유료정보사이트의 등기부등본을 클릭해 본 봉대리가 고개를 이내 끄덕였다.

등기부 등본 (말소사항 포함) - 집합건물

[집합건물] 경기도 시흥시 신천동 782-1 현진아파트 제○○동 제○층 제○○○호   고유번호 1355-1996-○○○○○○

【 표 제 부 】	(1동의 건물의 표시)			
표시번호	접 수	소재지번,건물명칭 및 번호	건 물 내 역	등기원인 및 기타사항
1 (전 1)	1998년5월30일	경기도 시흥시 신천동 782-1 현진아파트 제○○동	철근콘크리트벽식구조 경사슬래브지붕 6층 아파트 1층 368.76㎡ 2층 368.76㎡ 3층 368.76㎡ 4층 368.76㎡ 5층 368.76㎡ 6층 368.76㎡ 지층 378.90㎡	도면편철장 2책265장
				부동산등기법 제177조의 6 제1항의 규정에 의하여 1999년 12월 28일 전산이기

(대지권의 목적인 토지의 표시)				
표시번호	소 재 지 번	지 목	면 적	등기원인 및 기타사항
1 (전 1)	1. 경기도 시흥시 신천동 782-1	대	3637.6㎡	1998년5월30일
2 (전 2)				1 토지에 관하여 별도등기있음 1998년5월30일
				부동산등기법 제177조의 6 제1항의

열람일시 : 2010년02월22일 오후 7시17분18초   1/7

봉대리가 보던 물건에는 대지권의 목적인 토지를 표시하는 난에 토지별도등기의 내용이 기재되어 있었다.

토지등기부 을구 난에 토지만의 근저당권등기가 설정되어 있다는 내용이었다.

고부장이 말을 이었다.

"토지별도등기가 기재된 물건은 반드시 토지등기부등본을 열람하여 어떤 종류의 별도등기인지를 확인해 보고 응찰해야 한다네. 토지별도등기의 내용이 수십미터 지하에 지하철 관련 구분지상권이 설정되어 있다든지 하는, 소유권행사에 전혀 지장 없는 내용일 수도 있고, 이미 해결이 된 토지별도등기가 미처 정리되지 않고 남아 있을 수도 있다네. 이럴 때는 확인해 보고 별 문제없다 싶으면 안심하고 응찰해도 되는 것이지."

"토지별도등기의 내용이 저당권인 경우는 어떻게 접근하지요?"

"토지별도등기권자가 당해 경매절차에서 배당요구를 했는지를 확인해 보면 된다네. 배당요구를 했다면 순위대로 배당받고 그 지분만큼 근저당권을 말소해 줄 테니, 토지별도등기는 낙찰과 동시에 정리할 수 있다네."

"배당을 요구했는지 여부는 법원문건접수내역을 통해 확인해 보면 되겠군요?"

"그렇지."

왠지 장단이 척척 맞는 느낌에 봉대리와 고부장이 마주 보고 웃었다.

"또 하나 토지저당권자가 건물에도 저당권을 갖고 있으면 이때는 안심해도 될 걸세. 당연히 건물에 대한 배당 요구 시 토지부분에 대한 배당도 함께 신청할 테니까 말일세. 그러나 토지별도등기가 만약 지분대로 쪼갤 수 없는 가처분, 가등기, 지상권등기라면 초보 입장에서는 무조건 피하도록 하게, 마치 ……."

"징그러운 뱀을 보듯이 말이죠!"

봉대리가 중간에 끼어들며 마무리하자 고부장이 너털웃음을 터뜨렸다.

"다음은 대지권미등기인데, 대지권미등기가 문제되는 경우는 크게 두 가지일세.

먼저, 집합건물에 대지를 사용할 수 있는 권리 즉 대지사용권이 처음부터 아예 없어 대지권을 설정하려야 설정할 수 없는 경우이고, 두 번째는 대지사용권은 있지만 행정절차가 복잡하거나, 아니면 땅에 얽힌 권리관계가 미처 정리되지 않아 대지권등기가 미뤄지는 경우라네.

  첫 번째는 남의 땅에 무단으로 건물을 짓는 경우로서 과거 사유지에 시영아파트를 짓는 경우 등에 발생할 수 있었지만, 현재로서는 드문 케이스이니 굳이 유념할 필요는 없다네.

  두 번째가 통상적으로 발생하는 대지권미등기의 형태인데, 이 경우는 건물에 대지사용권은 있으나 등기만 되어 있지 않은 경우이니 추후 낙찰자가 전소유자를 대위하여 토지주로부터 대지권등기를 이전 받으면 되는 것이지."

  "결국 대지권미등기는 아무 위험이 없는 물건이군요?"

  "꼭 그렇지만은 않다네. 일반적인 대지권미등기 물건의 경우 건물이 철거될 염려가 없으니 치명적인 위험은 없겠지만, 매수인들이 불안한 마음에 매수 자체를 아예 꺼리거나 아니면 터무니없이 매매가를 깎으려는 경향이 있기 때문에, 단기매매를 통해 조기에 차익을 실현하려는 경매인들은 시세를 급매가보다 더 보수적으로 산정할 필요가 있다네. 또한 낙찰 후 시공사나 시행사에서 알아서 대지권등기를 해주면 좋겠지만, 그렇지 않은 경우에는 대지권이전등기 소송을 통해서 해결해야 할 경우도 있기 때문에 추가비용도 고려해야겠지.

  그리고 대지권미등기에서 가장 조심해야 될 케이스가 하나 있는데, 바로 신축, 분양된 지 얼마 되지 않은 아파트가 대지권미등기 상태에서 경매로 나오는 경우라네. 이때에는 대지권미등기의 이유가 수분양자가 분양대금을 미납했기 때문일 수도 있는데, 이 경우 낙찰자가 대지권 등기를 하려면 미납된 분양대금을 대신 지급해야 하기 때문에 반드시 조심할 필요가 있네.

시중의 경매서적들은 대지권미등기의 경우, 법원감정가에 대지권가액이 포함되면 낙찰로 대지권도 취득하니 아무 문제없다고 설명하지만, 실상은 이런 맹점이 있으니 꼭 유의해야 할 걸세."

봉대리가 가볍게 몸을 떨며 고개를 끄덕였다.

"그렇군요. 분양대금 미납금이라면 적지 않은 금액일 텐데, 그걸 떠안아야 한다면 사고 중에서도 큰 사고군요."

"그렇다네. 그래서 경매에서는 어중간하게 아는 경우가 제일 위험하다고들 하는 거야."

고부장이 짐짓 진지한 얼굴을 지어내며 단호한 어조로 말했다.

"그리고 마지막으로 노파심에서 하는 말인데, 대지권 등기가 되어 있다고 항상 안심할 일만은 아니네. 앞서 본 것처럼 대지권의 목적인 토지에 저당권이 설정되어 있는 경우, 즉 토지에 별도등기가 있는 경우, 토지저당권자가 대지만을 경매에 넣어 낙찰자가 생기면 일단 등기된 대지권일지라도 과거로 소급해서 효력을 잃게 된다네. 결국 대지사용권이 없는, 앞에서 본 최악의 대지권미등기 건물이 될 수도 있다는 말이지. 그러니 대지권미등기나 토지별도등기 물건도 함부로 얕잡아 보고 경솔하게 응찰해서는 안 되는 거라네."

"알겠습니다. 항상 겸손한 마음으로 조심 또 조심하겠습니다."

고부장이 미소를 지으며 봉대리의 어깨를 두드려주었다.

잠시 후 점심시간의 종료를 알리는 차임벨이 경쾌하게 울려 퍼지기 시작했다.

고부장이 발걸음을 옮기려다 이내 돌아보며 말했다.

"자네의 진도가 빨라 내 숙제를 하나 내주겠네. 내일 아침 강의 때까지 고양시에 있는 아파트 물건 중에서 자네가 응찰하고 싶은 물건 하나를 선정해 오게. 물론 권리분석과 물건분석을 철저히 해 와야 할 것은 두말할 필요가 없겠고, 이번에는 시세분석과 수익분석까지도 한 번 해 보게. 즉 얼마에 낙찰받아, 얼마에 급매를 놓고, 얼마의 수익을 거둬들일 수 있는지를 꼼꼼히 한번 분석해 보란 말이지. 만약 숙제를 제대로 해 온다면, 곧바로 실전에 돌입하도록 하고, 미진하다 싶으면 앞으로 한 달 동안은 실전생각은 접고 공부만 해야 될 걸세."

고부장의 말에, 봉대리의 얼굴에 설레임과 두려움의 표정이 동시에 교차했다. 봉대리가 두려움을 이겨내려는 듯 깊게 심호흡을 한 번 했다.

상쾌한 공기가 폐부 깊숙이 다다르자, 봉대리의 얼굴에는 어느덧 희망의 물결만이 넘실되고 있었다.

고부장의 TIP

신축, 분양된 지 얼마 되지 않은 아파트가 대지권미등기 상태에서 경매로 나온 경우에는 대지권미등기의 이유가 수분양자가 분양대금을 미납했기 때문일 수도 있는데, 이 경우 낙찰자가 대지권 등기를 이전받으려면 미납된 분양대금을 대신 지급해야 하기 때문에 필히 조심할 필요가 있다.

감정가격에 대지부분이 포함되어 있으면 아무런 문제가 없다는 기존의 속설을 너무 맹신하지 말고, 특수물건을 접근할 때는 돌다리도 두드려 보고 걷는다는 심정으로 확실하게 법리를 정리한 뒤 입찰하도록 하자.

Eepisode 21 봉대리의 첫 번째 숙제 – 위장임차인 물건 공략하기
Eepisode 22 고부장의 추리 – 위장임차인의 정체
Eepisode 23 봉대리의 첫 임장 – 고실장과의 첫 만남
Eepisode 24 고부장의 일곱 번째 강의 – 아파트 경매, 성공을 위한 왕도
Eepisode 25 봉대리, 태양을 향해 뛰어오르다

STEP 04
봉대리, 첫 도전에 성공하다

Episode 21

봉대리의 첫 번째 숙제
– 위장임차인 물건 공략하기

다음날 아침. 어젯밤 늦게까지 고부장이 내준 숙제를 하느라 잠을 설친 봉대리가 자리에서 일어나 늘어지게 하품을 했다. 몸은 피곤했지만 머릿속은 더할 나위 없이 맑았다. 마음 깊은 곳에서, 에너지가 끝없이 용솟음치는 느낌이었다.

부랴부랴 세수를 마친 봉대리가 가방을 챙겨들고 집을 나섰다.

편의점에 들려 삼각 김밥과 컵라면 하나를 산 봉대리. 검정색 비닐봉지를 달랑거리며 봉대리가 사무실에 도착한 시간은 6시 40분이었다.

오늘은 고부장님보다 일찍 출근했거니 싶었는데, 사무실 창으로 불빛이 새어 나오고 있었다.

문을 열자, 여전히 단아한 모습으로 앉아 경제신문을 정독하고 있는 고부장의 모습이 보였다. 항상 흐트러짐이 없는, 자기 관리에 철저한 고부장의 모습에 봉대리가 새삼 감탄한다.
"일찍 나오셨네요? 밤새 안녕히 주무셨습니까?"
활기찬 봉대리의 인사에 고부장이 활짝 웃으며 일어섰다.
"자네도 일찍 나왔군. 그래, 어제 내가 내 준 숙제는 무사히 해 왔나?"
무사히, 라는 표현에 봉대리가 씨익 웃는다.
초보자들에게 물건 검색이 얼마나 힘든 일인지를 고부장은 잘 알고 있어 그런 표현을 썼을 것이다.
봉대리가 조심스러운 어조로 말했다.
"평가가 어떻게 나올지는 모르겠지만, 일단 제가 할 수 있는 최선을 다했습니다. 그러니 다소 미흡해도 어여삐 봐주시기 바랍니다."
봉대리의 익살스러운 애교에 고부장이 살짝 미소를 지었다.
그러나 이내 단호한 목소리로 말했다.
"경매는 한 순간의 실수로 나락으로 떨어질 수 있는 위험한 게임이라는 걸 경매입문 단계에서는 한시도 잊어서는 안 된다네. 그러니 항상 물건 검색은 신중해야 하고, 그에 대한 평가 또한 냉정하리라는 각오는 해야 될 걸세. 나는 이 시점부터 일체의 감정을 배제하고 논리와 상식에 입각해서 자네가 해 온 숙제를 평가하겠네."
고부장의 진지한 어조에 봉대리의 얼굴이 굳어졌다.
'이제부터는 정말 하나하나가 실전이구나. 정신 바짝 차려야겠는걸?' 각오를 새롭게 다진 봉대리가 결의에 찬 표정으로 고개를 끄덕였다.
"자, 곧바로 시작하세."라는 고부장의 말에, 봉대리가 심호흡을 한 번 하고 나지막한 목소리로 말하기 시작했다.

"제가 이번 과제를 수행하면서 중점적으로 관심을 두었던 아파트는 30평 내외의 중소형 아파트였습니다.

실물경기가 조금씩 회복되고 있다고는 하지만, 아파트에 대한 투자심리가 살아날 낌새가 보이자 곧바로 겹겹의 금융제한 조치를 취하고 있는 현 정부의 태도로 미루어 볼 때, 실물경기가 안정적인 회복단계에 접어들지 않은 이상 당분간 부동산가격은 현재 상태에서 고착되거나 부분적인 하락세가 이어질 것이라는 예상이 들었습니다. 중대형 평수의 아파트는 보통 시세차익이 큰 만큼 경기회복기에는 유망한 투자처가 될 수 있지만, 경기하락기에는 수요가 줄어 장기간 투하원금이 묶일 수 있는 가능성이 있는 만큼, 경기와 무관하게 꾸준한 수요가 있는 중소형 아파트를 타깃으로 삼았습니다. 물론 현재 저한테는 중대형 평수의 아파트에 도전할 만한 종잣돈이 없기 때문이기도 하구요."

"그래, 지금같이 미래 경기를 예측하기 힘든 상황에서는 보수적으로 접근할 필요가 있겠지. 경기가 하강곡선을 그리게 되면, 내 집 마련 수요나 갈아타기 수요가 줄어 결국 대형평수에 대한 선호도는 떨어지게 마련이지. 그러나 내 집 마련이나 갈아타기를 뒤로 미루게 되면 결국 전세 수요가 살아나기 때문에 경기의 하강기에도 전세, 월세 가격은 강세를 띠게 마련이라네. 집값은 떨어지지만 전세가는 강세를 띠는, 언뜻 보면 모순적인 상황에서, 경매로 수익을 낼 수 있는 미묘한 접점이 바로 중소형 아파트 경매라네. 전세가가 하루가 다르게 치솟으니 차라리 대출을 끼고 아파트를 사버리는 게 어떨까 하는 심리가 형성되고, 결국 이러한 심리에 편승해 중소형 아파트에 대한 수요가 꾸준히 살아나는 거지."

"그렇군요. 저도 요즘 부동산 기사를 관심 있게 보고 있는데, 경기가 하락하네, 아파트가가 폭락하네, 말들이 많아도 전세와 월세 가액은 꾸준히 강세를 보이더군요. 집값은 떨어지는데 전세가는 올라가니, 저 같아도, 이 기회에 그냥 집을 사서 세입자 생활을 청산하는 게 마음 편할 것 같다는 생각이 들더군요."

고부장이 고개를 끄덕이자 봉대리가 말을 이었다.

"고양시, 그중에서도 일산은 한참 공업도시로 성장하고 있는 파주의 베드타운으로서의 역할이 기대되는 입지에 위치해 있고 경의선 복선화에, 제2자유로 호재가 있어 서울로의 접근성도 한층 좋아질 전망입니다. 게다가, 시 자체적으로도 대규모 국제전시장인 킨텍스를 고양시의 랜드마크로 육성하려는 의지가 강하고, 또한 수만 명의 유동인구 유입 효과가 있는 한류우드 조성의 개발계획이 가시화되고 있어 향후 일산의 미래는 밝다고 전망했습니다. 그래서 고양시 중에서도 일산구에 중점을 두고 물건을 검색했습니다."

"권리분석에만 치중하지 않고 물건소재지의 개발계획이나 미래가치 등을 꼼꼼히 조사한 점은 높이 살 만하군. 조사 내용도 충실한 듯 하고 말이야. 대단하네!"

고부장의 찬사에 힘을 얻은 봉대리가 화면으로 시선을 주며 말했다.

"아파트 경매의 장점은 단기간에 시세차익을 노릴 수

있다는 건데, 다른 부동산과 비교되는 이런 탁월한 장점 때문에 아파트 경매에는 평균적으로 십수 명의 경쟁자가 몰려 결국 급매가보다 높은 가격에 낙찰되는 경우가 허다하다는 단점이 있습니다. 결국 아파트 경매의 장점이 실전에서는 치명적인 단점이 되는 것이지요. 경매학원이나 경매컨설팅업체의 난립이 이런 현상을 더욱 부추기고 있어 앞으로 아파트경매 시장은 급매시장보다도 메리트가 없는 시장으로 전락할 가능성이 농후합니다. 결국 일정한 투자수익을 노리고 접근하는 경매인들에게 아파트 경매시장은 불모지나 황무지와 다를 바 없는 척박한 시장이 되어 버린 게 현실입니다."

고부장이 경탄어린 표정으로 속으로 중얼거렸다.

'대단하군. 대단해. 벌써부터 경매시장의 판도를 예측하는 안목을 갖추다니. 내가 사람하나는 제대로 봤어. 봉대리, 자네는 꼭 출중한 경매인이 될 거야.'

그런 고부장의 속마음을 알아챘는지 봉대리가 한층 열띤 목소리로 설명을 이어갔다.

"그래서 저는 권리분석이 용이한 물건은 별다른 메리트가 없겠다는 판단을 하고 과거 낙찰사례들을 꼼꼼히 확인해 보았는데, 아니나 다를까, 권리분석이 용이한 물건의 평균경쟁률과 낙찰가율은 급매로 사는 것보다 못한 경우가 허다했습니다.

보통 급매가가 현시세의 90%선에서 형성된다고 보았을 때, 낙찰가율이 90%를 넘어가면 어렵게 경매를 하는 이유가 없다는 생각이 들어 저는 과거 낙찰사례 중 낙찰가가 80% 초반에 머문 물건들을 주로 검색해 보았습니다. 그러다가 낙찰가율이 그처럼 낮은 물건에는 일정한 공통점이 있다는 걸 발견했습니다."

잠시 말을 끊은 봉대리가 가볍게 심호흡을 한 번 하고는 말을 이었다.

"그런 물건에는 위장임차인으로 추정되는 선순위전입자가 있거나, 아니면 소액임차인이 두 명 이상 되어 명도부담이 있거나, 임차인으로부터 유치권이 신고되어 있거나, 최소한 토지별도등기나 대지권미등기가 공지되어 있는 등 법적인 하자가 있는 물건이 대부분이었습니다. 그래서 저 역시 누구나 쉽게 권리분석을 해낼 수 있는 물건은 일단 관심 밖에 두고, 권리분석상 조금이라도 문제가 있어 보이는 물건을 선별해 보았습니다. 그래서 선정된 물건이 바로 이 물건입니다."

봉대리가 익숙한 동작으로 관심물건 목록에 올려놓았던 물건 하나를 화면 가운데로 불러냈다.

고부장이 안경을 밀어 올리며 화면에 집중했다.

"고양시 마두동에 소재한 27평형 대단지 아파트입니다. 감정가는 3억 2천만원에 세 번 유찰되어 현재 최저가는 1억 6천여만 원입니다."

"호오, 물건 정보상으로는 흠잡을 데 없는 물건인 걸? 17층에 14층이니 층도 좋고, 베란다 방향이 남서향이니 향도 나쁘지 않고, 게다가 복도식이 아닌 계단식이니, 일반인들이 선호할 만한 물건이군. 그런데 반값으로 떨어졌다? 그래, 이 물건에서 자네가 짐작하는 문제는 뭔가?"

열기	의정부지방법원 고양지원	대법원바로가기		가로보기	새로보기	새로보기(2) 새로보기(3)
	2008 타경 ○○○○(임의)		매각기일 : 2009-10-21 10:00~ (수)			경매8계 031-920-6318
소재지	경기도 고양시 일산동구 마두동 717 벽마마을아파트 501동 ○○층 ○○○○호					사건접수 2008-12-08
물건종별	아파트	채권자	신용보증기금		감정가	320,000,000원
대지권	53,052㎡ (16,05평)	채무자	주식회사 ○○○○		최저가	(51%) 163,840,000원
전용면적	70,43㎡ (21,3평)	소유자	석○○		보증금	(10%) 16,364,000원
평형	27평형	매각대상	토지/건물일괄매각		청구금액	284,335,797원
입찰방법	기일입찰	배당종기일	2009-02-09		개시결정	2008-12-08

기일현황

회차	매각기일	최저매각금액	결과
신건	2009-04-23	320,000,000원	유찰
2차	2009-05-27	256,000,000원	유찰
3차	2009-06-24	204,800,000원	매각
	이○○/입찰4명/매각282,000,000원(90%)		
	2009-07-01	매각결정기일	
3차	2009-09-23	204,800,000원	유찰

[건물현황]

[건물목록]
마두동 717 [아파트]
철근콘크리트조
 · ○○○○호
 · 전용 : 70,43㎡(21,3평)
 · 금액 : 224,000,000원
 · ○○층 건중 ○○층 남서향, 계단식
보존등기일 : 1994-12-15

[건물기타현황]
- 이용상태(방3, 거실, 주방, 식당, 욕실1, 발코니 등)
- 급배수설비, 소화전설비, 승강기 설비, 열병합 지역난방설비 등

[토지현황]

[대지권목록]
마두동 717 [대지권]
비율 : 67,328,5㎡ 분의 53,05㎡
대지권 : 53,05㎡×㎡(16,05평)
금액 : 96,000,000원
토지이용계획확인/공시지가

[토지기타현황]
- 벽마초등학교 북동측 인근에 위치
- 주변은 대단위 아파트단지가 밀집한 아파트지대, 근린상가, 공원, 학교 등이 혼재, 지역
- 차량출입 원활, 인근에 경의선 벽마역 및 노선버스정류장이 소재, 대중교통이건 양호한 편
- 북서측, 벽마로, 북동측, 경의로에 접함
- 제2종일반주거지역
- 제1종

[비고]

감정평가서

[감정평가]
다산감정
감정시점 2008-12-13
감정가 320,000,000원
토지 (30%) 96,000,000원
건물 (70%) 224,000,000원

임차인/대항력여부

홍○○
전입 : 2001-01-03
확정 : 없음
배당 : 없음
보증 : 미상
점유 : 미상
현황조사시 권리내역

매각물건명세서
1)현장에 가보니 아무도 없었고 주민등록상 등재된 사실로보아 홍성학은 임차인으로 보이나 만나지못해 점유, 보증금관계등은 미상
2)조사후 전화가 왔는데 보증금관계등 진술을거부함

등기부/소멸여부

(현)소유권
1994-12-20 집합
석○○
매매

(근)저당
2006-04-25 집합
신용보증기금
374,400,000원

가압류
2008-10-16 집합
전문건설공제조합
100,000,000원

가압류
2008-10-16 집합
하나캐피탈
23,083,470원

가압류
2008-10-24 집합
현대캐피탈
7,466,348원

가압류
2008-10-31 집합
국민은행
50,000,000원

임의경매
2008-12-09 집합
신용보증기금
청구 : 284,335,797원
2008타경○○○○

등기부등본열람
건물열람 : 2009-04-09

벽마(쌍용) 단지현황

건설사	쌍용건설	동수	8개 동	총세대수	576세대
평형	27평형	구조	계단식	동일평형	200세대
전용면적	21,34평	난방	지역열병합	입주년도	1994. 11
		방수		관리사무소	031-902-4748

편의시설 롯데백화점
교육시설 벽마의성유치원,벽마초등학교,벽마중학교,벽석고등학교
주변도로 11기타시설 일산전화국 마1동동사무소 일산시/구청 일산경찰서 벽어우체국 농협금융기관 외환은행금융기관 건
주변사항 우스포츠센터종합스포츠센터 올림픽스포츠센터종합스포츠센터 석소아과일반병원 예진내과일반병원 성모미비인후과일반병원 사랑치과

주의사항 ☞ 최선순위 설정일자 06.4,25.
매각으로 소멸되지 않는 등기부권리 해당사항 없음
매각으로 설정된 것으로 보는 지상권 해당사항 없음

주의사항	김○○로부터 27,720,000원 유치권신고 있음 2009-07-07 유치권자 김○○ 유치권 권리신고 제출 2009-07-21 최고가매수신고인 매각허가결정의 취소신청서 제출 2009-06-07 유치권자 김○○ 보정서 제출 ※미납관리비(공용)를 인수할수 있으니 입찰전에 확인 하 시 기 바랍니다.

▲ 자료제공 스피드옥션

256 • Episode 21 | 봉대리의 첫 번째 숙제 – 위장임차인 물건 공략하기

"보시다시피 이 물건에는 대항력 있는 임차인이 존재합니다. 임차인의 전입신고가 말소기준권리인 2006. 4. 25.자 근저당권보다 빨라 임차인은 대항력이 있는데 물건명세서나 법원문건접수내역 어디를 봐도 배당요구를 한 흔적이 없습니다. 결국 임차인의 보증금을 낙찰자가 떠안아야 한다는 말인데, 인터넷으로 대략적인 전세 시세를 확인해 본 결과 층수에 따라 차이가 좀 있긴 하지만 보통 1억 4천에서 1억 5천 사이에 전세가가 형성되는 걸 알 수 있었습니다. 그렇다면 현재 최저가로 낙찰 받아도 보증금을 인수하면 남는 게 없는 물건인 것입니다."

"그런데 자네 생각은 이 물건의 임차인이 위장임차인으로 추정된다는 말인가? 그 이유를 설명해 줄 수 있겠나?"

"화면상단의 정보를 보시면 아시겠지만, 경매를 신청한 채권자의 청구액이 2억 8천만원을 넘어섭니다. 거의 시세에 육박하게 대출을 해주었다는 말이지요. 그러나 채권자가 바보가 아닌 이상, 보증금이 1억 4천만 원이나 되는 선순위 세입자가 있는데, 그렇게 거액의 대출을 해 줄 리가 없지 않겠습니까? 결국 이 사건 전입자는 위장임차인이고, 채권자를 찾아가 보면 분명 무상임대차 각서를 받아두었을 가능성이 높아 보입니다."

고부장이 고개를 끄덕이긴 했지만, 그 표정 한 켠에는 짙은 의혹이 묻어 있었다.

"그래, 자네 말도 일리는 있네만, 그런데 채권자가 은행이 아닌, 신용보증기금이라 문제란 말야. 채권자가 은행이라면 자네 말처럼 딱딱 떨어지겠지만, 중소기업에게 시설자금을 저리로 융자해 주는 신용보증기금에서 그렇게 엄격하게 담보가치를 파악했을까? 그냥 회사의 미래가치나 신용도를 보고 형식적으로 담보를 잡은 게 아닐까?"

봉대리의 표정이 굳어졌다.
거기까지 생각해 보진 않았지만 고부장의 말에 일리가 있었던 것이다.
고부장이 눈을 빛내며 말했다.
"그리고, 여기 보니 저번 기일에 누군가 거의 급매가 수준에 낙찰을 받았다가 잔금을 못냈군. 짐작컨데, 전낙찰자도 자네처럼 위장임차인이라 생각하고 입찰했다가, 낙찰받고 확인해 보니 진정한 임차인어서 잔금납부를 포기했던 게 아닐까?"
"그, 그렇군요. 그럴 수도 있겠습니다."
봉대리가 주눅이 든 표정으로 말까지 더듬자 고부장이 피식 웃음을 흘리며 말했다.
"사람 참, 그렇게 쉽게 포기해서야 쓰겠나? 그래, 이것 말고 위장임차인으로 추정되는 다른 이유는 없나?"
"저는 그게 가장 큰 이유라고 생각했습니다. 결론적으로, 현장 조사할 때 채권은행을 찾아가 무상임대차 각서가 있는지 여부를 확인해 보고 만약 있다면 위장임차인으로 보고 응찰하면 되겠다 싶었는데, 고부장님 말씀 들어보니 꼭 위장임차인은 아닐 수도 있겠다는 생각이 듭니다."

"하하, 사람 참. 내가 말했지 않나, 아파트 경매에서 승부를 내려면 편집증환자가 될 필요가 있다고. 그렇게 쉽게 의심하길 포기해서야 어디 진주 같은 물건을 캐낼 수 있겠나? 자, 일단 의심의 끈을 놓지 말고 다시 한 번 꼼꼼히 살펴보세나."

잔뜩 실망한 봉대리와는 달리 고부장의 얼굴은 오히려 화색이 돌았다.

봉대리를 대신해 여기저기 클릭해 보던 고부장이 잠시 후 짧은 탄성을 내뱉었다. 고부장이 보고 있는 화면에는 현황조사서라는 제목의 법원 문건이 떠올라 있었다.

고부장의 시선을 쫓아 봉대리가 화면을 응시했다.

고양지원 2008-○○○○ 현황조사내역

■ 임대차정보

번호	소재지	임대차관계
1	경기도 고양시 일산동구 마두동 717 벽마마을 ○○○동 14층 ○○○○호	1명

■ 점유관계

소재지	1. 경기도 고양시 일산동구 마두동 717 벽마마을 ○○○동 14층 ○○○○호
점유관계	임차인(별지)점유
기타	

■ 부동산현황
- 1)현장에 가보니 아무도 없었고 주민등록상 등재된 사실로보아 홍○○ 은 임차인으로 보이나 만나지못해 점유, 보증금관계등은 미상
- 2)조사후 전화가 왔는데 보증금관계등 진술을거부함

■ 임대차관계
[소재지] 1. 경기도 고양시 일산동구 마두동 717 벽마마을 ○○○동 14층 ○○○○호

	점유인	홍○○	당사자구분	임차인
1	점유부분	미상	용도	주거
	점유기간	미상		
	보증(전세)금	미상	차임	미상
	전입일자	2001년1월3일	확정일자	

"자, 여기를 보게나. 여기 보면, '임차인이 조사 후 연락을 해 왔는데, 보증금관계에 대해서는 진술을 거부함'이라고 기재되어 있

지? 어때? 뭔가 좀 이상하지 않은가?"

봉대리가 미심쩍은 표정을 지어내며 말했다.

"그렇군요. 진정한 임차인이라면 자신의 보증금을 숨길 필요가 없지 않습니까? 어차피 낙찰자한테 대항력을 행사할 목적이라면, 자신의 보증금이 얼마인지를 알려서 낙찰자가 미리 준비할 수 있도록 해 주는 게 임차인에게도 유리할 텐데 말이지요."

"그래, 이 물건의 비밀은 여기에 숨겨져 있는 것 같네. 정상적인 임차인이라면 굳이 보증금을 숨길 필요가 없는데, 도대체 왜 그랬을까? 이게 이 물건에 대한 의심의 시발점이 되어야 하네.

그리고 또 하나, 전 낙찰자가 이 물건을 낙찰받자마자 전혀 뜬금없는 사람의 이름으로 유치권이 신고되었다는 점도 주목할 필요가 있네. 전 낙찰자는 임차인이 진정한 임차인어서 잔금납부를 포기한 게 아니라, 뒤늦게 신고된 유치권에 즈레 겁을 먹고 포기한 것일 수도 있기 때문이지."

"그렇군요. 정말 낙찰 허가받고 얼마 되지 않아 유치권이 신고되었네요? 타이밍이 절묘한데요? 결국 임차인이 잔금을 못낸 건 임차인이 진정해서가 아니라 갑작스러운 유치권신고 때문일 수도 있겠는데요?"

"그렇다네. 여기서 우리는 왜 낙찰자가 생기자마자 유치권을 신고했을까, 하는 의심을 해 볼 수 있어야 하네. 유치권자는 임차인도 아니고 공사업자도 아닌, 전혀 뜬금없는 사람인데 왜 하필 이 물건이 낙찰되자마자 곧바로 유치권을 신고했을까? 어떤 목적이 있는 게 아닐까? 하고 말이야."

봉대리의 눈썹이 미세하게 꿈틀거렸다.

봉대리가 갑자기 눈을 크게 뜨며 나지막이 외쳤다.

"다른 사람의 낙찰을 막기 위한 것이군요! 소유자와 임차인이 짜고, 최저가를 하염없이 떨어뜨려 저가에 낙찰 받으려고 했는데, 뜬금없이 실수요자로 추측되는 초보가 낙찰 받으니까 잔금납부를 못하게 하려고 유치권을 신고한 것이군요!"

"그래, 내 추측도 그렇다네. 임차인의 전입신고가 최선순위로 되어 있는 걸 이용해서 일반인들로 하여금 대항력 있는 임차인인 것처럼 오해하도록 한 뒤, 측근을 이용해 저가에 낙찰 받으려고 의도하고 있었는데, 난데없이 실수요자가 낙찰 받아버렸으니 당황했겠지. 그래서 서둘러 유치권을 신고해 잔금납부를 막았던 것으로 추정되네."

"지난 기일에 한 번 더 유찰된 건, 다들, 전낙찰자가 잔금납부를 못한 이유는 임차인이 진정한 것으로 드러났기 때문이라고 생각해서였겠군요."

"그렇다고 봐야겠지. 그런데, 이번 기일에는 분명히 많은 사람들이 덤빌 거야. 일단은 전세보증금을 전액 떠안아도 손해가 없을 만큼 최저가가 떨어진데다가 지난 기일에는 망설이던 사람들이 충분한 시간을 두고 고민해 본 결과 위장임차인이라는 심증을 굳히고는 이번 기일에는 응찰을 시도할 수도 있기 때문이지. 그러니 이번 기일에 낙찰받기가 그리 만만치만은 않을 걸세."

"그래도 운 좋으면 적어도 몇 천 만원의 수익은 날 물건이니 한 번 현장조사를 해 볼 필요는 있겠는데요?"

"그래, 지금 상황에서는 철저한 현장조사를 거쳐 임차인이 허위라는 심증을 굳힐 필요가 있겠네."

무심코 등기부등본을 클릭해, 아래로 훑어 내려가던 고부장이 어라! 하는 단발마의 탄성을 내질렀다.

'이번에는 또 뭐지?'

봉대리의 표정이 일순 굳어졌다.

"이 친구 이거, 위장임차인이 아닐 수도 있겠는 걸?"

고부장의 맥 빠진 음성이 잔뜩 긴장한 봉대리의 귓가를 예리하게 파고들었다!

고부장의 TIP

아파트 경매의 장점은 환금성이 좋아 단기간에 시세차익을 노릴 수 있다는 것인데, 다른 부동산과 비교되는 이런 탁월한 장점 때문에 아파트 경매에는 평균적으로 십수 명의 경쟁자가 몰려 결국 급매가보다 높은 가격에 낙찰되는 경우가 대부분이라는 단점이 있다. 경쟁치열한 아파트 경매에서 성공하기 위해서는 남들이 선호하지 않는 권리관계 복잡한 물건에 응찰할 필요가 있는데, 결국 경매 성공의 왕도는 요행이 아닌, 꾸준한 공부와 노력뿐임을 경매인들은 다시 한 번 되새길 필요가 있다.

경매에 입문하는 모든 분들이 일정 정도 수준에 오르면 예외 없이 관심을 갖는 분야가 바로 아파트 경매입니다. 아파트 경매는 권리분석이 정형화되어 있어, 왠지 부담 없이 접근할 수 있을 것 같은 느낌이 드는 게 사실입니다. 그러나 누구나 관심 있어 하는 매물은 그만큼 경쟁률도 높은 법. 결국 적정수익을 내며 아파트를 낙찰받기란 말 그대로 하늘의 별따기만큼 어려우리라는 것 역시 어렵지 않게 추측이 가능합니다.

경매인들이 나름대로 충실한 이론공부를 거쳐 실전에 뛰어들었음에도 다시 한 번 좌절을 겪게 되는 시기가 있는데, 바로 십수 차례의 패찰을 연속해서 경험할 때입니다. 대여섯 번 정도의 패찰이야 각오한 바 있으니 애교로 넘기지만, 일곱 차례, 여덟 차례, 실패가 계속 이어지면 마음 한구석에서 조금씩 좌절감이 밀려들기 시작합니다.

그래도 왠지 열 번째 입찰은 느낌이 좋아 신중에 신중을 거듭하여 응찰가를 써냈지만, 웬걸, 지난번보다 순위는 더욱 밀려있고 낙찰가와의 금액 차이도 더욱 커져 마음속 혼란은 가중됩니다. 시간이 갈수록, 경험이 쌓일수록 1등과의 격차가 좁혀져야 그나마 희망이 보일 텐데, 자신 있게 응찰가를 써내도 막상 뚜껑을 열어보면 결과는 항상 규칙 없이 들쭉날쭉입니다. 이쯤되면 슬슬 자신을 경매계로 이끈 경매서적 저자나 자신에게 희망을 심어주었던 멘토를 원망하는 마음이 생기기 시작합니다.

　권리분석 공부만 끝내면 뭐가 돼도 될 줄 알았는데, 날마다 좌절의 연속이고 희망의 빛은 한 줌 보이지 않으니 괜히 시간만 낭비한 느낌입니다. 자신의 능력에 대한 한탄도 하게 되고, 돈 버는 게 쉬울 리 없지, 하는 자조 섞인 탄식도 내뱉게 됩니다.

　그런 복잡한 심경 속에서도 몇 번 더 응찰하다가, 쉴 새 없이 들이키는 쓰디쓴 패찰의 고배에 좌절하여, 결국에는 두 손 들고 미련 없이 경매계를 떠나는 경우가 현실에서는 태반입니다.

　자, 여기서 우리는 진지한 성찰을 해 볼 필요가 있습니다.

　지금 경매계에는 여러분들보다 한 발 앞서 경매를 시작한, 연륜이나 경험 면에서 여러분보다 뛰어난 수많은 선배들이 진을 치고 있고, 경매계의 숨은 고수들도 어디선가 예리한 눈빛을 빛내며 호시탐탐 우량 매물을 노리고 있다는 사실은 부인하지 못할, 아니 부인하지 말아야 할 현실입니다.

　이런 빈틈없는 경쟁의 틈바구니 속에서 실전경험이라고는 위험부담이 전혀 없는 모의 응찰이 전부에다가 아직도 온전히 체계가 잡히지 않아 헷갈리는 이론들로 애매하게 무장한 경매 초보들이 곧바로 낙찰의 희열을 만끽할 수 있으리라 생각하는 건 어찌 보면 그 자체가 환상이요, 욕심 아니겠습니까?

　우연이나 행운이 수익에 어느 정도 영향을 미치는 다른 재테크수단의 경우에는 '초심자의 행운'이 초보 투자자의 손을 한두 번 들어줄 경우가 있을 수 있겠지만, 실력과 경륜으로 승부가 갈리는 그야말로 정직한 경매시장에서는 초심자의 행운이라는 개념자체가 성립될 수 없는 것입니다. 물론 초보자들이 감정가에 육박해서 응찰가를 써내면 낙찰이야 받겠지만, 우리가 원하는 건 낙찰 자체가 아니라 적정수익을 낼 수 있는 낙찰이기 때문에 더 더욱 그렇습니다.

사정이 이러한 데도 경매입문자의 백이면 백 모두 일정 수련을 거치면 아파트 경매로 뛰어듭니다. 그것도 역세권에, 대단지에, 로얄 층에, 향 좋고 조망 좋은 브랜드 아파트로만 마치 불구경하듯 우르르 몰려들 갑니다. 결국 매번 자신의 경쟁자들은 최소 수십 명에, 낙찰가는 항상 급매가보다 높은 감정가 언저리일 수밖에 없는 데도 말입니다.

이런 패턴이 반복되어서는 끝없는 패찰과 좌절의 연속일 뿐입니다.
사실 아파트 경매시장에서 여러분들이 패찰을 거듭하는 이유는 여러분들보다 경험과 능력 면에서 뛰어난 선배들이 많아서이기도 하지만, 경매 법원 앞 야산에서 30년을 수련한 고수들도 당해낼 수 없는 절대고수(?)인, '실수요자' 라 불리는 무리들 때문입니다.
단돈 100만원만 싸게 사도 만족하는 실수요자들을, 적정수익을 노리고 응찰하는 투자자들은 도저히 당해낼 수가 없는 것입니다. 실수요자들의 주무대가 누구나 탐을 내는 우량아파트 시장임은 분명하고, 한편 이 패턴은 경매컨설팅업체의 난립으로 앞으로도 오래도록 변하지 않을 듯합니다. 그렇다면 이제 여러분들은, 다시 떨어질 게 뻔한데도

가파른 언덕위로 끝임없이 바위덩이를 굴려 올리는 신화 속의 시지프스처럼, 무모하고 의미 없는 도전을 무한정 반복할 것이 아니라 과감히 생각의 패턴을 바꾸실 필요가 있는 것입니다.

권리분석을 갓 뗀 입문자들이 너도나도 우량 아파트로 몰려갈 때 여러분은 중소규모의 비역세권 아파트로 한번쯤 눈길을 돌려 볼 수 있어야 합니다. 그럼, 매번 수십 명이었던 경쟁자들이 대번에 대여섯 명으로 줄어 한결 수월한 느낌이 드는 걸 금방 깨닫게 되실 겁니다. 만약 여러분이 빌라로 눈을 돌리면 경쟁율은 더욱 떨어질 것이고, 단독주택은 말 그대로 단독응찰도 가능합니다.

여기서 반드시 짚고 넘어갈 것이 하나 있는데, 낙찰을 받아도 매각을 못하면 무슨 의미가 있느냐, 하는 보편적인 의문입니다. 그러나 아시다시피 빌라, 상가, 단독주택 모두 사람 사는 곳입니다. 일정한 조건이 충족되면 안 팔릴 리 없고 임대가 안 나갈 리 없습니다. 다만, 초우량 아파트에 비해 매각이 늦어질 수 있고, 호재에 따른 가격 상승폭이 좀 더 작을 뿐입니다. 그런 단점을 미리 예상하고 그 단점을 커버하기 위해 투자기간을 장기로 잡거나, 아니면 목표수익을 낮춰 잡고 움직이면 되는 것입니다.

여기서 우리는 치열한 경쟁 속에서 살아남기 위한 소중한 명제 하나를 도출해 낼 수 있습니다.

바로 수많은 경매시장의 틈새 속에서도 자신만의 분야를 특화해 내는 것!

아파트 경매 중에서도 틈새를 파고들어, 남들이 꺼려하는 1층 혹은 꼭대기층 아파트만을 노린다거나, 비역세권 소규모 단지 아파트를 노린다거나, 재개발과 무관한 지역의 빌라만을 고집하거나, 빌라 중에서도 반지하 빌라만을 골라 응찰하거나, 다 쓰러져 가는 허름한 단독주택만을 노리거나 하는 등의 특화가 필요한 것입니다.
　대신에, 남들이 꺼려하는 물건을 받았으니 이런 물건에 대한 해법은 미리 철저히 강구해 두셔야 할 것은 두말할 필요가 없겠지요. 이러한 해법의 강구가 자신만이 잘할 수 있는 분야에 대한 특화요, 경매고수의 길로 접어드는 첩경입니다.

　그냥 원론적인 예를 들어보면, 아파트 1층은 대다수가 꺼려하지만 주로 노인들이 선호하니 노인들을 상대로 한 마케팅 전략을 세울 필요가 있겠고 꼭대기층은 조망이 좋으니 조망을 무기로 매매전략을 짜보는 것입니다. 비역세권 소규모 단지의 경우 그만큼 매매가나 임대가가 저렴하니 저렴함으로 승부하시면 될 것이고, 반지하 빌라는 깨끗하게 내부 수리하여 반지하의 단점을 최소화한 뒤 매매든 임대든 내놓는 겁니다. 누구나 한번 보면 미간을 찌뿌리는 외관의 단독주택은 낙찰 받아 전부 헐어 버리고 번듯한 빌라를 지어 분양해 보는 것도 좋을 것입니다.
　인구 지도를 펼쳐놓고 은퇴한 실버들이 선호하는 지역을 찾아보고 주변에 공원과 하천, 야산 등으로 둘러싸인 곳이라면 꼭대기층의 선호도도 높을 테니 평소 유심히 봐두시면 됩니다. 그리고 반지하 빌라를 수리하는 방법이나 낡은 주택을 헐고 빌라 신축하는 내용을 담은 서적들이 서점에 즐비하니, 한두 권 구입하여 경매 공부하듯 통독하면 금방 그 분야에서 특화된 지식으로 무장한 전문가가 될 수 있습니다.

지금 현재 거듭되는 패찰 속에서 좌절하고 계신 분들, 혹은 뜨거운 정열을 가슴에 품고 이제 막 경매공부를 시작하기로 마음먹으신 분들은 두루뭉실하게 경매전반에 걸쳐 공부하겠다는 마음을 먹기보다는 자신이 잘할 수 있는 한 분야를 정해두고 집중적으로 매진하시기 바랍니다.

수많은 경쟁자들이 몰리는 물건에 응찰하여 번번이 실패의 고배를 마시면서도 '내가 고른 물건이 좋긴 좋은가 보다. 경쟁자들이 이렇게 많으니.' 하는 어설픈 위안으로 자신을 기망하는 일은 이제 그만 접으시고 진정으로 자신이 최고가 될 수 있는 분야를 골라 자신의 역량을 집중하십시오. 그것이 경매초보들도 치열한 경쟁 속에서 살아남을 수 있는 유일한 전략이자 성공의 지름길입니다.

남들이, 경기가 어려우니 상가투자는 위험하다는 이론에 귀를 기울일 때, 어려운 경기에도 경쟁력 있는 1층의 소규모 상가만을 골라 투자하면 어떨까, 하는 건설적인 의문을 가져보는 게 자신만의 경쟁력을 높일 수 있는 특화의 시발점입니다. 경기가 어려워도 상가는 존재하고 상인들은 먹고 살아야 합니다. 그러나 경기가 어려워지면 입지나 층수를 불문하고 상가 낙찰가율은 바닥을 헤매게 되는데, 이때 가시성, 접근성 좋은 1층의 상가는 여전히 수요가 살아 있는 데다가 경기악화로 점포규모를 줄이는 게 대세일 테니 소규모 1층 상가를 낙찰받으면 적정 수익을 낼 수 있겠다라는 생각을 해 볼 수 있어야 자신의 경쟁력을 높일 수 있는 것입니다.

경매계에서 성공하려면 팔방미인이 될 필요는 없고, 오히려 한 우물만 파는 게 빠른 성공의 지름길이 될 수 있습니다.

권리분석 공부 단계부터 자신만의 분야를 특화시킬 수 있다면, 최대치로 발휘된 자신의 역량을 한 곳에만 집중할 수 있어 결국 경매에서 성공할 수 있는 가능성을 훨씬 높일 수 있을 것이니, 경매에 처음 입문하시는 분들은 꼭 명심하시기 바랍니다.

경매에서 성공하려면 자신만의 분야를 특화하라! 성공을 원하는 경매인이라면 금과옥조처럼 가슴에 새겨둘 명제입니다!!

Episode 22

고부장의 추리
– 위장임차인의 정체

고부장이 정색을 하고 말했다.

"여기 등기부등본을 보면 임차인의 전입시점인 2001. 1. 4경 소유자의 주소지에 변동이 있음을 알 수 있네.

순위번호	등 기 목 적	접 수	등 기 원 인	권 리 자 및 기 타 사 항
				03월 02일 전산이기
1-1	1번등기명의인표시변경	2006년4월25일 제40249호	2001년1월4일 전거	석○○의 주소 파주시 조리면 대원리 272 동문그린씨티아파트 ○○동 ○○○호
2	가압류	2008년10월10일 제153491호	2008년10월10일 서울중앙지방법원의 가압류결정(2008카단903 08)	청구금액 금100,000,000 원 채권자 전문건설공제조합 서울 동작구 신대방동395-70,71 (소관:수원지점)
3	가압류	2008년10월16일 제156816호	2008년10월14일 수원지방법원의 가압류결정(2008카단130 34)	청구금액 금23,083,470 원 채권자 하나캐피탈 주식회사 과천시 별양동 1-23
4	가압류	2008년10월24일 제160349호	2008년10월23일 서울서부지방법원의 가압류결정(2008카단111 43)	청구금액 금7,466,348 원 채권자 현대캐피탈 주식회사 110111-0995378 서울 영등포구 여의도동15-21 (소관:강남채권센터)
5	가압류	2008년10월31일 제163805호	2008년10월31일 서울중앙지방법원의 가압류결정(2008카단970 95)	청구금액 금50,000,000 원 채권자 주식회사 국민은행 서울 중구 남대문로2가9-1 (소관:기업여신관리센터)
6	임의경매개시결정	2008년12월9일 제180694호	2008년12월8일 의정부지방법원 고양지원의 임의경매개시결정(2008	채권자 신용보증기금 114271-0001636 서울 마포구 공덕동254-5 (방배지점)

열람일시 : 2010년02월23일 오후 3시17분12초   5/7

등기부상 명의인의 주소지에 변동이 생기면 이해관계인의 신청 혹은 등기관의 직권에 의해서 등기명의인 표시변경절차를 거치게 되는데, 이 사건의 경우에도 소유자의 주소지가 2001. 1. 4경에 변동되었네. 변동원인은 '전거'로 나와 있는데, 쉽게 말해 소유자가 거주지를 바꿨다는 말이지."

"임차인의 전입신고일이 2001. 1. 3.이니까, 임차인이 이사 오자마자 소유자가 곧바로 전거했다? 왠지 아귀가 딱딱 맞아 떨어지는 느낌인데요? 그렇다면 임차인이 그때부터 이 주소지에서 거주하기 시작했다는 말이 되나요?"

"정황상으로는 그렇게 판단하는 게 상식적이지. 그렇다면, 이 사건 임차인은 진정한 임차인일 가능성이 높다는 말인데, 도대체 왜 임차인은 자신의 보증금을 묵비하고 있는 걸까?"

"그냥 단순히 선순위로 전입신고된 상황을 이용해 임차인 행세를 하려던 게 아니라, 실제 진정한 임차인이라면 정말 납득하기 힘든 행동인데요? 도대체 어떤 노림수가 있는 걸까요?"

한동안 골똘히 생각에 잠겨있던 고부장이 조심스러운 어조로 입을 열었다.

"현재의 정황으로는 임차인과 소유자, 유치권자 이렇게 셋이 짜고 뭔가 모종의 음모를 꾸미고 있는 게 분명한데, 그 음모가 만약 저가 낙찰을 노리는 것이라면 상정 가능한 추리는 하나뿐인 것 같네."

고부장이 놀란 듯 입을 벌리고 있는 봉대리를 바라보며 단호하게 말했다.

"바로 임차인의 보증금이 정상적인 전세가가 아니라는 것이지!"

"그게 무슨?"

"이 사건의 임차인은 전세 세입자가 아니라 월세 세입자 같네!"

그제서야 봉대리가 아! 하는 탄성과 함께 고개를 끄덕였다.

"그렇군요. 그렇다면 모든 의문이 풀리는군요. 진정한 임차인이면서도 보증금을 묵비해야 될 사정도 이제야 이해가 됩니다. 예비응찰자들한테는 전세 세입자처럼 보이도록 행세하면서 최저가를 하염없이 떨어뜨린 뒤, 적정 시점에 저가로 응찰해서 그 차익만큼을 집주인과 나눠 갖겠다?"

"그래, 임차인 단독 계획일 가능성도 배제할 순 없겠지만, 뒤늦게 유치권자까지 튀어나온 거 보면 아무래도 집주인과 공모한 냄새가 나는군. 집주인 도움 없이 유치권을 신고하긴 어려울 테니 말일세."

"어찌 보면 집주인과 임차인이 친분이 두터운 관계일 수도 있겠군요. 그래서 임차인이 2001년경 입주할 때도 시세보다 낮은 보증금에 월세로 들어와 살다가, 경매가 개시되자 곧바로 의기투합해서 일을 꾸민 것이 아닐까 추측되는데요?"

"그래, 진실이야 알 수 없지만, 정황상 그리 나쁘지 않은 추측이네."

"그렇다면, 2001년 당시 월세 보증금이 얼마였는지만 확인해 보면 인수해야 할 보증금의 범위가 드러나겠군요."

"그래, 그 부분이 현장 조사할 때 공인 중개사들한테 중점적으로 물어야 할 대목이지. 당시 월세계약의 빈도가 어땠는지, 월세보증금은 얼마였는지, 얼마 단위로 보증금이나 월세가 증액되었는지 등을 면밀히 조사해 볼 필요가 있겠네. 2001년도의 월세 보증금이라면 그리 크지 않을 거고, 그렇다면 낙찰자가 인수해야 할 보증금 액수가 5000만 원 이상 넘어갈 것 같지는 않네. 일단 낙찰자가 인수해야 될 보증금은 2006년도에 신용보증기금 명의의 저당권이 설정되기 전까지 증액된 금액에 한정될 테니까 말일세."

잠시 혼란스러운 표정을 짓던 봉대리가 눈을 빛내며 말했다.

"아! 저당권이 설정된 후에 증액된 금액은 대항력이 없으니 낙찰자가 인수하지 않는다는 말씀이시군요. 그렇다면, 임차인의 보증금이 대략 5000만원이라는 전제에서 이번 기일에 우리가 최저가로 낙찰 받으면, 이런 저런 비용포함해서 투하되는 원금이 2억 2천만 원, 제가 인터넷에서 조사해 본 바로는 현재 이 물건의 급매가가 3억원 정도니까 우와! 한 번에 8000만 원의 수익을 낼 수 있는 물건이군요. 대단한데요?"

"이번 기일에는 경쟁자가 많아 최저가로 낙찰받기는 어려울 게야. 게다가 임차인측에서도 이번 기일에는 입찰에 참가할 테니, 낙찰가는 생각보다 높아질 가능성이 크네. 내막을 알고 있는 임차인으로서는 굳이 최저가 언저리를 고집할 필요가 없기 때문이지. 그동안 임차인이 예비 응찰자들한테 많이 시달렸다면, 높은 경쟁을 의식해 낙찰가를 높게 책정할 가능성도 분명 있다네."

"아무리 그래도 직전 최저가를 넘겨 쓰지는 않겠지요. 그럼 우리가 직전 최저가대로만 낙찰 받아도 최소 5000만원의 수익은 낼 수 있으니, 그 정도면 꽤 짭잘한 수익 아닌가요?"

"그래, 아파트 물건치고는 상당히 괜찮은 수익이지. 자네, 정말 근사한 물건을 골랐구먼. 만약 이 물건을 자네가 낙찰 받는다면 자네는 정말 훌륭한 첫걸음을 내딛게 되는 셈일세."

봉대리의 얼굴에 홍조가 감돌았다. 아무래도 흥분을 감추기가 어려운 모양이었다.

봉대리가 상기된 얼굴로 말했다.

"이제 현장 조사만 남았군요. 인근 공인중개사를 돌며 2001년과 2006년 당시의 월세보증금, 그리고 현재의 급매시세 등을 알아보고 적정가에 응찰하면 되는 것이군요."

고부장이 의도적으로 흥분을 누그러뜨리며 말했다.

"임차인이 월세 세입자로 강력히 추정되고는 있지만, 아직 명백한 증거는 없네. 우선, 동사무소에 들러서 확정일자 대장을 열람해 보고 보증금 증액 사항에 대해 알아볼 필요가 있을 것 같네. 임차인의 보증금이 월세라면, 보증금보다는 월세를 증액하는 게 일반적이니 보증금 증액 부분에 대한 확정일자가 없을 가능성이 높지. 반면에 전세보증금이라면 2년마다 한 번씩 전세보증금이 증액되었을 테니, 확인해 보면 금방 윤곽이 드러날 거야."

봉대리가 고개를 끄덕이면서도 다소 불안한 표정으로 물었다.

"확정일자 대장이라는 건 아무나 열람할 수 있는 건가요?"

"동사무소에서는 귀찮으니까 일반인들에게는 안 보여 주려고 하지만, 그게 유일한 단서라면 무슨 수를 써서라도 열람해 봐야겠지. 자네도 아다시피 몇 천만원이 왔다 갔다 하는 일 아닌가?"

고부장이 숨겨진 비책이라도 있다는 듯 자신 있는 웃음을 흘렸다.

그런 고부장을 존경어린 시선으로 바라보던 봉대리가 물었다.

"이 물건 입찰일까지 이제 열흘 정도밖에 안 남았는데, 언제 현장엘 다녀오지요?"

"이번 주 금요일이 회사 창립기념일이니까 오전 근무로 일이 끝날 걸세. 그때 나랑 일산에 한 번 다녀오자구."

"아, 그렇군요. 이거 왠지 느낌이 좋은데요? 이러다 첫 입찰에 대형사고 치는 거 아닌가요?"

봉대리가 흥분을 감추지 못하고 열띤 목소리로 말하자 고부장이 가볍게 어깨를 토닥였다.

"모두 자네가 열심히 공부한 덕이지. 짧은 기간이었지만 집약적이고 효율적인 공부 덕에 자네는 어느덧 경매의 기본은 갖춘 듯하네. 물건도 정말 근사한 놈으로 잘 골랐고 말이야. 마무리 조사도 잘해서 이번에 꼭 낙찰 받아 알찬 수익을 내보게나."

"제가 뭐 한 게 있나요? 다 고부장님이 잘 지도해 주신 덕분이지요. 고부장님! 감사합니다. 그리고 사랑합니다!"

봉대리가 애교 섞인 목소리로 안겨오자 고부장이 익살스러운 표정으로 밀쳐냈다.

"징그럽게 왜 이러나, 이 사람아. 누가 보면 벌써 큰 건 하나 낙찰 받은 줄 알겠네. 호들갑은 낙찰 받고 떨어도 늦지 않으니 그만 자중하도록 하게."

봉대리와 고부장이 마주 보고 한참을 웃었다.

창 밖으로, 두 사람의 열정을 닮은 붉은 태양이 주홍빛 섬광을 뿌리며 힘차게 떠오르고 있었다.

고부장의 TIP

경매에서 성공하기 위해서는 때로는 편집증 환자처럼 집요해 질 필요가 있다. 쉽게 포기하지 않고 끈질기게 달라붙어, 결국은 남들이 다 꺼리는 물건이 고수익을 안겨주는 진주 같은 물건임을 재발견해내는 과정이 바로 경매고수로 가는 짜릿한 여정인 것이다. 그러니 조금이라도 의심이 생기면 의문이 풀릴 때까지 조사하고, 연구하고, 결론을 도출하는 과정을 몇 번이고 반복해 보라.

그렇게 한발짝 씩 내딛다보면 어느 순간 경매고수의 반열에 오른 자신의 모습을 뿌듯한 미소로 확인할 날이 꿈처럼 찾아올 것이다.

Episode 23

봉대리의 첫 임장
– 고실장과의 첫 만남

<u>이틀 후</u> 창립기념일 행사가 끝난 뒤 봉대리가 부랴부랴 나갈 채비를 차렸다. 오늘은 드디어 고부장과 생애 첫 임장을 나가는 날이다.

점심을 먹고 가는 게 좋을까, 아니면 가서 먹을까. 봉대리가 잠시 상념에 잠긴 사이 고부장이 다가왔다.

"봉대리, 이거 미안해서 어쩌지? 갑자기 일이 생겨서 아무래도 오늘은 내가 함께 가주지 못할 것 같네. 대신에 일산에서 공인중개업을 하는 내 사촌동생한테 부탁을 해 놓았으니, 법원 앞에서 만나 함께 움직이게나."

다소 실망 어린 표정의 봉대리를 다독이며 고부장이 장난스럽게 눈을 찡긋했다.

"지금은 실망스러워도 막상 사촌동생을 만나 보면 생각이 달라질

거야. 아마 그때는 오히려 내가 고마워질 걸? 내 사촌동생도 둘째 가라면 서러워 할 만한 경매계의 숨은 고수거든."

고부장이 의미심장한 미소를 흘리며 위로를 했지만, 잔뜩 가라앉은 봉대리의 기분은 쉬 풀리지 않았다. 봉대리가 잔뜩 풀이 죽은 표정으로 홀로 지하철역으로 향했다. 낮시간이라 지하철 안에는 빈자리가 많았다. 구석 자리에 자리를 잡은 봉대리가 가방에서 책을 꺼내려다 도로 집어놓고 눈을 감았다.

고부장의 빈자리가 크게 느껴졌지만, 심호흡을 크게 한 번 하고 마음을 추스렸다.

'고부장님은 단지 멘토이자 조력자일 뿐이니, 최종적인 책임은 내가 져야한다. 그러니 조사도 내가 하고, 판단도 내가 하는 게 당연한 거지.'

봉대리가 골똘히 생각에 잠겼다.

'일단 동사무소에서 확정일자 대장을 열람해 보고, 고부장님의 추측대로 증액부분에 대한 확정일자가 없으면 월세로 추정해도 무방할 것이다. 그간 보증금을 증액할 기회가 네 번이나 있었는데, 한 번도 증액된 확정일자가 없다는 건 분명 상식에서 벗어나는 일일 테니까.'

이런 저런 생각에 잠겨있던 봉대리의 눈꺼풀이 무거워지기 시작했다. 어느덧 봉대리는 스르르 잠이 들었다.

창 밖으로는, 도심에서는 좀처럼 볼 수 없는 농촌마을의 풍경이 철로변을 따라 길게 이어지고 있었다.

지하철에서 내려 5분 정도 걸으니 고양지원의 청사가 보였다. 새로 지은 듯 깔끔하게 단장된 법원청사를 넋 놓고 둘러보던 봉대리 쪽으로 누군가 다가왔다.

"저, 혹시 봉대리님이신가요?"

돌아보니, 20대 후반쯤 되어 보이는 여인이 싱그런 미소를 흘리며 다가오고 있었다. 걸음을 옮길 때마다 어깨까지 늘어진 단발머리가 상큼하게 출렁인다.

봉대리의 얼굴이 발갛게 달아올랐다.

"그런데요, 혹시 고명한 부장님의 사촌동생이라는 분……?"

상대가 미소를 지으며 살짝 고개를 끄덕인다. 초겨울 바람에 상기된 볼이 잘 익은 홍옥마냥 싱그러워 보인다.

봉대리가 당황스러운 표정으로 인사를 건넸다.

"안녕하세요. 저는 봉선달이라고 합니다. 경락건설 자재부 대리구요. 고부장님은 제 상사이신데……."

"아, 예. 오빠한테 말씀 많이 들었습니다. 저는 고부장님 사촌동생이고 이름은 고솜이라고 합니다. 요 앞 합동 공인중개사 사무소에서 일하고 있구요."

"아, 예 고소미씨요! 이거 초면에 실례가 많습니다. 잘 부탁드리겠습니다."

"고소미가 아니고, 고, 솜, 이입니다. 앞으로는 그냥 고실장이라고 불러주세요."

고실장이 싱긋 웃으며 건네준 명함을 받아들고 봉대리가 머리를 긁적였다.

"죄송합니다. 고실장님, 제가 긴장을 하면 귀가 어두워지는 버릇이 있어서 ……." 봉대리의 익살스러운 변명에 고실장이 웃음을 터뜨렸다.

입을 가린 손가락 사이로 살짝 드러난 치아가 가지런하고 정갈하다. 봉대리의 가슴이 통통통 고동친다.

"먼저 식사를 하실까요? 아니면, 현장을 한 번 둘러보실래요?"

"아직 출출하진 않은데, 고실장님만 괜찮으시다면 먼저 둘러보실까요?"

"저도 아침을 늦게 먹었더니 괜찮네요. 그럼 일단 제 차로 가시죠."

깜찍한 디자인의 소형차에 올라탄 두 사람은 먼저 동사무소부터 들르기로 했다.

고실장이 능숙한 동작으로 핸들을 돌리며 말했다.

"저도 이 물건에 관심이 많았었는데, 봉대리님이 먼저 찜했으니 포기해야겠는데요?"

"아, 아닙니다. 경매물건에 임자가 어딨습니까? 선의의 경쟁을 통해 높은 가격을 적어낸 사람이 낙찰 받는 거죠."

봉대리가 미안한 듯 손사래까지 치며 말하자, 고실장이 미소를 지으며 말했다.

"하하, 농담이에요. 사실 전 얼마 전에 이것보다 더 괜찮은 물건을 낙찰 받아서 지금은 자금여력이 없답니다. 그래서 들어가려도 못 들어가니 너무 부담 갖지 마세요."

'이 물건보다 더 괜찮은 물건이라니, 사촌동생도 고부장님 못지 않은 경매고수라더니 사실인가 보네.'

봉대리가 경탄어린 표정으로 가만히 고실장의 옆얼굴을 바라본다.

단아하게 뻗어있는 오똑한 콧날과 차분해 보이는 시원스러운 눈매, 고부장님과 많이 닮았구나, 하는 생각에 봉대리가 자기도 모르게 피식 웃음을 터뜨린다.

그런 봉대리를 친근한 시선으로 바라보던 고실장이 물었다.

"봉대리님은 근래에 보기 드문 열정맨이라면서요? 오빠가 칭찬이 아주 대단하던데요?"

"제가 남보다 집중력은 좀 있는 편입니다. 일단 마음먹기가 어렵지, 마음만 먹으면 뭐든 열심히 하려고 노력합니다. 그 점을 고부장님이 좋게 봐주셨나 보네요. 저야 그저 감사할 따름이죠."

봉대리가 벌개진 얼굴로 마치 변명하듯 말하자 고실장이 또 한 번 입을 가리고 웃었다.

민망한 듯 머리를 긁적이던 봉대리가 내친 김에 물어 보았다.

"근데, 이 물건 급매로 팔면 얼마나 하나요?"

"이 물건 바로 코앞이 이번에 복선화 개통예정인 경의선 백마역이라, 많이는 아니어도 예전보다 조금 올랐습니다. 경매개시시점에는 3억 정도면 매수세가 따라붙겠다 싶었는데, 개통시점이 임박하면서 찾는 사람이 많아져, 지금은 3억 1천만원까지도 받을 수 있을 거예요. 일반 거래가는 3억 3천에서 3억 4천 정도 예상하시면 되구요."

"임차인의 입주시점이 2001년이던데, 당시 월세 보증금은 얼마나 했습니까?"

"저도 이 물건 임차인을 위장임차인으로 의심하면서도 왜 보증금을 묵비했을까로 많이 고민했었어요. 그래도 월세 세입자일 것이라는 생각까지는 못하고 그저 소유자의 가족이나 친인척이 아닐까, 생각하는 정도였는데요. 어제 오빠 얘기 듣고 무릎을 쳤지요. 역시 오빠야말로 진정한 고수구나 하는 생각이 들더군요. 오빠 얘기 듣고 제가 토박이 공인중개사들 몇 명한테 물어봤는데요. 이 물건 2001년도 월세보증금은 3000만원 정도였다더군요. 이 물건이 있는 단지가 서울로 출퇴근하는 신혼부부들이 주로 선호하는 단지라 당시에 월세 거래가 꽤 많았답니다. 물론 지금도 심심찮게 있구요. 그러니까, 당시에는 보증금 3000만원에 월세 45만원 정도가 평균 거래가였구요. 지금은 보증금 4000만원에 월 80만원 정도로 보시면 됩니다. 물론 동과 층, 그리고 향에 따라 조금씩 가격차이가 나긴 하지만요."

"2006년도 쯤에는 어땠나요?"

"참, 이 물건은 2006년도 보증금도 중요하지요? 그때는 한참 거래가 많을 때인데, 보증금 3500~4000만원에, 월세 66만원~70만원 정도 생각하시면 될 것 같네요."

봉대리의 표정이 환하게 밝아졌다.

'그렇다면 낙찰자가 인수해야 될 보증금은 넉넉잡고 4000만원 정도 생각하면 되겠군. 이거, 수익률이 좀 더 올라가겠는 걸?'

봉대리가 흐뭇한 상상에 잠겨 있는 동안 고실장의 차가 동사무소 주차장으로 접어들었다.

차를 세운 고실장이 입가에 단아한 미소를 띠며 말했다.

"어떡하실래요? 저 혼자 갔다 올까요? 아니면 같이 가실래요?"

"당연히 같이 가겠습니다. 물론, 작전상 폐가 안 된다면요."

고실장이 장난스런 표정을 지어내며 새침하게 말했다.

"뭐, 좀 불안하긴 하지만, 이것도 공부니까 같이 들어가시죠."

봉대리가 긴장된 표정으로 고실장의 뒤를 따랐다.

고실장이 경매정보지를 담당 직원에게 보여주며 태연히 말했다.

"이 사건 채권자쪽 직원인데요. 아무래도 여기, 임차인이 위장전입자 같아서 형사고소를 진행하려 합니다. 협조 좀 부탁드리겠습니다."

처음에는 시큰둥한 표정으로 바라보던 직원이 위장전입자라는 말에 놀란 눈치다.

"그래요? 저희가 뭘 도와드리면 되지요?"

"확정일자 대장을 좀 열람했으면 싶은데요?"

담당 직원의 표정에 귀찮아하는 기색이 역력하게 드러났다.

고실장이 못을 박듯 단호한 어조로 말했.

"만약, 여기 임차인이라고 공지된 자가 위장전입자로 밝혀지면 동사무소 측도 책임을 면하기 어려울 겁니다. 저희 회사도 지금 마냥 손해만 볼 수 없는 입장이기 때문에 민, 형사상의 모든 조치를 취할 예정입니다. 협조 부탁드립니다."

동사무소도 책임을 져야 한다는 고실장의 엄포에 순간 직원의 얼굴빛이 변하더니, 이내 두 사람을 공문서를 보관하는 방으로 데려갔다.

봉대리에게 한쪽 눈을 찡긋하고는 고실장이 빠른 손놀림으로 대장을 들춰보기 시작했다.

우선 임차인의 전입일인 2001. 1. 3.부터 찾아봐야겠지, 하고 중얼거리며 대장을 넘기던 고실장의 얼굴이 긴장으로 굳어졌다. 봉대리가 어깨너머로 힐끔 쳐다보니, 임차인의 이름이 대장에 적혀 있었다.

이로써 이 사건 전입자는 일단 위장임차인은 아니라는 것이 밝혀졌다.

고실장이 2년 간격으로 기재된 확정일자 내용을 유심히 살펴보았지만 그 이후로는 대장에서 더 이상 임차인의 이름을 발견할 수 없었다.

이 사건 임차인은 2001. 1. 3. 처음 전입 당시 확정일자를 받은 후로는 한 번도 증액된 금액된 금액에 대해 확정일자를 받지 않았던 것이다. 이로써 결론은 명확해졌다.

이 사건 임차인은 2001년 월세계약을 체결한 이후로는 한 번도 보증금을 증액하지 않고 계속 월세만을 증액해 왔던 것이다.

그렇다면 낙찰자가 인수해야 될 보증금은 불과 3000만원!

고실장과 봉대리의 시선이 허공에서 마주쳤다. 고실장이 살짝 미소를 짓자 봉대리도 얼떨결에 마주 웃어주었다. 또 다시 봉대리의 얼굴이 빨갛게 달아올랐다.

"이 사건 임차인은 위장전입자는 아니었군요. 번거롭게 해서 죄송합니다."

고실장이 불안한 표정으로 지켜보던 담당 직원에게 정중하게 고개를 숙였다. 안도의 한숨을 내쉬는 직원의 눈총을 뒤로하고 두 사람이 서둘러 동사무소를 나왔다.

나오자마자, 누가 먼저라고 할 것도 없이 둘이 동시에 웃음을 터뜨렸다.

"정말 대단하신데요? 어떻게 그렇게 깜찍한 거짓말을 눈 하나 깜짝 않고 태연히 하십니까?"

"다 오빠한테 배운 거죠, 뭐. 오빠는 변호사 사무실 사무장이라고 사칭하고 다니는 걸요?"

"네? 정말입니까?"

봉대리의 놀란 표정에 고실장이 또다시 웃음을 터뜨렸다. 봉대리도 머리를 긁적이며 따라 웃었다.

두 사람의 유쾌한 웃음이 정오의 겨울 하늘 속으로 싱그럽게 흩어지고 있었다.

동사무소를 나와 물건 소재지 주변을 휘휘 둘러보았다. 조용하고 아늑한 주거공간이었다.

주변에 편의시설도 잘 갖추어져 있었다. 무엇보다 봉대리의 시선을 끌어당긴 건 주위에 늘어서 있는 학원단지였다.

학군이 좋거나 학원단지를 끼고 있으면 불황에도 꾸준한 수요가 있다는 얘기를 어디선가 본 기억이 있었다. 현장을 꼼꼼히 둘러본 봉대리의 얼굴에 만족스러운 기색이 번져갔다.

고실장이 오후에 고객과의 약속이 있어 정식 식사는 다음으로 미루고 간단히 요기만 하기로 했다. 패스트 푸드점에서 햄버거를 하나씩 들고 두 사람이 마주 앉았다.

먼저 봉대리가 입을 열었다.

"이 물건이 생각했던 것보다 훨씬 더 매력 있는 물건으로 드러났으니 이번 기일에는 경쟁자들이 꽤 많이 몰리겠지요?"

"그럴 거예요. 특히 요주의 인물은 임차인이지요. 다른 사람들이야 조사 도중 대부분 벽에 부딪혀 포기하거나, 기껏 응찰해도 최저가 언저리에서들 몰려 쓰겠지만, 임차인이 응찰한다면 생각보다 높은 금액에 낙찰될 가능성도 있어요. 일단 지난 기일에 한 번 낙찰된 전력이 있어서 지금 임차인 쪽도 함부로 안심하고 있진 않을 거예요. 아무래도 2억원은 넘겨써야 경쟁력이 있지 않을까 싶네요."

봉대리가 수긍한다는 듯 고개를 끄덕였다.

"저는 어차피 첫 응찰이니까, 큰 수익을 노리기보다는 낙찰과 명도, 그리고 매각까지의 전 과정을 공부한다는 생각으로 좀 높게 쓰면 어떨까 싶습니다. 넉넉하게 2억 2천만원 이상 말이지요. 그 정도만 해도 임차인의 보증금을 떠안고도 5000만원 이상의 수익이니 대단한 거잖습니까?"

고실장이 미소를 지으며 말했다.

"봉대리님은 생각보다 욕심이 없으시군요. 열정이 많은 사람들은 으레 욕심도 많은 법인데, 봉대리님은 욕심을 억제할 줄 아시네요. 역시 오빠가 말한 대로 봉대리님은 경매고수가 되기 위한 자질을 타고 나신 것 같네요."

"욕심이 없다기보다는 제가 좀 새가슴이어서요. 위험하게 크게 먹는 것보다는 수익이 좀 적더라도 안전하게 먹는 걸 선호하는 성격이라서 ……."

"좋은 생각이에요. 조금 넉넉하게 써서 안전하게 낙찰받는 게 좋을 것 같습니다. 임차인이 불안한 마음에 한껏 질러 버릴 수도 있으니까요."

만난 지 얼마 안 됐지만 왠지 마음이 잘 맞는다는 느낌에 봉대리가 미소를 지었다.

두근거리는 가슴께에 가만히 손을 얹어 보던 봉대리의 얼굴이 다시금 발갛게 물들었다. 창을 통해 스며드는 햇살 탓인지 고실장의 얼굴도 붉게 상기되어 있었다.

고부장의 TIP

경매에서 성공하기 위해서는 얼굴에 철갑을 두를 필요가 있고 때로는 카멜레온처럼 다양하게 자신의 모습을 둔갑시킬 필요도 있다.

자신의 모습이 다른 사람들에게 어떻게 비춰질지 그동안 고민 없이 살아온 분들이라면, 경매 공부하는 지금의 기회가 자신의 참 모습을 한 번 돌아 볼 계기가 될 수도 있겠다. 생각보다 재미있으니, 이 모든 과정을 즐기면서 공부하라.

흔히들 바둑의 세계를 인생에 비유한다. 그러나 경매의 세계도 다양한 인간군상을 만날 수 있는, 인생을 제대로 배울 수 있는 멋진 기회의 장이다.

Episode 24

고부장의 일곱 번째 강의
– 아파트 경매, 성공을 위한 왕도

토요일 오전. 창을 통해 따가운 초겨울 햇살이 포근하게 스며들고 있었다. 오랜만에 늦잠을 잔 봉대리가 간단하게 요기를 한 뒤 책을 펼쳐들었다. 책 내용에 집중해 보려 했지만 봉대리의 생각은 이미 딴 곳을 떠돌고 있었다.

앞으로 입찰일까지 남은 시간은 일주일.

입찰가는 잠정적으로 2억 2천만원 이상을 쓰기로 마음먹고 있었다.

임차인이 불안한 나머지 직전 최저가를 훌쩍 넘겨 쓸 경우를 대비한 입찰가였다.

봉대리의 표정이 골똘해졌다.

'가만있자, 아파트 경매에서 부대비용은 어떤 것들이 있다고 했지?'

일단 고정적으로 들어가는 비용에는 취득세, 교육세, 등록세, 농어촌 특별세 등의 세금이 있다.

보통 세금의 합산액은 낙찰가의 2.5% 정도 보면 되는데, 전용면적이 85제곱미터 이하의 주택은 농어촌 특별세는 비과세되니까 이 사건 아파트의 경우는 낙찰가의 2.2%로 생각하면 될 것이다.

'여기에 낙찰가의 약 0.2% 정도 되는 채권매입액도 포함시켜야 틀림없겠지.'

또한 고부장은 체납된 관리비가 있을 수 있으니 항시 유념하라고 했다.

아파트 같은 경우에는 큰 부담이 없는 경우가 대부분이지만, 규모가 큰 지하상가 같은 경우에는 체납된 관리비가 낙찰가보다 높은, 말 그대로 배보다 배꼽이 더 큰 경우가 생길 수도 있다는 것이다.

"원래 관리비는 낙찰자가 전액 떠안는 것이 아니라, 공용부분에 부과된 관리비만 인수하는 게 대법원 판례의 입장이라네. 여기서 공용부분 관리비란 공공의 이익을 위해 세대원 모두에게 부과되는 관리비인데, 그 항목은 청소비, 오물수거비, 소독비, 승강기 유지비, 공용난방비, 수선유지비, 일반관리비 등이 있다네. 일반적으로 전기세, 수도세, 난방비 등이 주요 항목인 전유부분 관리비에 비해 공용부분 관리비는 비중이 작으니까 큰 부담은 없지만, 그래도 꼼꼼히 체크할 필요가 있네."

고부장은 전체 관리비를 100이라고 했을 때 낙찰자가 인수하는 공용관리비는 40% 내외라고 보면 얼추 맞다고 했다.

물론 세대수가 많은 대단지 아파트일수록 공용관리비의 비중은 낮아지고, 반대로 세대수가 적을수록 일반관리비 부담이 늘어 공용부문관리비가 전체 관리비 중 70%까지도 올라갈 수 있다고도 했다.

그러나 이 사건 아파트는 그동안 계속 임차인이 거주하고 있었기 때문인지 연체된 관리비는 없다고 공지되어 있었다.

마지막으로 명도협상비, 즉 이사비가 남아 있는데, 도대체 얼마의 이사비가 적정한 것인지, 아직 명도 경험이 없는 봉대리로서는 감을 잡을 수가 없었다. 다만 이 사건의 경우, 허위유치권까지 신고하면서 저가입찰을 노리는 사람들이니 대화를 통한 원만한 명도는 어렵겠다는 생각이 막연하게나마 떠올랐을 뿐이다.

최대한 이사비를 당근으로 내세우면서 원만한 협상을 이끌어내되, 최악의 경우 강제집행까지 고려해야 할 것 같았다.

명도의 왕도는 대화로 술술 풀어나가는 거라는데, 첫 입찰부터 강제집행을 통한 명도라…….

봉대리의 표정에 슬며시 불안한 기색이 어리기 시작했다.

'내가 과연 잘할 수 있을까.'

그때 고부장의 후덕한 미소가 떠오른다.

'그래, 부장님이 도와주시겠지.'

갑자기 봉대리의 가슴이 통통통 고동친다. 고부장의 넉넉한 웃음 너머로 고실장의 싱그러운 미소가 겹쳐졌던 것이다.

"제 도움이 필요하시면 언제든지 연락주세요. 가능한 범위에서는 최대한 도와 드릴게요."

패스트푸드점 앞에서 헤어지면서 상큼한 미소와 함께 고실장이 던진 말이다.

봉대리가 상기된 얼굴로 고실장의 명함을 소중하게 어루만진다.

지원군이 두 명이나 된다는 생각을 하자 한층 든든해진 느낌이었다.

봉대리가 다시 정신을 집중하려는 듯 미간을 찌푸렸다.

자, 명도비를 강제집행 비용 정도로 책정하면,

낙찰가	2억 2천만원
세금 및 채권매입액	약 500만원
명도비용	200만원
도배, 장판, 수리비용	200만원
예비비	100만원
인수해야 할 보증금	3000만원

결국 이 건 물건을 취득하는데 총 필요한 금액은 총 2억 6천만원이다.

봉대리가 제2금융권에서는 아파트의 경우 낙찰가의 80~90%까지 경락잔금 대출을 해준다는 말을 떠올렸다.

이자가 시중은행보다 3~4% 정도 비싸긴 하지만, 단기간 사용할 금액이니 낙찰잔금은 대출을 최대한 활용하여 납부하기로 했다.

낙찰가의 80%를 경락잔금대출로 충당하면, 실제 투입되는 금액은 8000만원 정도로 예상하면 될 듯했다.

여기에 3개월 이내에 서둘러 급매로 처리한다 해도 그 기간 동안의 이자를 감안해야 하니 제수수료 포함 600만원 정도는 추가로 더 필요하고, 결국 실제 투입되는 최종 비용은 8600만원!

직장인 신용대출과 현재 가지고 있는 종잣돈을 합하면 얼추 맞출 수 있는 금액이었다.

'혹시라도 부족하면 부모님께 도움을 받도록 하자. 어차피 단기로 쓸 돈이니까.'

현재 이 물건의 급매가가 3억 1천만원이라고 했으니까, 예상되는 수익은 약 5천 만원 정도였다.

양도소득세 50%를 제한다 해도 8600만원 투자하여 3개월 만에 2500만원의 순수익을 올리는 것이니 연수익률로 환산해 보면 100%가 넘어선다.

봉대리의 입이 벌어졌다. 어떤 재테크 수단으로 연 100%의 수익을 달성할 수 있겠는가.

게다가, 지금은 부동산 경기가 최악이니 당장 팔지 않고 2년 간 월세를 놓다가 경기가 회복된 후 매각한다면 수익은 더 커질 수 있다. 보증금을 인상하여 원금의 일부를 회수한 후 다달이 들어오는 월세로 이자를 막으며 불황기를 견뎌낸다면……

봉대리의 마음이 한껏 부풀어 올랐다.

'이런 게 경매의 진정한 매혹이구나. 공부만 제대로 하면 그 어떤 재테크 수단으로도 맛볼 수 없는 달콤한 과실을 수확할 수 있는 기회의 장!'

봉대리가 들뜬 표정으로 한참 행복한 상상에 잠겨 있을 때, 책상 위에 올려둔 휴대폰이 요동치기 시작했다.

액정화면에 떠있는 이름을 보니 고부장이었다.

봉대리가 폴더를 열며 활기찬 목소리로 인사를 건넨다.

"아, 고부장님, 밤새 안녕하셨습니까?"

"그래, 자네도 잘 쉬고 있는가?"

"네, 오랜만에 늦잠을 좀 잤습니다. 지금은 공부중입니다."

"어제 현장 다녀온 소감은 어떤가"

"최종적인 확인이 필요하겠지만, 일단 선순위 전입자는 월세 세입자로 추정해도 무방할 듯합니다. 확인해 본 결과, 최초 전입 당시 확정일자를 받아둔 이후로는 증액된 확정일자는 없었습니다. 이 경우 두 가지 추측이 가능한데, 먼저 보증금이 증액된 경우 증액된 금액에 대해서 추가로 확정일자를 받아야만 보호된다는 내용을 모르는 임차인일 경우가 하나고, 다른 하나는 그동안 한 번도 보증금의 증액이 없었던 경우일 것입니다."

"그래, 그런데 이 사건 임차인은 보증금이 그리 크지 않은데도 전입 당일 곧바로 확정일자를 받은 주도면밀한 사람이야. 그러니 확정일자 법리를 제대로 몰라 증액된 확정일자를 받지 않았다고 보는 건 좀 무리가 있어 보이네. 후자 쪽이 훨씬 더 상식에 가까워 보이는군."

"제 생각이나 고실장님의 생각도 그렇습니다만, 일단 확실을 기하는 차원에서 현재 채권자들의 눈을 피해 잠적 중인 소유자의 부인을 한 번 만나 볼 생각입니다. 물론 호락호락하진 않겠지만, 나름대로 준비를 철저히 해서 유용한 정보를 끌어내 보려구요. 그리고 고실장님도 2001년 당시 월세계약을 체결한 공인중개사를 한 번 수배해 보겠답니다."

"그래, 좋은 생각이군. 이왕 조사한 김에 좀 더 확실하게 알아보는 게 좋겠지."

고부장의 칭찬에 봉대리의 표정이 환해졌다.

잠시 흐르던 침묵을 깨고 고부장의 목소리가 건너왔다.

"그래, 응찰가는 고심해 봤나?"

"네, 응찰가 산정할 때 가장 중요한 건 경쟁자들의 예상 응찰가를 추정해 내는 것인데, 이 물건의 경우 조사나 추리의 한계가 있는 일반인들은 크게 의식하지 않아도 될 것 같다는 생각이 들었습니다. 이번 기일에 몇 명 덤비긴 하겠지만, 모두들 최저가 언저리에서 쓰지 않을까 싶습니다. 최저가 언저리에서 써도 임차인의 보증금을 전액 인수하면 급매가로 사는 것보다 못한 꼴이 되지만 최소한 손해는 보지 않거든요. 다들 위장임차인이 아닐까 의심을 하고 있지만 확증이 없는 상태일 텐데, 그 가격에 일단 낙찰받은 다음, 추후 확인해 보고 위장임차인으로 드러나면 그야말로 대박 아니겠냐는 생각들을 하고 응찰하겠지요.

문제는 현재 거주하고 있는 임차인입니다. 일단 이 물건이 지난 기일에 한 번 응찰된 전력이 있으니 함부로 방심하진 못할 거라는 생각입니다. 그래서 이번 기일에는 어떻게든 낙찰받겠다는 생각에 다소 높은 가격으로 응찰할 것이라는 예상이 들었습니다. 그래서 정한 응찰가는……."

고부장이 숨을 죽이는 낌새가 수화기 너머로 감지되었다. 잠시 흐르던 침묵을 깨고 봉대리가 신중한 어조로 말했다.

"221,943,000원입니다!"

"오호, 느낌이 괜찮은 걸? 자네 혼자 결정한 건가?"

갑자기 봉대리의 얼굴이 빨개졌다.

"아닙니다, 어제 고실장님하고 식사하면서 상의해서 결정한 금액입니다."

"어쩐지 응찰가에 고수의 향기가 묻어난다 했더니, 솜이가 도와줬군? 그래, 솜이는 만나보니 느낌이 어떻던가?"

"네? 느, 느낌이라뇨? 무, 무슨 느낌 말씀이십니까?"

수화기 너머로 고부장의 장난기 어린 웃음소리가 들렸다.

"이 친구가 갑자가 왜 말을 더듬고 이래? 아, 느낌은 무슨 느낌이겠나? 솜이한테 경매고수의 필이 느껴졌냐는 말이지."

"아, 그, 그거요. 그럼요. 고부장님 못지않은 포스가 느껴지더군요. 특히 동사무소에서 태연히 정보를 알아낼 때는 정말 감동했습니다."

"솜이는 말이야, 내 동생이라서 하는 말이 아니라 참 괜찮은 아이야. 어려서 부모님을 교통사고로 잃고 친척집을 전전하며 자랐는데도, 전혀 그늘이 없어. 참 맑고 순수한 아이지. 게다가 삶에 대한 열정도 자네에 뒤지지 않을 만큼 뜨겁다네. 솜이도 내가 경매를 가르쳤는데, 지금의 자네처럼 정말 열심히 따라왔다네. 경매공부한 지 일 년도 안돼서 공인중개사 자격증도 따고 좋은 물건도 여러 건 낙찰 받았다네."

고부장의 말을 가만히 듣고 있던 봉대리의 마음속에 아릿한 슬픔 같은 것이 밀려들었다.

'바람의 향기가 묻어날 것 같은 그 싱그러운 미소 뒤에 많은 아픔이 숨겨져 있는 사람이었구나.'

그렇게 조심스럽게 싹을 틔운 연민이 얼마 후 봉대리의 마음속에서 소담스러운 꽃을 피워낼 줄은 그때 봉대리 자신은 알지 못했다.

사랑이라는 이름의 아름다운 꽃을 …….

또다시 고부장의 목소리가 수화기를 타고 건너온다.

"앞으로 응찰가 산정할 때 꼭 명심해야 할 건, 자네는 실수요자가 아니라 일정한 수익을 목표로 하는 경매투자자라는 점이야.

그러니 해당매물의 급매시세에서 낙찰가, 세금 등 부대비용, 명도비, 체납관리비, 수선비용, 매각 시까지의 금융비용을 차감한 금액, 즉 실질적인 양도차익이 전체 감정가의 최소 5% 이상은 되어야 한다네. 양도소득세를 납부하고도 만족할 만한 수익을 내야 한다는 거지. 따라서 물건이 너무 우량해 경쟁률이 높아 보이는 물건은 아예 관심조차 두지 말게. 매번 헛고생만 할 게 불을 보듯 뻔하거든. 어차피 경쟁이 치열한 아파트 경매의 세계에 발을 디뎠으니 남들이 꺼리는 물건에 주로 관심을 갖도록 하게. 대표적인 게, 자네도 아다시피 권리관계가 복잡한 매물이지. 다만, 이제 웬만큼 권리관계가 복잡한 물건에는 최소 서너 명의 경쟁자는 따라붙을 것이라는 각오는 해야 하네. 어찌 보면 앞으로는 자네의 선배이자 쟁쟁한 실력을 갖춘 그들보다 더 경쟁력 있는 낙찰가를 산정하기 위해 고심하는 과정이 단순한 권리분석 작업보다 더 어려운 일이 될 게야."

"그렇군요."

봉대리의 휴우, 하는 한숨 소리가 수화기를 통해 건너오자 고부장이 미소를 지으며 격려했다.

"그렇다고 너무 두려워 할 건 없네. 낙찰가를 잘 쓰는 건 어찌 보면 타고난 감각이고 행운의 영역에 속할 것 같지만 전혀 그렇지가 않다네. 꾸준한 노력을 통해서 승부사의 기질을 갈고 닦을 수 있다는 얘기지. 자네, 오늘부터 과거 낙찰사례들을 꼼꼼히 훑어보도록 하게. 물건에 대한 정보를 마치 실전처럼 철저히 분석한 뒤 가만히 눈을 감고 예상 낙찰가를 한 번 산정해 보는 거야. 그리고 나서 낙찰가를 확인해 보는 과정을 수백 번 반복하다 보면 자네도 모르게 응찰가를 산정하는 요령이나 감각을 터득하게 될 거라네."

온 신경을 집중하여 고부장의 말을 머릿속에 새기던 봉대리가 고개를 끄덕였다.

고부장의 말이 이어졌다.

"결론적으로, 앞으로는 경쟁이 치열해 급매보다 못한 가격에 낙찰이 예상되는 물건은 아예 처음부터 눈길조차 주지 말고, 경쟁이 적을 것 같은 난이도 있는 물건 위주로만 관심을 갖도록 하게. 그리고 남들이 꺼리는 1층 혹은 꼭대기층의 물건에 대한 적절한 마케팅 혹은 매각방안에 대해 꾸준히 연구해 보도록 하게나.

남들이 어려워하는 물건에 대한 자신만의 특화된 해법을 체화시키는 것! 그게 경쟁 치열한 아파트 경매에서 성공하기 위한 유일한 왕도라는 걸 잊지 말도록 하게."

"알겠습니다. 고부장님! 꼭 명심하겠습니다. 소중한 말씀 정말 감사합니다."

고부장이 흐뭇한 미소를 지으며 전화를 끊으려다 마지막으로 한

마디를 던졌다.

"이봐, 봉대리. 나는 잘 모르겠네만, 자네가 나름대로 여자들한테는 인기가 있나봐. 우리 솜이도 자네의 순수한 열정이 그리 싫지만은 않은지, 어제 자네 얘기를 꽤 많이 하더군."

전화를 끊고 한참이 지났지만 아직도 고부장의 마지막 말이 봉대리의 귓가에 생생하게 남아 있었다.

봉대리가 귀 끝까지 새빨개지는 느낌에 멋쩍은 미소를 흘렸다. 초원을 내달리는 말발굽 소리마냥 봉대리의 가슴이 세차게 고동치고 있었다.

남들이 어려워하는 물건에 대한 자신만의 특화된 해법을 체화시키는 것! 그것이 경쟁치열한 아파트 경매에서 성공하기 위한 유일한 왕도이다.

Episode 25

봉대리, 태양을 향해 뛰어오르다.

입찰 당일, 회사에 월차를 낸 봉대리가 일산으로 향하는 지하철 3호선에 몸을 실었다.

출근시간이라 꾸역꾸역 밀려드는 인파들에 몸을 부대끼면서도 봉대리는 생각의 끈을 놓치 않았다.

경매법정에 도착하면 제일 먼저, 법정 앞에 있는 게시판에서 자신의 물건이 경매 절차가 진행되는지, 취하나 변경된 건 아닌지부터 살펴보라고 고부장은 말했다.

경매취하는 경매신청 채권액이 소액인 경우 많이 발생하는데, 이 건은 신청채권액이 거액인데다가 등기부상 채권총액이 현재 거래되고 있는 시세를 훨씬 넘어서니 일반매각을 통한 취하의 가능성도 없어 보인다는 말도 덧붙였다.

'그 다음에는, 법대 앞에서 입찰표와 보증금 봉투가 담긴 입찰봉

투를 받아 입찰표를 작성한 뒤, 입찰함에 넣고 기다리면 된다고 했지.'

봉대리가 혹시나 싶어 지갑을 열어 신분증을 확인했다. 안주머니에 넣어둔 도장도 그대로 있었다. 보증금이 든 흰색 봉투를 매만지던 봉대리의 눈빛이 아련해졌다.

"내가 앞전에 자네 종잣돈을 빌려간 건 긴히 돈 쓸데가 있어서가 아니었네. 만약 자네가 그 돈을 그대로 갖고 있었으면, 아마도 자네는 주식을 통해 어떻게든 손실을 만회할 방법을 강구했을 걸세. 사람의 의지라는 게 눈 앞의 욕심 앞에서는 쉽게 무너지기 마련이거든. 그래서 자네 재기의 기반이 되는 금쪽 같은 종잣돈은 내 어떻게든 지켜 주고 싶었다네."

고부장이 건네준 순백색의 봉투에는 입찰보증금을 액면금으로 하는 수표 한 장이 들어 있었다.

"나머지는 계좌이체로 붙여줌세. 그동안 CMA계좌에 넣어 두었더니 감자탕에 소주 한 잔 할 정도의 이자가 붙었다네. 만약 내일 낙찰 받으면 그 돈으로 축하주 한잔 하자구."

고부장의 따뜻한 배려에 봉투를 건네받는 봉대리의 눈시울이 붉어졌었다.

봉대리가 미소를 지으며 눈을 감았다. 감미로운 느낌과 함께 또 하나의 영상이 봉대리의 머릿속에서 되살아났다.

"봉대리님, 좋은 소식과 나쁜 소식이 있는데, 어떤 거 먼저 들으실래요?"

사흘 전, 휴대폰을 귀에 대자마자 고실장의 활기찬 목소리가 넘어왔다.

갑작스레 걸려온 고실장의 전화에 당황한 봉대리. 심호흡을 한 번 했지만 목소리가 떨려 나오는 걸 막기에는 역부족이었다.

"아, 고실장님? 어, 어쩐 일이세요?"

자신이 생각해도 너무 센스 없는 첫마디라 생각했는지 봉대리가 이내 말을 바꿨다.

"날씨가 참 좋네요. 잘 지내시죠?"

수화기를 타고 건너오는 유쾌한 웃음소리.

자신의 속내를 들킨 것 같아 봉대리의 얼굴이 붉어졌다.

"그러네요. 요 며칠 춥더니 오늘은 푸근하네요. 이런 날은 일 접어두고, 어디 겨울바다라도 보러 무작정 떠나고 싶어져요."

"겨울바다 좋아하십니까?"

"좋아한다기보다는 동경하는 거죠. 아직 한 번도 겨울바다를 가본 적이 없거든요. 영화 같은 데서, 주인공이 겨울바다를 거니는 장면 나오면 참 근사하다는 생각을 많이 했어요.

언젠가 꼭 한 번 가보고 싶어요, 겨울 바다 ……."

미지의 세계에 대한 동경이 묻어 나는 목소리가 마치 짭조름한 바다내음을 머금은 해풍처럼 봉대리의 귓가를 부드럽게 쓸고 간다.

"참, 내 정신 좀 봐. 봉대리님, 마음의 결정은 하셨어요? 좋은 소식이요? 나쁜 소식이요?"

봉대리가 정신을 차리려는 듯 고개를 두어 번 흔들고는 말했다.

"매도 일찍 맞는 게 좋다고, 나쁜 소식 먼저 들을 게요."

잔뜩 긴장한 듯한 봉대리의 목소리에 고실장이 슬며시 미소를 지으며 말했다.

"소유자의 부인을 찾아가서 어렵게 만나뵀는데요. 소유자 부인은 임차인에 대해 아무것도 모르는 눈치더군요. 남편과 연락 끊긴 지 1년 가까이 됐답니다. 남편은 회사 부도나고 곧바로 잠적해 현재 행방이 묘연하답니다."

봉대리의 표정이 조금 어두워졌다. 임차인에 대한 일말의 불안이 아직 가시지 않은 것이다.

그러나 잠깐 피어오른 불안은 고실장의 다음 말에 이내 사라져 버렸다.

"다음은 좋은 소식인데요. 2001년 당시 이 건 물건에 월세계약을 체결한 공인중개사를 찾아냈어요. 공인중개사들은 고객관리 차원에서 자신이 거래를 중개한 손님들의 신상명세를 보관해 두는데, 여러 다리 거쳐서 이 건 물건을 중개한 공인중개사를 찾아 만나봤더니, 보증금 3000만원에 월세 40만원으로 계약을 체결한 당시 계약서를 보관하고 있더군요."

그때, 봉대리는 기쁨에 겨워 자신도 모르게 짧은 환호성을 내질렀던 것 같다. 뒤이어 울려 퍼지는 고실장의 경쾌한 웃음소리…….

지하철의 덜컹거리는 리듬을 따라 이리저리 흔들리고 있는 봉대리의 얼굴에 미소가 피어오른다.

달콤한 상상 속으로 빠져들던 봉대리의 눈꺼풀이 스르르 내려앉기 시작했다.

경매법정에 도착하니 사람들로 북적이고 있었다. 봉대리의 얼굴에 슬며시 그늘이 드리운다.

'저 사람들 모두 내가 관심을 두고 있는 물건 응찰자들이면 어쩌지. 입찰가를 좀 더 높여 쓰는 게 좋지 않을까.'

그러나 이내 도리질을 치고 만다. 고부장의 불호령이 머릿속을 맴돌았다.

"경매법정에 가보면 사람들의 뜨거운 열기에 일단 한 번 주눅이 들 걸세. 저 사람들 모두 내 물건의 경쟁자가 아닌가 하는 불안감도 생길 거고 말이야. 그때, 열띤 분위기에 편승해서 미리 생각하고 있던 입찰가를 고쳐 쓸 생각은 행여나 하지 말게. 아직 경매법정 분위기에 익숙치 않은 자네 같은 초심자들이 저지르는 큰 실수 중에 하나가 입찰 당일 법정의 열기에 휩쓸려 원래 마음먹었던 입찰가보다 훨씬 더 고액을 적어 넣는 경우라네. 그동안 권리분석하고 임장 다니고 하면서 고생한 기억들이 일순간 떠올라 이 물건 꼭 잡아야 한다는 애착을 부채질하기 때문이지. 그러나 실수요자가 아닌, 일정 수익을 목표로 하는 경매인에게는 치명적인 독이 되어 돌아올 수 있으니, 현장에서 응찰가를 상향조정하지 않는다는 원칙은 마음속에 깊이 새겨두고 항상 명심하도록 하게."

고부장의 일갈을 되새기던 봉대리가 가만이 고개를 끄덕였다. 법정 앞 게시판에서 사건 진행내역을 확인해 본 결과 취하나 변경은 되지 않았다.

법대 앞으로 나가 집행관에게서 입찰봉투를 받아 쥐는 봉대리의 손끝이 가볍게 떨려왔다.

가볍게 한숨을 내쉬고는 어제 연습한 대로 입찰표를 작성하기 시작했다.

꼼꼼히 검토까지 마친 봉대리가 파이팅! 하고 속으로 중얼거리며 입찰함에 입찰 봉투를 넣었다.

이제 30분 후면 개찰이다!

입찰표를 넣고 나니 왠지 홀가분해지는 느낌이었다.

혹시라도 낙찰에 실패해도 크게 좌절할 것 같지 않은 너그러운 여유가 마음속에서 일렁이고 있었다.

사람들의 열기를 피해 법정 밖으로 나오니 시원한 겨울바람이 산들거리고 있었다. 자동판매기에서 커피 한 잔을 뽑아 들고 통나무로 만든 벤치 위에 앉았다. 바람결에 묻어오는 싱그러운 샴푸냄새에 봉대리가 문득 고개를 들었다. 고실장이 상큼한 미소를 입가에 한아름 걸고 봉대리를 바라보고 있었다.

봉대리의 눈이 휘둥그레졌다. 고실장이 미소를 머금은 채 물었다.

"입찰표는 접수하셨나요?"

놀란 표정의 봉대리가 얼떨결에 고개를 끄덕였다.

"지나는 길에 잠깐 들렸어요. 봉대리님이 잘하고 계신가 궁금해서요."

"네, 그때 상의한 금액으로 작성해서 넣었습니다. 불안한 마음에 좀 올려 볼까 고민하다가 그냥 넣었습니다."

"잘하셨어요. 처음 한두 번 응찰할 때는 자꾸 응찰가를 높게 써야 될 것 같은 불안감이 들기 마련이에요. 그래도 유혹에 굴복하지 말고 꿋꿋이 원칙을 지켜나가는 게 실패를 줄이는 지름길이죠. 이번에 임차인이 입찰에 참가한다 해도, 욕심을 버리고 직전최저가보다 훨씬 높게 써낸 봉대리님을 이기긴 힘들 거니까, 너무 걱정 마세요."

고실장의 격려에 한층 힘이 솟는 느낌이었다.

봉대리가 밝아진 표정으로 물었다.

"그나저나, 만약 낙찰을 받아도 걱정입니다. 임차인을 비롯한 집주인과 유치권자들을 명도해야 하는데, 아시다시피 사전에 철저히 준비하고 덤비는 사람들이라 대화로 풀어내기는 쉽지 않을 거 같아서요."

"일단 낙찰 받은 직후, 곧바로 법원에 경매기록 열람등사신청을 해서 관련 자료들을 꼼꼼히 분석해 보세요. 분명히 여기저기 허점이 보일 거예요. 그 허점들을 머릿속에 정리해 놓고 잔금납부하기 전에 임차인을 만나보세요. 가서 임차인의 성향이나 인품을 일차로 파악해 보고 대응방법을 강구하는 게 좋을 겁니다. 임차인측은 형사적인 문제로까지 비화될 수 있는 악수를 이미 둬버린 상황이기 때문에 마음이 그리 여유롭지만은 않을 겁니다. 그러니 처음에는 원만히 협의를 요청하다가, 상대가 막무가내로 나온다고 판단되면 머릿속에 정리된 상대의 허점들을 차분하게 설명해 주면서 형사고소의 가능성을 내비치면 의외로 쉽게 풀려나갈 수도 있을 겁니다."

고실장의 논리적인 설명에 봉대리가 넋을 잃고 고개를 끄덕였다.

고실장이 미소를 띠며 말을 이었다.

"그리고 앞으로도 명도를 하실 때에는, 잔금을 납부하자마자 곧바로 임차인이나 유치권자 등 명도대상자를 상대로 인도명령을 신청하세요. 협상은 할 때 하더라도 사전에 법적인 조치를 미리 취해두고 움직이는 게 시간적으로 효율을 기할 수 있고 협상의 칼자루를 쥐는 데도 유리하거든요. 이것저것 협상해보고 안됐을 때 법적인 조치를 시작하면 결국 임차인에게 끌려다니는 모양새가 되버려 좋지 않아요. 이 사건의 경우, 유치권자는 현재 점유자가 아니라 유치권자에 대한 인도명령이 불필요할 것으로 보이지만, 나중에 수세에 몰린 임차인이 유치권자를 내세워 집행을 방해할 경우를 대비해 미리 받아 두는 게 좋아요. 현재 임차인이 점유하고 있는 게 명백하니까 유치권자에 대한 인도명령은 쉽게 날 겁니다.

만에 하나 상대가 강하게 나오면, 형사고소와 강제집행을 예고하는 내용을 담아 내용증명을 한 통 보내세요. 말로 하는 것보다는 훨씬 더 경고효과가 클 거예요. 내용증명 보낼 때는 본인 명의로 보내는 것도 좋지만, 친분 있는 법무사나 변호사 명의로 보내시면 효과백배예요. 이미 법적인 검토가 끝났으니 여차하면 법적인 조치를 취할 것이라는 기세를 보여줄 수 있으니까요. 상대가 강하게 나올 때는 점유이전금지가처분을 신청해 집행하거나, 강제집행 사전계고 제도를 이용해 즉시라도 강제집행을 취할 태도를 보여주는 방법도 효과적입니다.

이렇게 순차적으로 압박을 한 다음 이사비라는 당근을 내밀면, 웬만큼 독기를 품은 사람이 아니면 원만하게 합의가 이루어지는 경우가 대부분이에요. 그리고 이 사건에서는 또 하나 명심해야 할 것이 있는데, 월세세입자 같은 경우에는 살던 집이 경매에 들어가면 대부분 불안한 마음에 월세를 납부하지 않아요. 집주인도 여기저기 정신없어 제대로 독촉도 하지 않구요. 그러나 경매가 진행되어도 월세는 당연히 납부해야 할 것이기 때문에 월세미납분은 당연히 보증금에서 차감을 하게 됩니다. 그러니 임차인이 실제 낙찰자에게 대항할 수 있는 보증금 액수는 계약서상 보증금보다 더 작을 수 있다는 말이지요. 이 점도 낙찰자에게는 좋은 무기가 될 수 있으니 꼼꼼히 확인해 보실 필요가 있습니다."

고실장의 명료한 한마디 한마디에, 미세하고 똬리를 틀고 있던 봉대리의 부담감은 봄 햇살에 눈 녹듯 스러지고 있었다. 봉대리가 경탄어린 시선으로 바라보자 고실장이 민망한지 슬쩍 고개를 돌렸다.

고실장의 옆 얼굴이 발갛게 상기되어 있었다. 고실장이 손목시계를 보며 일어섰다.

"저는 손님과 약속이 있어서 그만 들어가 볼게요. 마무리 잘하세요."

"아, 네. 조심해서 들어가세요. 이따 결과 나오면 곧바로 연락드리겠습니다."

경쾌하게 걸어가는 고실장의 뒷모습을 한동안 지켜보던 봉대리가 법정으로 발걸음을 돌렸다.

개찰이 곧 시작되려는지 법정 안은 입추의 여지없이 사람들로 북적였다. 봉대리의 심장이 세차게 고동치기 시작했다. 처음 느껴보는 긴장감이었다.

사건번호가 빠른 봉대리 건은 두 번째로 개찰이 진행되었다. 입찰 참가자는 8명! 차례로 이름이 호명되어 법대 앞으로 나갔다. 모두들 예상 밖의 경쟁자 숫자에 어리둥절한 표정이었다.

사람들의 시선이 입찰표 두 장을 유심히 바라보고 있는 집행관에게 집중되었다.

순간 봉대리의 숨이 멎었다.

이윽고, 영화의 한 장면처럼 집행관의 입술이 크게 클로즈업되는 듯하더니, 최고가 매수인을 호명하는 집행관의 목소리가 나지막이 울려 퍼졌다.

"사건 번호 2008타경****에 응찰하신 분은 총 8명이고 이 중에 221,943,000원을 쓰신 봉선달씨를 최고가 매수인으로 호명합니다. 219,144,000원을 쓰신 김**씨는 차순위 신고하실 수 있음을 알려드립니다!"

한동안 멍한 채로 서 있던 봉대리가 이내 정신을 차리고는 짧은 기합을 내지르며 주먹을 불끈 쥐었다.

마치 구름 위를 걷는 기분으로 낙찰영수증을 받아 쥔 봉대리가 법정 밖으로 나오자마자 곧바로 휴대폰을 열었다.

휴대폰 번호를 누르는 손놀림이 그 어느 때보다 경쾌하다.

상대의 목소리가 건너오자 봉대리가 들뜬 목소리로 외쳤다.

"고부장님! 받았습니다. 2등과 불과 200여만원 차이입니다!"

"그래? 그거 정말 축하하네. 자네가 정말 자랑스럽구먼!"

고부장의 목소리도 평소와는 달리 붕 떠 있는 느낌이었다.

"모두 고부장님 덕입니다. 정말 감사합니다, 고부장님!"

"이 사람, 그냥 말로 때울 셈인가? 어여 넘어와서 술 한잔 사게나."
 봉대리가 잠시 난처한 표정을 짓다가 결의에 찬 목소리로 말했다.
 "고부장님, 술은 내일 사드리겠습니다. 오늘은 제가 꼭 해야 될 일이 있어서요."
 "아니, 오늘 같은 날, 술 마시며 축하하는 것보다 더 중요한 일이 어디 있단 말인가? 쓸데없는 소리 말고 빨리 넘어와서 근사한 술집이나 예약하게."
 "고부장님, 저한테는 오늘 술 마시는 일보다 훨씬 더 중요한 일이 있습니다."
 봉대리의 진지한 어조에 고부장의 기세가 한풀 꺾였다.
 "그래, 그게 뭔가?"
 "저, 겨울바다 보러 가야합니다! 죄송합니다, 고부장님!"
 쏜살같이 말을 쏟아낸 봉대리가 미소를 지으며 휴대폰을 귀에서 뗐다.
 "이봐, 봉대리? 자네 미쳤나? 갑자기 웬 겨울바다? 이봐, 이봐아 아아아"
 모기소리처럼 앵앵거리는 휴대폰 폴더를 닫으며 봉대리가 씨익 웃음을 흘렸다.

 "솜이씨, 오늘 시간 있으세요?"
 봉대리가 건네준 탐스러운 장미꽃을 한아름 가슴에 앉은 고실장이 어쩔 줄 몰라 하며 서 있었다. 봉대리가 잘 익은 홍옥처럼 발그레한 얼굴로 서 있는 고실장의 손목을 힘껏 잡았다.

"솜이씨, 오늘은 일 생각 잊어버리고 나랑 겨울바다 보러 갑시다!!!"

잠시 망설이던 고실장이 수줍게 고개를 끄덕였다.

끼얏호!

남쪽 하늘 정중앙에 떠있는 붉은 태양을 향해 봉대리가 손을 뻗으며 힘껏 솟구쳐 올랐다. 저 멀리 떠있는 태양을 움켜 잡기라도 하려는 듯 활기찬 몸짓이었다.

그런 봉대리를 보며 고실장이 싱그러운 웃음을 터뜨렸다.

이글거리는 정오의 태양 속으로 두 사람을 태운 앙증맞은 경자동차가 힘차게 내달리기 시작했다. 🌱

에·필·로·그
경매인, 소망은 품되 야망은 버려라.

시중에 적지 않게 널려 있는 경매서적들의 제목을 유심히 보면, 얼마의 종잣돈으로 얼마를 벌었네 하는 식의 제목들이 유난히 많은 걸 알 수 있습니다. 그런데 그 문구들을 살펴보면, 종잣돈은 미미한데 벌어들인 금액은 정말 눈이 휘둥그레질 만큼 큰 경우가 대부분입니다.

여기서 경매 입문자들의 오해가 생기기 시작합니다. 오해에서 비롯된 높은 기대치는 경매입문자의 머릿속에 고스란히 각인되어 경매초보를 지나 경매중수에 이르는 상당한 기간까지도 그들의 마음과 행동을 지배합니다.

책 제목에 경도된 대부분의 경매입문자분들은 "좋아, 딱 3년만 고생해서 10억 벌자!" 하는 웅대한 슬로건을 내걸고, 혹시라도 결심이 무너질까봐 유사한 제목의 책들만 집중적으로 쌓아놓고 책을 파기 시작합니다.

다른 재테크 수단으로는, 3년 안에 10억 번다는 건 언감생심 꿈에서나 가능한 일이겠지만, 경매서적 저자들이 하도 큰 돈 벌었다는 말들을 많이 하니까 10억원에 대한 가치 개념이 자신도 모르게 예전보다 가벼워진 느낌입니다.

500만원으로 몇 년 안에 500억원도 버는 마당인데, 기껏 10억원이 대수인가 하는 마음이 생기게 되고 정말 열심히만 하면 3년 안에 10억원은 우습게 벌수 있을 것 같습니다.

하루에도 수십 번씩 머릿속으로 10억원을 벌면 뭐할까 하는 달콤한 환상 속에서, 빌라도 지어보고 빌딩도 지어보고, 말년에 들어가서 살 그림 같은 전원주택도 그려봅니다. 이렇게 지었다 부수기를 수차례 반복하면서, 달콤한 환상을 통해 충전된 사기로 한동안은 정말 열심히 공부에 매진합니다.

그렇게 공부하여 어느덧 권리분석을 정복하고, 물건분석의 기본을 익히고, 모의입찰을 해 보다가, 드디어 실전!

한껏 부푼 자신감과 결연한 각오로 보무도 당당하게 법원에 들어섭니다.

그러나 입추의 여지없이 사람들로 꽉 들어 찬 경매법정의 열기에 일단 한 번 기가 죽고, 자신이 도전한 물건에 십수 명의 경쟁자가 몰려 턱없이 높은 낙찰가로 낙찰되면, 꼴등이나 다름없는 자신의 입찰표를 남이 볼세라 몰래 찢어서 휴지통에 쳐 넣으며 가벼운 좌절을 또 한 번 느낍니다.

다음번에는 잘해야지, 하고 일단 마음을 다잡아 보지만 다음 번 결과도 썩 신통치만은 않습니다. 이렇게 초장부터 계획이 틀어진 데다가 여기에 더해 십 여차례 쓰디쓴 패찰의 고배를 연속적으로 마시게 되면 3년 안에 10억이 아니라 3년 안에 10건이라도 낙찰을 받을 수 있을까 하는 회의가 밀려들기 시작합니다.

경매서적 저자들은 대부분 평범한 가정주부요, 직장인이요, 어디서나 마주칠 수 있는 말 그대로 아줌마, 아저씨들인데, 왜 그 사람들은 되고 나는 안 되는 걸까? 내가 머리가 나쁜 걸까? 아니면 운이 없는 걸까? 큰 부자는 하늘이 내고 작은 부자는 노력이 낸다는데, 내가 노력이 부족한 걸까?

머릿속에 떠오르는 오만가지 생각에 점점 지쳐가기 시작합니다. 반복되는 좌절감에, 처음 경매 책을 잡았을 때의 뜨거웠던 정열은 기억 너머로 아스라이 스러져 버린 느낌입니다.

자, 여러분들 중에는 이런 과정들이 낯설지 않은 분들이 적지 않을 것입니다. 평범한 경매입문자들이라면 어느 시기까지는 늘상 걷게 되는 보편적인 과정이니까요.

이런 과정이 보편적인 패턴으로 자리 잡은 이유는, 경매입문자들이 처음 책을 접했을 때 현란한 경매서적들의 제목에 현혹되어 자신의 기대치가 스스로도 모르게 높아진 탓이요, 거기에 이끌려 자신의 능력의 범위를 넘어선 목표치를 설정한 탓입니다.

경매서적 저자들이, 실제로 미미한 종잣돈으로 누구나 부러워 할 만큼의 큰 수익을 일궈냈는지, 그게 과연 사실인지는 우리가 알 수도 없고 알 필요도 딱히 없습니다. 여러분들이 그 책을 읽으면서, 마치 자신이 주인공인 양 심장의 고동을 느꼈고, 나도 할 수 있다는 자신감을 얻었다면 그것만으로도 그 책의 값어치는 충분히 한 것이니까요.

또한, 경매서적 저자가 5년 안에 10억 벌었으면, 나는 좀 더 열심히 해서 3년 안에 20억 벌자, 라고 한층 더 높은 목표를 설정하는 것도 좋습니다. 그 원대한 목표가 장기간의 수련과 좌절스러운 실전 경험 속에서도 쓰러지지 않고 전진할 수 있게 하는 힘이 되어 줄 것은 분명하니까요.

그러나 거기까지입니다.

경매고수들의 가슴 벅찬 무용담은 여러분의 잠자고 있던 정열을 일깨워 주는 것으로 그 몫을 다한 것이고, 여러분이 설정한 그 원대한 목표도 여러분이 흔들리지 않고 한 길로 매진할 수 있도록 끌어주는 이정표로서 그 역할을 다한 것이라 생각하시기 바랍니다.

실제, 3년 안에 20억원을 벌지 못해도 그동안 여러분들은 생생한 재테크의 방법과 원리를 접했고, 살면서 반드시 필요한 부동산 지식을 체득했으며, 비록 목표 달성에는 한참 부족하지만 평범한 직장인의 1년치 연봉을 벌어 들였으니 경매계에 발을 디딘 보람은 충분하다고 생각할 수 있기를 바랍니다.

대학을 갓 졸업한 직장인의 평균 연봉이 3000만원이라고 하면, 일 년에 한 건, 적어도 두, 세건만 낙찰 받으면 달성할 수 있는 목표입니다. 게다가 그 기간 여러분의 마음속에는 뭐든 할 수 있다는 자신감이 배양되었고 남들은 모르는 부동산 지식과 법률 지식으로 무장하게 되었으니 스스로 자부심을 느낄 이유가 충분한 까닭입니다.

목표가 너무 크면, 좌절이 반복될수록 마음은 조급해지고 좌절의 강도도 더욱 커질 수밖에 없습니다. 목표는 크면 클수록 좋다는 말이 있으나, 자기의 그릇이 그 큰 목표를 감당할 수 있어야만 긍정적인 파급효과를 불러일으킬 수 있는 것입니다. 자신의 역량을 모르고, 자신의 그릇을 모르고 목표를 설정하면 시시각각 심리적으로 불안한 상태가 유발되는데, 이런 불안한 상태에서 나오는 에너지로는 효율적인 경매공부가 어려울 뿐만 아니라, 매사 불안한 마음으로는 경매를 제대로 즐길 수가 없게 됩니다.

결국 불안한 마음에 자꾸 내몰리다 보면 욕심을 내서라도 일단 낙찰을 받아야 할 것 같고, 그러다 보면 수익은커녕 기타 부대비용을 감안하면 일반거래로 사는 것보다 훨씬 못한 최악의 결과를 자초할 수도 있는 것입니다.

경매인들이 가장 금기시해야 할 것이 조급한 마음이라는 것은 경매서적 저자들이라면 누구나 강조하는 말인데, 이 조급증은 자신의 역량을 제대로 간파하지 못하고 무모한 목표를 설정했을 때 흔히 유발될 수 있는 심리상태입니다.

1년 안에 10억도 좋고 10년 안에 100억도 좋습니다. 자신의 능력을 가만히 들여다 보았을 때 충분히 달성이 가능하다고 판단되면 절대 그건 허황된 목표가 아닙니다. 그런 웅대한 목표가 잠자고 있던 여러분의 정열을 일깨우고, 경매고수를 향한 힘난한 여정을 의연하게 걸어갈 수 있게 하는 원동력이 되어 줄 것은 분명합니다.

그러나 '나는 평범하게 살아왔고 평범한 능력을 가진 사람이다'라는 생각을 가지신 분들은, 얼마의 돈으로 얼마를 벌었네, 하는 경매서적에 등장하는 현란한 문구들에 너무 현혹되지 마시고 자신의 수준에 맞는 적정한 목표를 설정해서 행동하시기 바랍니다.

'내가 지금 회사에서 받는 연봉이 3000만원이니, 주말 동안 아내와 손 붙잡고 데이트하듯 임장 다니면서 일 년에 딱 두건만 낙찰 받아 연봉 이상의 과외수입을 올려보자.' 라고 느긋한 목표를 세워보는 것이 보다 현실적이고 아름다운 소망이 아닐까 생각해 봅니다.

또한 그렇게 차근차근 단계를 밟아 가다보면, 어느 때 정말 한방에 5억원이든, 10억원이든 벌 수 있는 진주 같은 물건을 발견하실 날이 꿈처럼 다가올지도 모를 입니다. 혹시 여러분은 비록 깨닫지 못하고 있어도, 하늘이 여러분을 큰 부자로 만들기로 이미 작정하고 있다면 그 시기는 의외로 빨리 다가올 수도 있을 것입니다.^^

지나치게 원론적인 이야기인 것 같아 피하고 싶지만, 돈이 인생의 전부는 아니라는 평범한 말을 다시 한 번 되새겨 보시기 바랍니다. 재정적 압박 없이 자기가 원하는 일을 하며 살 수 있는 돈, 그것이 1억이든 10억이든, 그 돈이 마련되면 미련 없이 손 털고 경매계를 떠나겠다는 생각도 여러분께서 한 번쯤은 꼭 해 보셨으면 좋겠습니다.

돈만을 쫓으며 소중한 인생의 시간을 허비하기에는, 세상에 하고 싶은 일들이, 꼭 해봐야 할 일들이 너무도 많은 까닭입니다.